El poder de las supersticiones

T0274586

© 2023, Editorial LIBSA
C/ Puerto de Navacerrada, 88
28935 Móstoles (Madrid)
Tel. (34) 91 657 25 80
e-mail: libsa@libsa.es
www.libsa.es

Colaboración en textos: Pablo Martín Ávila
Edición: Equipo Editorial LIBSA
Diseño de cubierta: Equipo de Diseño LIBSA
Maquetación: Diseño y Control Gráfico y Equipo de Maquetación LIBSA

ISBN: 978-84-662-4256-1

DL: M 11550-2023

El poder de las supersticiones

Pablo Martín Ávila

LIBSA

CONTENIDO

PRESENTACIÓN

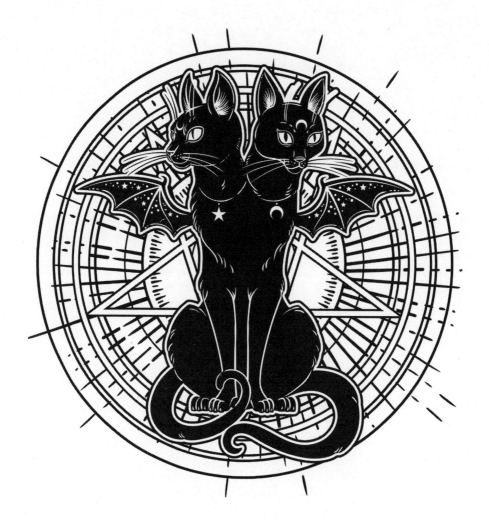

La superstición ha acompañado al hombre desde el mismo momento en el que empezó a tomar conciencia de sí mismo, de la vida en comunidad y de los acontecimientos externos que modificaban casi cualquier aspecto de su vida. Desde entonces la propia aspiración humana por controlar todo lo que ocurría a su alrededor, de manera principal para mejorar su presente y asegurar su futuro, llevó al ser humano a buscar una explicación a todos aquellos fenómenos que escapaban a su capacidad de raciocinio y tratar de descifrar las claves que regían la aleatoriedad del resultado de las acciones de su día a día. Para ambas cuestiones construyó un conjunto de rituales, muchos de los cuales han perdurado hasta la actualidad, que pretendían provocar o evitar un hecho determinado que podía influir positiva o negativamente en su vida.

En este libro el lector encontrará una detallada introducción a tres de los aspectos que pueden definir la superstición: la vertiente psicológica, la buena y la mala suerte y la historia de la superstición. La psicología de la superstición aporta luz sobre la necesidad humana de situarse en el centro de la naturaleza, de encontrar explicaciones a los hechos que ocurren a su alrededor y, por tanto, de poder influir sobre ellos en su propio beneficio. Además de este origen ligado a la propia existencia humana, el amplio desarrollo del estudio de la psicología desde el siglo XIX permitirá al lector conocer interpretaciones científicas, como la del inconsciente colectivo de Carl Gustav Jung, que ofrecen una explicación a la perpetuación de la superstición en las sociedades modernas.

La atracción de la buena suerte y el ahuyentar la mala han supuesto una de las principales intenciones del ser humano desde hace miles de años. Estos conceptos en realidad son uno único que busca el desarrollo humano, social, económico y afectivo contando con las mejores condiciones externas posibles, en las que la conjura de los centenares de miles de circunstancias que conforman una vida, desde el nacimiento hasta su extinción, pretende que se alineen para que la existencia pueda desarrollarse con la máxima felicidad global y el mínimo sufrimiento.

La vertiente psicológica y los conceptos de buena y mala suerte se conjugan en la última parte de la introducción para ofrecer al lector una visión histórica de la superstición: su evolución a lo largo del tiempo en las diferentes culturas, su vital importancia a la hora de crear los rituales de las principales religiones de la historia y su capacidad de evolución, superposición y adaptación a lo largo del tiempo y en diferentes zonas geográficas. En estas páginas también se analizará cómo la llegada de la

Edad Moderna y el desarrollo del método científico en el siglo xvii cambiaron para siempre la percepción de la superstición. Lo que hasta el momento se había considerado como una verdad, que el curso de una acción podía ser intervenido gracias a la práctica de un ritual determinado, comenzó a ser puesto en duda por el nuevo paradigma científico que se basaba en la observación, en la explicación racional y en la propuesta de teorías que pudieran ser reproducidas en un experimento para ofrecer una explicación que la ciencia daba a los hechos sobre los que se quería intervenir.
Desde aquel momento hasta la actualidad, la superstición pasó a convertirse en un rasgo cultural y antropológico heredado de tiempos pasados que permite conocer la idiosincrasia de una cultura, un pueblo o una religión ante distintos aspectos de la vida, desde las rutinas diarias hasta la trascendencia, el más allá o la concepción de la muerte.Esta vertiente antropológica vertebra los 12 capítulos del libro que recorren los principales nichos de superstición de la historia en distintas culturas.

Uno de ellos se centra en el calendario, ligado a dos elementos claves de la esencia humana: el propio paso del tiempo como medida que de forma concreta da inicio y pone fin a la vida en este mundo y los ciclos de la fertilidad y la fecundidad tanto del ser humano como de los animales de los que obtiene sus alimentos o de los campos de siembra que son la base de la alimentación humana desde hace milenios. Gran parte de los pueblos nativos de América contaban con un elaborado sistema que confería a su calendario la capacidad de ordenar los acontecimientos cotidianos para garantizar la buena suerte y el favor de los dioses. En este capítulo el lector encontrará también información de cómo el calendario continúa ligado a las fechas encomendadas a los dioses bajo la observancia determinada de ciertos ritos, como el *sabbat* hebreo, así como a las fechas que eran consideradas más apropiadas para realizar acciones que trajeran un resultado positivo, llamadas «fastas», y a aquellas en las que se recomendaba evitar la práctica de una acción o la puesta en marcha de un cambio vital por ser poco propicias, conocidas como «nefastas».

También los astros y los fenómenos atmosféricos han sido algunas de las más relevantes fuentes de superstición a lo largo de la historia. La bóveda celeste ha sido la más lejana de las fronteras que el ser humano ha podido cruzar. Los fenómenos que ocurrían en ella eran observados por el primitivo ser humano desde su humilde posición, y algunos de ellos, como los eclipses, la aparición de cometas y estrellas fugaces o la alineación de determinadas estrellas, revestían tal majestuosidad que se relacionaban con la voluntad de las fuerzas divinas que regían el mundo. En estas líneas también se analiza el importante papel que la Luna ha tenido a la hora de explicar el comportamiento humano, la fertilidad o la falta de esta, y la enorme cantidad de supersticiones que sus fases han generado en todas las culturas. El lector también encontrará una recopilación de supersticiones asociadas a fenómenos atmosféricos, desde los más comunes, como rayos, truenos, nevadas o grandes inundaciones, de vital importancia para el hombre por el carácter agrario de la economía mundial hasta el siglo xix, a los más extraños y sorprendentes, como la lluvia de sangre que hacía presagiar grandes matanzas.

El capítulo dedicado a la naturaleza presenta la muy variada colección de supersticiones relacionadas con animales, plantas y alimentos. En esta ocasión el lector podrá observar cómo los diferentes pueblos han desarrollado a lo largo del tiempo supersticiones muy diferentes que conferían a animales, plantas o alimentos un poder distinto en cada región. En cuanto a los animales, sus sacrificios han sido una constante común a las culturas de la antigüedad y todavía se realizan en algunas religiones, siendo en gran medida común a todas ellas el tipo de animales que se utilizaban. Las diferencias en cuanto a la superstición sobre los animales llegan a la hora de considerar que algunos de ellos son conductos de buena o mala suerte y que en muchas ocasiones esta superstición estaba relacionada con la escasez o abundancia de ese animal en una determinada región e incluso con su inexistencia, como es el caso del caballo en América hasta la llegada de los pueblos colonizadores europeos. La superstición sobre las plantas se fundamentó en su carácter tóxico o beneficioso y en los ritos y leyendas asociados a ellas en cada cultura. El capítulo concluye con unas páginas dedicadas a los alimentos que favorecen la buena suerte, como las dobles yemas de los huevos, o que indican la llegada inminente de una desgracia, como la caída de la sal en una mesa o brindar con agua. El lector también encontrará referencias a algunos alimentos que fueron vetados en determinadas religiones por estar asociados a ritos impuros o enfermedades, pero que otras creencias consideran saludables.

Otro capítulo aborda los números y las palabras, cuyo dominio históricamente ha estado asociado al estudio y al conocimiento elevado. Los números surgieron como consecuencia del pensamiento abstracto y como base de expresión de las matemáticas. Esta relación con la abstracción permitió que de forma general los números adquirieran un significado esotérico y/o religioso que pronto se reforzó con la superstición asociada a números propicios, números no aptos para alguna acción, números malditos o más tarde la numerología, que al poner en relación los patrones existentes en la naturaleza creó una escuela que buscaba atraer la buena suerte a aquellos que consiguieran sintonizar con las vibraciones, expresadas numéricamente, que regían el universo. A su vez, las palabras han constituido la manera primaria de transmisión del conocimiento y la mística de los pueblos. En algunas culturas y civilizaciones solo los sacerdotes podían utilizar el lenguaje escrito, por lo que se estableció una relación directa entre determinadas expresiones, como las oraciones, y el favor de la divinidad. Estas páginas también presentan al lector esa fuerte relación entre lenguaje y deidades, común a todas las culturas, que da lugar al uso de bendiciones para favorecer el curso positivo de una acción y al empleo de maldiciones y encantamientos para entorpecer la consecución de un objetivo vital de otra persona. Este capítulo también hace mención a la tradición esotérica y religiosa rabínica de la cábala, que desde hace miles de años trata de buscar un significado oculto en algunas palabras de los cinco primeros libros de la Biblia que favorecería la buena suerte de aquellos que lo conozcan.

El libro se detiene asimismo en los objetos que desde el inicio de la historia han canalizado la necesidad de trascendencia del ser humano. Las representaciones de dioses, de animales totémicos y de objetos de caza o recolección fueron los primeros objetos encontrados en los tempranos enterramientos prehistóricos. Algunos objetos adquirieron desde entonces, para cada pueblo, cultura y religión, un potente significado basado en el carácter benéfico o maléfico que le otorgaba la superstición dominante. En estas páginas el lector se adentrará en las culturas africanas y caribeñas en las que la religión vudú busca garantizar el favor de las divinidades, santos y otros elementos que conforman las energías imperantes en la Tierra. El vudú también es utilizado para ahuyentar la mala suerte o invocarla contra los enemigos, creando así un prolífico catálogo de supersticiones encaminadas a evitar ser objeto de una maldición. Los objetos supersticiosos están indisolublemente ligados a la persona que los creó, utilizó o portó. Si esa persona se encontraba cercana al bien por su conexión con una divinidad positiva o por sus benévolas acciones, sus objetos se convierten en reliquias y amuletos. Pero a lo largo de la historia también se ha conferido a ciertos objetos, como algunas joyas, una capacidad de concentrar la mala suerte y traer las desdichas a quién las portara.

El conocimiento del futuro y la capacidad de adivinarlo para, en su caso, tomar medidas para cambiarlo han sido uno de los anhelos fundamentales del ser humano. La gran mayoría de las religiones ofrecen una visión del futuro para el hombre y algunas culturas y civilizaciones también desarrollaron métodos, de carácter supersticioso, que servían para su adivinación. Desde la Edad Antigua se extendieron alrededor del mundo los oráculos, personas con la capacidad de conectar con una divinidad o de manejar el conocimiento para leer sus señales en la naturaleza y ver el futuro de todos aquellos que se les acercaban. Cada oráculo tenía un ritual propio plagado de elementos supersticiosos que permitían acceder al contenido de su revelación. El lector podrá recorrer también otras técnicas de adivinación asociadas a la superstición, como los caracoles de las culturas africanas de religión yoruba o los augurios romanos que derivaron de las tradiciones griegas y etruscas.

El libro dedica también un capítulo al ser humano y sus características físicas que tienen un significado favorable o contrario a la buena suerte, dependiendo de las distintas religiones y pueblos. En la tradición latina, el propio nombre de los lados izquierdo y derecho del cuerpo ya denotaba un componente supersticioso que todavía continúa en rituales que se llevan a cabo a lo largo del día. El lector podrá además adentrarse en el significado que han tenido algunas características de la piel, como las verrugas, lunares y marcas de nacimiento, que siempre han sido explicadas con un componente supersticioso que difiere en las distintas culturas.

Las fases de la vida son momentos concretos del devenir del ser humano para los que también se han desarrollado ritos supersticiosos con el fin de influir en su curso, sobre todo en las situaciones de especial peligro y emotividad o en los cambios importantes. En estas páginas el lector encontrará supersticiones asociadas a la fertilidad humana, el desarrollo del embarazo, el sexo del recién nacido y su buena salud, así como ritos para el paso hacia la madurez, la búsqueda de pareja y el feliz desarrollo de una boda o supersticiones relacionadas con la duración del matrimonio, una sana transición por la vejez y la preparación para la muerte.

Asimismo, los colores han ido adquiriendo a lo largo del tiempo una importante simbología. El rojo se asocia a la sangre, el blanco, a la pureza, el negro, a lo desconocido…, pero desde el punto de vista de la superstición también han quedado ligados a unos determinados ritos y a una atracción de la buena o la mala suerte. El lector encontrará en estas páginas que, a diferencia de otras supersticiones, los colores varían enormemente su significado en las distintas culturas y religiones. Los colores asociados con la muerte en Asia son diferentes de los que se evitan en Europa o América, y los utilizados en un lugar para atraer la buena suerte poseen un significado distinto en otro punto del globo. También este capítulo realiza un repaso de las supersticiones asociadas a los colores en algunas profesiones o de la vestimenta requerida según el día de la semana en países como Tailandia.

Los lugares, al igual que los objetos, han adquirido a lo largo del tiempo una consideración supersticiosa ligada tanto a los acontecimientos felices o desagraciados de los que fueron escenario como a las personas que fueron sus propietarias, los habitaron o experimentaron en ellos un importante acontecimiento de sus vidas. De esta forma, hay sitios que han adquirido un significado supersticioso negativo, como las casas encantadas o los entornos malditos, mientras a otros se les atribuyen características positivas, como los centros de peregrinación religiosos, los espacios en los que tuvieron lugar grandes gestas bélicas y las localizaciones naturales de las que se dice que aportan beneficios para el que acude hasta ellas.

Una de las principales características asociadas a la superstición es el desarrollo de ritos que deben ser observados para atraer la buena suerte. El lector podrá encontrar en el capítulo que los recoge ejemplos tan antiguos como el de la apertura de la boca de los fallecidos en la cultura egipcia o la moneda que todo cuerpo enterrado siguiendo la tradición romana debía portar para ofrecerla a Caronte. En estas páginas también se presentan las novenas, triduos y otras celebraciones religiosas asociadas a dioses, santos o intermediarios que pretenden obtener un resultado positivo ante una acción conocida de antemano. E incluso ritos más modernos, como la manera de celebrar el final de año en diferentes lugares del mundo.

El libro que el lector tiene entre sus manos concluye con un capítulo denominado «Las supersticiones del día a día», en el que encontrará multitud de ejemplos sobre cómo las supersticiones han moldeado la manera en la que el ser humano realiza actos de extrema cotidianeidad, como saludar, sentarse, levantarse de la cama, caminar en un lado u otro de la calle, evitar tocar algunos objetos, pasar por encima o por debajo de otros, cruzar los dedos al escuchar unas determinadas palabras, no abrir un paraguas en interiores o decir «Jesús» o «salud» ante un estornudo… Todos estos rituales permanecen hoy en día y mantienen vivas supersticiones nacidas hace siglos e incluso milenios.

En resumen, este libro propone al lector una visión de los principios psicológicos que fundaron las creencias supersticiosas del ser humano, basadas en la necesidad de buscar la buena suerte y ahuyentar la mala. Además, realiza un repaso histórico de la evolución de las supersticiones, su expansión como formas de relación con el más allá, la divinidad y los elementos de la vida que no se entendían ni podían controlarse hasta la aparición del desarrollo del método científico, y del paso de la gran mayoría de ellas a una vertiente más cultural, reflejo de tradiciones y no de una creencia trascendental de la vida. Por último, presenta un amplio catálogo de supersticiones históricas, algunas desaparecidas y otras todavía en uso, y ofrece una explicación a sus orígenes y el sentido antropológico que tuvo su creación en un determinado momento.

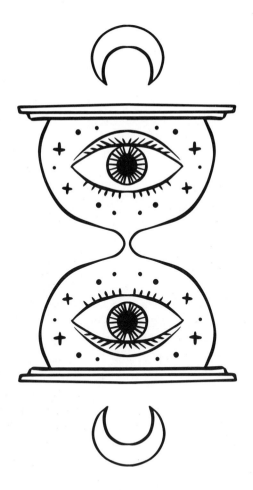

INTRODUCCIÓN

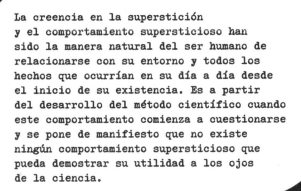

La creencia en la superstición
y el comportamiento supersticioso han
sido la manera natural del ser humano de
relacionarse con su entorno y todos los
hechos que ocurrían en su día a día desde
el inicio de su existencia. Es a partir
del desarrollo del método científico cuando
este comportamiento comienza a cuestionarse
y se pone de manifiesto que no existe
ningún comportamiento supersticioso que
pueda demostrar su utilidad a los ojos
de la ciencia.

Psicología y superstición

Desde un punto de vista psicológico, la superstición ha sido definida durante el siglo XX por diferentes autores de maneras más o menos radicales. Así, en 1969 el psicólogo y escritor austriaco Gustav Jahoda indicó que se trataba de «un pensamiento o un acto irracional basado en un pavor carente de lógica ante algo misterioso que creaba una fantasía, una duda o un hábito basado en la ignorancia o el miedo», una contundente crítica que no refleja el consenso del gran número de psicólogos que han estudiado el comportamiento supersticioso y su prevalencia en la sociedad. Por su parte, en el siglo XXI David J. Foster, Daniel A. Weigand y Dean Baines definieron las supersticiones como «comportamientos que son percibidos por el autor como una forma de controlar el poder de la suerte y otras fuerzas externas, pero que carecen de una claridad operacional para realizar de manera efectiva ese control».

Para el desarrollo de un comportamiento supersticioso se deben dar varios elementos: el primero de todos ellos es el deseo de comprender el mundo y lo que ocurre alrededor del ser humano para poder controlar la acción de los elementos que proporcionan bienestar y alejar los que provocan daño o disconformidad. Esta tendencia natural a comprender el entorno se encuentra con la imposibilidad real de dar una explicación satisfactoria a todos y cada uno de los elementos aleatorios que configuran la vida. Ante esta situación de insatisfacción se produce un nivel de ansiedad que genera estrés en el individuo y que provoca la adopción de un comportamiento supersticioso para otorgarle sensación de control o mitigación de la aleatoriedad de la vida y disminuir, por tanto, la percepción de descontrol y la ansiedad asociada a este. Por eso los psicólogos advierten de que la superstición se ha nutrido desde el inicio de la historia de la incertidumbre que crean las situaciones incontrolables para el ser humano, circunstancias que, como es evidente, han ido disminuyendo a lo largo de los siglos y hoy pueden ser explicadas de manera más racional por la ciencia o la técnica, aunque no todo el mundo tenga los conocimientos o la capacidad para comprender estas explicaciones y mantenga, por tanto, un comportamiento supersticioso. Esta necesidad de búsqueda del control de todos los aspectos de la vida provoca en la actualidad que el comportamiento supersticioso no aparezca en todas y cada una de las situaciones vitales, sino que tienda a brotar ante aquellas en las que cada persona tiene un menor sentimiento de control o una menor capacidad para predecir su resultado, como pueden ser las relacionadas con el terreno laboral, el amor, los estudios…

La psicología actual ha puesto de manifiesto la paradoja aparente que existe al confirmar que las personas que consideran que con sus acciones pueden conseguir resultados objetivos sobre acciones en curso tienden a creer menos en la buena suerte y aquellas que consideran que la mayor parte de los resultados de su vida vienen dados por acciones ajenas a su propio desempeño creen más en la buena suerte. Los resultados de estos estudios parecen chocar con el principio psicológico de la falta de control sobre el total de la acciones que acontecen en una vida, pero un análisis más en profundidad pone de manifiesto que la aceptación de la existencia de acontecimientos ajenos a la propia existencia influye de manera positiva no creando estrés ante el futuro y reforzando las propias acciones, que generan resultados tangibles, ante objetivos concretos, frente a la posición supersticiosa de intentar encontrar una razón ante cada acción o acontecimiento vital para poder influir en ellos, y dada la imposibilidad real de acometer esta tarea, repetir acciones que en ocasiones aleatorias han podido estar relacionadas con la consecución de un objetivo positivo o evitar un resultado negativo. En estas últimas personas se dan los fenómenos del sesgo de confirmación y el de la profecía autocumplida. El sesgo de confirmación es la capacidad que tiene el ser humano de crear experimentos o buscar explicaciones que vayan a confirmar una teoría previamente aceptada por el individuo. Así, las personas supersticiosas siempre encuentran ejemplos que avalan su comportamiento, sin entrar a dar por válidas otras consideraciones, y más cuando este comportamiento está fuertemente arraigado en su cultura o religión. La profecía autocumplida está relacionada con los acontecimientos negativos que pueden ocurrir en la vida y que habrían sido inevitables de cualquier manera, pero que para la persona supersticiosa responden a un convencimiento previo de que algo malo está a punto de suceder y siente que no ha sido capaz de evitarlo cumpliendo con todas las supersticiones que su propia cultura le ha enseñado sobre tal evento.

Desde un punto de vista psicológico, la prevalencia de la superstición después del triunfo de la ciencia reside en su carácter antropológico. El ser humano es ante todo un ser social que participa activa y pasivamente en los comportamientos propios de cada comunidad, de cuyas actitudes y creencias se empapa. En los estudios más recientes se ha demostrado que los comportamientos supersticiosos se transmiten por la vía de los contactos sociales: el individuo observa en los demás una serie de premios o castigos recibidos de manera intermitente y tiende a relacionarlos con algún comportamiento concreto que otras personas hayan tenido y de esta manera intenta copiarlo y ponerlo en práctica para su propio beneficio.

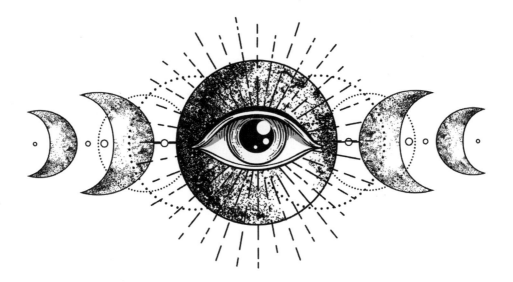

La buena y la mala suerte

Para completar el análisis de la superstición es indispensable poner el foco en la suerte, buena y mala. La suerte es la piedra de toque que soporta y justifica las supersticiones. Desde tiempos inmemoriales el hombre ha querido atraer la fortuna y alejar las desgracias, dos caras de una misma moneda. La suerte representa el conjunto de acontecimientos inexplicables que suceden a lo largo de una vida: si son positivos, serán achacables a la buena suerte y si son negativos, a la mala suerte. Psicológicamente, la creencia en la suerte pone de manifiesto la intolerancia hacia todos los acontecimientos que suceden alrededor del ser humano que no pueden ser controlados, lo que tiene una serie de consecuencias a la hora de formar la personalidad y la mente. Cuando una persona achaca un éxito a la buena suerte, está dejando de lado el trabajo realizado, restando valor a la concatenación de factores, sean o no fortuitos, que han originado esa acción positiva y, por tanto, no está estableciendo un patrón realista para volver a obtener ese resultado. Por el contrario, al achacar la mala suerte a una adversidad la persona está cerrando la posibilidad de que su actuación haya podido no ser fructífera, negando la autocrítica o el análisis constructivo sobre lo que ha originado ese revés a sus intereses, incluso negando que pudiera deberse a algo aleatorio, sino que se niega cualquier otra posibilidad que no sea la mala suerte, impidiendo un aprendizaje que en el futuro podría conllevar en resultado más positivo.

Historia de la superstición

El concepto de superstición no ha sido el mismo a lo largo de la historia, ha cambiado a lo largo de los milenios, y solo en los últimos siglos ha ido adquiriendo una connotación negativa para algunas de las personas que utilizaban el vocablo. Durante milenios la superstición fue la manera habitual de practicar rituales plenamente aceptados que buscaban atraer la buena suerte y ahuyentar la mala sin existir una manera clara de referirse a este comportamiento, sino que era asumido como parte consustancial de la vida y de la relación humana con los elementos. El concepto de superstición como tal comienza a tomar forma en el siglo IV a. C. derivado de la palabra griega *deisidaimonia* con la que se calificaba a las personas, dignas de admirar, que eran muy escrupulosas en cuanto al cumplimiento de las costumbres religiosas. En su origen tenía, por tanto, un claro significado positivo, pero durante el excepcional desarrollo de las ciencias y las humanidades del periodo clásico griego el concepto fue derivando hacia una cierta crítica a aquellas personas que por un excesivo miedo a los dioses eran capaces de dedicar su día a cumplir una cadena de rituales sin entender lo que estaban realizando. Con el ascenso de Roma el concepto griego dio paso a la palabra latina *superstitio*, que era utilizada para indicar un exceso de práctica religiosa. El romano Cicerón (106-43 a. C.) utilizaba el término para describir «a aquellos que pasan todo el día dedicados a realizar sacrificios con los que sus hijos podrían haber sobrevivido», dando pie a una definición más extensa de la superstición como el temor excesivo, sin fundamento y reverencial a los dioses. Fue el griego Plutarco (c. 46-120) el primero que dedicó un escrito completo al tema llamado *Sobre la superstición*, en el que criticaba a los supersticiosos por su excesivo miedo a los dioses cuando estos ante todo eran conocidos por su benevolencia. En la Roma imperial del siglo I el término adquirió otro importante matiz: el de antirromano, entendido como extranjero, misterioso y peligroso para la supervivencia del Estado y su religión. Esta ampliación del concepto perduró durante siglos, y cada cultura, en especial cada religión subsiguiente, imprimió un carácter negativo a las prácticas supersticiosas foráneas que no tenían relación con su tradición mística o cultural, a la vez que reforzaba las propias para crear una mayor unidad en la comunidad.

Siglos más tarde la llegada de la Ilustración con su pensamiento científico y empírico, alejado del radicalismo religioso, reintrodujo en el concepto de superstición una vía apuntada durante el periodo clásico griego, que era la nula relación existente entre la práctica de un ritual o acto supersticioso y el objetivo que se pretendía conseguir. La superstición se convirtió para los ilustrados y para las personas de ciencia durante los siguientes siglos en una rémora, instigada por la religión, para el desarrollo humano y la comprensión del entorno.

Hoy en día el concepto de superstición pivota sobre dos ejes: uno es la inconsistencia científica de las prácticas supersticiosas al carecer de evidencias que apoyen la relación entre acción y resultado; el otro es su importancia desde el punto de vista antropológico para conocer la evolución de las sociedades, su transformación y la comprensión completa de su idiosincrasia. Todavía hoy existen en el planeta culturas precientíficas en las que la superstición es un eje fundamental de su relación con el entorno y su observación ayuda a conocer su forma de pensar, su teleología y su pensamiento sobre la trascendencia, sin tener que pasar por el filtro de lo que resulta correcto o incorrecto, o más acorde a la ciencia o no.

Además del propio concepto de superstición, su práctica ha sido extremadamente variada a lo largo de la historia. Durante la prehistoria, y debido a la propia evolución de la especie humana, el hombre comenzó a relacionarse con su entorno, a establecerse en poblados formando comunidades que necesitaban controlar todo aquello que les rodeaba para procurarse un futuro próspero. Desde ese mismo instante ya surgieron prácticas supersticiosas para enfrentar cada fase de la vida, desde la concepción hasta la muerte, y para alejar la mala suerte que suponían los enemigos, las malas cosechas, los animales salvajes, y atraer la buena, como la llegada de las lluvias en el momento propicio para la cosecha, vencer en una batalla o ahuyentar las enfermedades del ganado. Los antropólogos y los expertos en investigación sobre el periodo prehistórico piensan que durante aquella época la superstición, ligada a las prácticas animistas, se desarrolló en todos los ámbitos de la vida de los hombres. Pese a este convencimiento son escasos los rituales, símbolos u objetos que han podido ser estudiados. Los pocos que se han analizado parecen corroborar la teoría anterior y muestran una sociedad que a la par que evolucionaba en conocimientos técnicos también generaba nuevos y más elaborados rituales. En la frontera entre la prehistoria y el surgimiento de las civilizaciones la progresiva profesionalización de la religión llevó al surgimiento de chamanes y otros magos que comenzaron a arrogarse la potestad de crear y validar numerosos rituales.

En la civilización egipcia los rituales mágicos estaban integrados en la vida diaria desde las más altas esferas de la sociedad hasta el común de los súbditos y eran monopolizados por la casta de los sacerdotes. En el siglo XIII a. C. el cuarto hijo de Ramsés II (1279-1213 a. C.) logró reunir en su palacio una impresionante biblioteca de conjuros para ahuyentar la mala suerte y una ingente cantidad de amuletos.

Los griegos desarrollaron un importante panteón de dioses con una elaborada mitología que permitió la proliferación de oráculos, profetas y ritos asociados a la superstición para llamar la atención y ganarse el favor de sus decenas de dioses, semidioses y otros seres sobre los que se construyó su mitología. Pero también durante el periodo clásico griego tuvo lugar una auténtica revolución científica y filosófica. Portadores del legado de los avances en matemáticas, física o medicina de las principales civilizaciones habidas desde Asia hasta el extremo más occidental del Mediterráneo, los griegos vivieron una edad de oro en la que la ciencia y el conocimiento filosófico ayudaban a entender el mundo, el porqué de las cosas, y desde una sincera religiosidad se comenzó a entender que las matemáticas y las ciencias eran la expresión de las normas del universo creadas por los dioses, y que aquellas personas menos formadas eran incapaces de ver esta conexión y volcaban su interés por atraer la buena suerte en la superstición y en la confianza ciega en algunos sacerdotes mendicantes a los que Hipócrates (c. 460-370 a. C) llamó charlatanes. Es en este tiempo cuando las élites intelectuales griegas pulen los significados de superstición y devoción. La primera empezó a adquirir un carácter negativo, de exceso de miedo a los dioses y falta de comprensión de las normas con las que influían en la vida diaria de los mortales. La segunda se centraba en una religiosidad más elevada, culta, procedente del estudio de la historia y los mitos.

En el ámbito cultural griego se han encontrado también los restos más antiguos conocidos de conjuros dirigidos contra una persona concreta con la intención de que recibiera una maldición o para que cambiara su voluntad sobre un tema concreto, habitualmente amoroso. Son las llamadas «tablillas de maldición», que datan del siglo VI a. C. y que perduraron en la cultura romana hasta bien entrado el primer milenio. Se trataban de unas pequeñas piezas de plomo, tan finas que podían doblarse o enrollarse, sobre las que se escribía un texto dirigido a los dioses infernales u oscuros del panteón griego para pedir que descargaran su ira sobre una persona concreta. Las piezas se escondían en la casa del receptor, se introducían en las paredes de los templos de la deidad a la que se pedía ayuda o se lanzaban a manantiales, pozos o ríos sagrados. Las tablillas de maldición evolucionaron a lo largo de los siglos y en muchas de ellas solo se han encontrado nombres de personas, lo que ha hecho suponer que la maldición se realizaba oralmente y se dejaba por escrito el nombre del receptor. También se han encontrado tablillas con conjuros de amor y algunas llamadas «condicionales» en las que se pedía a los dioses que descargaran su ira y toda la mala suerte sobre alguien si rompía su promesa o sobre aquel, desconocido, que hubiera cometido un mal contra el peticionario.

El Mediterráneo se convirtió durante los siglos previos al inicio de la era actual en lugar de encuentro de diferentes culturas y en escenario de una encarnizada lucha entre civilizaciones provenientes de Asia, Oriente, África y el norte de Europa. Cada una de ellas tenía sus tradiciones, religiones y ritos atávicos. Así, la historia de las supersticiones pasó a estar ligada al poder o la influencia de los pueblos y culturas a los que pertenecían. Los líderes griegos y especialmente los romanos buscaron una identificación de los ritos, mitos y supersticiones propios de su tradición con el Estado mismo al que representaban y pronto el término superstición adquirió la connotación peyorativa de extranjero y ajeno. Así, los romanos de inicios del siglo I aplicaron este término a lo que creyeron una peligrosa secta judía: el cristianismo. Durante los siguientes tres siglos, en los que el Imperio romano alcanzó su cenit cultural, político y militar, el creciente auge del cristianismo llevó a las élites romanas a considerarlo una superstición peligrosa que aunaba la práctica de la magia persa y egipcia con la palabrería de los sacerdotes mendicantes de algunos templos griegos.

Durante el siglo IV el éxito del cristianismo en Roma consiguió que dejara de estar perseguido y poco más tarde llegó a ser declarado religión oficial del Imperio. Con este cambio en el reparto del poder religioso la superstición que antes encarnaba el cristianismo pasó a ser representada por el resto de religiones y prácticas paganas. La nueva religión contó con importantes pensadores que bebían de los clásicos griegos y que dedicaron algunos de sus más importantes escritos a la superstición. San Agustín de Hipona (354-430) extendió el uso peyorativo de la superstición más allá de las prácticas paganas y condenó los pequeños rituales y actos del día a día que tenían lugar en cada hogar, incluso en los cristianos, para atraer la buena suerte y ahuyentar la mala. En este tiempo comienza a cristalizar también la teoría de la superstición como mala práctica de la religión y, por tanto, relacionada con los demonios y las criaturas oscuras, abriendo así la puerta a la condena de la superstición por su supuesta relación con la magia que se extendería y perduraría en los siguientes siglos en el ámbito cultural cristiano.

La caída del Imperio romano de Occidente llevó a la expansión del cristianismo a los pueblos celtas, germánicos o iberos. Los nuevos fieles portaban un sustrato cultural, ritual y supersticioso propio de sus religiones paganas y sus tradiciones ancestrales. El cristianismo, centrado en Roma, comenzó un periodo de unificación religiosa y codificación de la propia doctrina y ritos cristianos a la vez que los ritos paganos penetraban en la propia rutina del culto cristiano. Hacia el siglo VIII se extendió entre los nuevos pueblos cristianizados un pequeño listado de actos supersticiosos y paganos que debían ser erradicados de cada comunidad. En este texto no solo se condenaban rituales de adivinación, los sacrificios de animales o la celebración de fiestas en honor de los antiguos dioses romanos, sino que ya se criticaban también las prácticas supersticiosas relacionadas con los santos, su culto y el de la Virgen.

La constante expansión del cristianismo continuó introduciendo rituales, actos y tradiciones con los que los pueblos recién convertidos fusionaban sus tradicionales creencias.

Otro importante punto de inflexión histórico en cuanto a la evolución de la superstición llegó hacia finales del primer milenio de la era actual y se prolongó hasta el final de la Edad Media. El miedo milenarista al fin del mundo, las hambrunas que precedieron al gran cometa que fue visible entre 1317 y 1318 y la llegada de la peste negra de mediados del siglo XIV exacerbaron el comportamiento supersticioso de la mayor parte de las personas. Durante este tiempo se multiplicó la creencia de que en la magia se podía encontrar la solución a los males que estaban acaeciendo y también la posibilidad de crearlos y utilizarlos contra los enemigos. Durante un largo periodo de tiempo se vivió una suerte de histeria colectiva que

culpaba a la magia, a grupos étnicos enteros o a los estudiosos de otras religiones y culturas de ser los responsables de estos males.

En los siglos xiv y xv este estado de permanente miedo ante las supuestas fuerzas oscuras que acechaban al hombre llevó a un aumento del comportamiento supersticioso con el que, en teoría, poder defenderse de estas fuerzas. En estos dos siglos prendió el miedo a las sociedades mágicas secretas de orientación demoníaca lideradas por brujas y hechiceros y se desencadenó una cruenta persecución que se extendió por varios continentes durante los siguientes siglos. En 1486 dos inquisidores alemanes publicaron *El martillo de las brujas*, un detallado manual en el que asociaban tradiciones supersticiosas y otros rituales con la brujería demoníaca anticristiana y dedicaban una gran parte de su texto a cómo debía llevarse a cabo una investigación contra la supuesta brujería y a culpar a las mujeres de ser sus principales valedoras. El libro tuvo verdadero éxito y durante más de dos siglos fue la principal referencia sobre brujería. Este manual ayudó a crear un clima miedo ante la posibilidad de que realmente existieran estas sociedades ocultas demoníacas al tiempo que facilitaba que cualquiera pudiera verse acusado por sus enemigos de pertenecer a ellas. Este doble pavor produjo un aumento de la superstición religiosa cristiana como defensa ante el mal oscuro o el de los enemigos que pudieran acusar a una persona de practicar la brujería, por lo que se multiplicaron acciones como las peregrinaciones a lugares sagrados, las penitencias y el uso de reliquias sagradas o de los santos a modo de amuletos. Se profundizó así en una doble moral con respecto a la superstición. La aprobada o tolerada por la jerarquía religiosa y los estudiosos era considerada buena y aceptable, como el uso cotidiano del agua bendita, la exposición de la comunión consagrada y la adjudicación de poderes milagrosos a casi cualquier objeto utilizado por los santos. En cambio, la relacionada con lo desconocido y con prácticas de otras culturas o religiones fue anatematizada y perseguida.

El fenómeno convivió con el inicio en Europa del Renacimiento. Se trataba de un movimiento social, artístico, filosófico y cultural que surgió entre estudiosos, humanistas, científicos y técnicos de todas las áreas que quedaron asombrados con los textos griegos, árabes y de otras grandes civilizaciones que fueron llegando a la península itálica en las expediciones comerciales y tras la caída del Imperio romano de Oriente. Fue el inicio de un renacer científico y cultural que abarcaba desde la filosofía a la astrología, la medicina o las matemáticas. Esta ola de saber trajo un nuevo matiz sobre el concepto y la historia de la superstición. Si hasta el momento se podía dividir la superstición entre buena y mala religión, dependiendo de si seguía o no la heterodoxia de la religión dominante, con la llegada del Renacimiento volvió a surgir con fuerza la dualidad de una superstición aceptada entre las élites, que respondía a una cierta manera científica y humanista de comprender y describir el mundo, y otra del pueblo llano, que continuaba avanzando en su mezcla entre religiones, culturas, tradiciones atávicas... Para los eruditos las prácticas supersticiosas del pueblo eran sinónimo de falta de iluminación académica. En este contexto surgió entre los estudiosos una fascinación por la magia, las antiguas prácticas y rituales que se alejaban del concepto de artes demoníacas, en gran medida para evitar la intervención de la Iglesia y su condena, y que buscaban renovar ritos, supersticiones y tradiciones del pasado que de alguna manera estaban relacionadas con la ciencia.

La cábala, la numerología, las matemáticas, la química o la propia medicina y farmacología suponían para las gentes cultas del Renacimiento, además de una vertiente de adquisición de conocimiento, una suerte de camino elevado de iniciación a unos saberes mágicos que pretendían comenzar a explicar el mundo que les rodeaba. En el otro extremo se encontraban las tradiciones y supersticiones de los agricultores, comerciantes o artesanos que se transmitían oralmente, no se encontraban en los libros y permanecían en el imaginario común gracias al trabajo de pequeños chamanes y magos locales, especialistas en ofrecer pequeños conjuros, enseñar una serie de rituales o crear pociones naturales que pretendían ayudar en las tareas, los amoríos, los retos y las acciones del día a día de la gente corriente.

En el siglo XVI se produjeron las reformas protestantes de Lutero (1483-1546) y Calvino (1509-1564) encaminadas a simplificar el elaborado ritual católico, a terminar con algunas de sus prácticas terrenales y a buscar un nuevo enfoque para la doctrina cristina. Estas reformas supusieron un importante punto de inflexión en cuanto a la historia de la superstición. Durante más de un milenio la Iglesia católica había dictado las normas que diferenciaban la buena de la mala religión, dando un sentido peyorativo a los ritos y prácticas supersticiosas que no contaban con su beneplácito. La llegada de la doctrina protestante puso el foco y examinó los miles de ritos que los católicos habían adoptado como supersticiones, la mayoría de los cuales provenían de otras religiones, de tradiciones atávicas, y que habían sido modificados ligeramente para encajar en la práctica cristina. En aquel momento los católicos fueron señalados por los protestantes como supersticiosos, entregados a los rituales relativos a los santos o la Virgen que procedían del pasado y que, en su opinión, desvirtuaban el verdadero mensaje de Jesús. Aquella vuelta de tuerca al concepto de superstición trajo consigo la llegada de una época de guerras de religión, de profusión de condenas mutuas por herejía y de la búsqueda y señalamiento de los sencillos hechiceros y chamanes que pervivían en los pueblos y ciudades ganándose la vida recetando plantas medicinales, transmitiendo rituales o creando conjuros. Se estima que entre el siglo xv y el xvii pudieron morir entre 60 000 y 100 000 personas en cacerías y juicios contra la brujería, de las cuales cerca del 75 % fueron mujeres.

Tras este oscuro periodo de guerras y persecuciones se fue abriendo paso el fenómeno de la Ilustración. El incipiente desarrollo científico, técnico y de las humanidades sembró entre las élites de estudiosos el nacimiento de un nuevo paradigma que afectó a la superstición. Desde el siglo xvi filósofos como Voltaire (1694-1778) o Rousseau (1712-1778) comenzaron a proponer un paradigma en el que Dios y la religión comenzaban a desvincularse del pensamiento y el humanismo. Este fenómeno también tuvo lugar en las ciencias, en especial en la física, la astronomía, la química... La razón comenzó a situarse en el centro de la vida del hombre y su progreso, la modernidad, tal como es entendida hoy, se abrió paso gracias a científicos como Francis Bacon (1561-1626) o Isaac Newton (1643-1727). La llegada del método científico sacó a Dios de la ecuación dirigida a resolver aquello que rodeaba al ser humano y que no había podido ser explicado. De esta forma las prácticas supersticiosas comenzaron a ser vistas como una rémora del pasado, de un tiempo en el que la religión y sus rituales eran la única explicación a los fenómenos del mundo físico. Hasta aquella época se había perpetuado durante siglos la asociación de superstición a buena o mala práctica de la religión, las luchas entre protestantes y católicos habían conseguido que términos como hereje, hechicero y bruja se vincularan con las prácticas supersticiosas y fueran perseguidos, pero la llegada de la Ilustración y su avance hacia la modernidad trajeron consigo una nueva visión sobre la superstición, que comenzó a considerarse como mala ciencia. Desde aquel momento, y hasta la actualidad, el comportamiento supersticioso se opuso a la ciencia, a la medicina, a los avances científicos y técnicos que permitieron ir descubriendo las normas que regían un universo en el que la acción divina iba siendo relegada a la propia categoría de mito o superstición. La ciencia, la razón y la experimentación consiguieron originar un sentimiento de despertar hacia una nueva era en la que las cosas que rodean al hombre podrían ser explicadas y, por lo tanto, controladas. Esta sensación fue en aumento y los resultados de la investigación en ciencias, técnicas, medicina y humanidades sumaron cada vez un mayor número de adeptos frente a la superstición y la ortodoxia religiosa. Esta realidad quedó reflejada en una contundente afirmación del filósofo Max Weber (1864-1920), que indicó que la ciencia y la Ilustración habían deshecho el hechizo de la religión.

La realidad es que las palabras de Weber nunca fueron totalmente ciertas. Si bien se dio un cambio en el paradigma de la superstición, esta y la religión perviven en el mundo moderno del siglo xxi. Lo que sí se produjo fue un definitivo paso hacia la concepción de que es la ciencia la que guía el progreso y la que puede resolver aquellas cosas desconocidas que rodean al ser humano, pero la falta de una respuesta global, completa y detallada a cada una de las cuestiones que el hombre se pregunta sobre su entorno permitió que la superstición continuara gozando de buena vitalidad.

Si durante la Edad Media la superstición y la religión se centraron en las fuerzas demoníacas que podía afectar a cada acontecimiento, durante el siglo xix se vivió un verdadero fervor por el espiritismo, el contacto con los muertos, la hipnosis, la lectura de la mente, la adivinación, la utilización de fuerzas telúricas que podían transmitirse por objetos y animales… Estas nuevas fórmulas no fueron presentadas como una vuelta a un radicalismo religioso o místico, sino que surgieron al calor del fervor científico como pseudociencias de lo inexplicado. Se produjo así un efecto paradójico por el que el desarrollo científico motivó el auge de nuevas supersticiones sin base religiosa y apoyadas en teorías e hipótesis que los nuevos descubrimientos iban presentando a la sociedad.

Tras este repaso histórico de la superstición, su concepto y su evolución, hay que destacar el contemporáneo significado del término y su situación actual. Para el psicólogo, científico del comportamiento y especialista en comportamiento supersticioso Stuart Vyse (1950) la superstición es un comportamiento inconsistente o no refrendado por la ciencia cuyo teórico mecanismo de acción para conseguir un determinado resultado no es compatible con la comprensión del mundo físico que existe hoy en día. También reviste un interés instrumental o pragmático, pues el coste de practicar determinados comportamientos supersticiosos es mínimo y no afecta al discurrir de la vida individual, y aunque dichos comportamientos suponen un trabajo o coste adicional, aportan satisfacción y confort. Por último, indica que, desde un punto de vista antropológico, la superstición pertenece al acervo popular de pueblos, culturas, civilizaciones o religiones y ha de tratarse con respeto desde el estudio, poniendo como ejemplo que hoy en día no sería justo denigrar los rituales supersticiosos de las ya escasas culturas precientíficas que quedan en el planeta o los pensamientos mágicos que pueda tener un niño y sus rituales supersticiosos. En definitiva, la superstición es hoy uno más de los reflejos de la cultura, la religión y el propio desarrollo del ser humano como individuo y como sociedad.

EL CALENDARIO

El paso del tiempo fue una de las realidades físicas de las que fueron conscientes los primeros humanos. La cadencia con la que se sucedían el día y la noche, su duración y su constante repetición marcaron, desde un punto de vista físico, hormonal y psicológico, la vida diaria del hombre. La observación durante decenas de miles de años de la constante relación entre el día, el Sol, la noche y la Luna llevó a la creación de un sistema ordenado que vinculaba las condiciones solares y lunares con las necesidades agrícolas, vitales y climáticas para aportar una referencia útil para el hombre que le otorgara la capacidad de predecir futuras situaciones.

Los primeros calendarios

Discernir cuál fue el primero de todos los calendarios que han existido es un todavía un enigma cuya respuesta cambia a medida que avanzan los descubrimientos arqueológicos. En la actualidad el primero del que se tiene constancia fue descubierto en Aberdeenshire, en Escocia, y tiene más de 10 000 años de antigüedad. **El primer calendario solar** conocido lo crearon los egipcios hacia el año 2781 a. C. tras observar los niveles del agua del Nilo. Los sacerdotes egipcios comprobaron que estos se repetían con un ciclo de 365 días, por lo que desarrollaron un sistema que les permitía conocer con anticipación el nivel del agua del río y así acomodar el momento de la siembra y recogida del preciado trigo. Con el tiempo su calendario se formuló en torno a 365 días, agrupados en 12 meses de 30 días, y estos, a su vez, se organizaban en tres periodos de diez días. Al finalizar el año se añadían cinco días más para hacerlo coincidir con el ciclo solar, que eran dedicados a las fiestas mayores de los principales dioses. Esta unión entre uso civil, principalmente agrícola, y uso religioso y esotérico del calendario se repetiría en las principales civilizaciones y daría lugar al desarrollo de importantes supersticiones derivadas del significado de los días, las festividades o de la necesidad agrícola.

El calendario chino y el inicio del horóscopo en Asia

En fechas muy similares, hacia el año 2697 a. C. se comenzó a utilizar en China un calendario lunar basado en cinco ciclos de 12 meses, cada uno de ellos regido por los animales de su horóscopo tradicional. El primer documento que deja constancia de su uso data del año 1300 a. C. Este calendario sirvió a las labores religiosas y de la corte, pero como todos los calendarios lunares de la antigüedad sufría con el paso del tiempo un importante desfase que se traducía en una falta de previsibilidad de las estaciones, lo que afectaba directamente a los agricultores. El calendario chino corrigió el desfase lunar introduciendo un mes adicional cada tres años, por lo que sus años tenían una duración que iba de los 353 días a los 385 del año más largo.

El calendario lunar chino ha sido a lo largo de la historia una fuente inagotable de supersticiones debido a los 12 signos zodiacales sobre los que se articula. Cada uno de ellos rige durante un año lunar y determina la personalidad de los nacidos en ese momento.

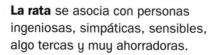

La rata se asocia con personas ingeniosas, simpáticas, sensibles, algo tercas y muy ahorradoras.

El buey otorga cualidades como la resistencia al trabajo duro, la honestidad, la sinceridad y la discreción.

A los nacidos bajo el signo del **tigre** se les presupone valientes, ávidos de aventura, poco temerosos de los retos y desafíos de la vida, por lo que resultan difíciles de controlar.

El conejo predispone hacia una personalidad sincera, confiable, que bajo su amabilidad oculta una tenacidad y confianza en sí mismo.

El dragón es uno de los animales más importantes de la mitología china, zodiacalmente impregna independencia, fortaleza, inteligencia y alta capacidad para asumir retos.

La serpiente se relaciona con personalidades complejas de una infalible intuición, sofisticadas y sin interés por los pequeños asuntos del día a día.

El caballo es un signo que se distingue por la libertad de espíritu, su indomable energía y una constante búsqueda de la felicidad.

La cabra aporta a las personas nacidas en ese año un mayor desapego a los bienes terrenales; su entrega y amor hacia los demás puede resultar inconveniente para sus propios intereses.

El mono es el animal más inteligente de todos ellos, se asocia a un gran éxito profesional e importantes reconocimientos a lo largo de la vida.

El gallo simboliza el perfeccionismo, la crítica y las personalidades complejas.

El perro da a los nacidos bajo su signo una profunda lealtad, honestidad y prudencia y los impulsa a pelear por sus seres queridos y su familia incluso hasta su propia muerte.

El cerdo es el último de los signos zodiacales chinos y se asocia con la buena fortuna, la perseverancia y su pragmatismo a la hora de afrontar la vida.

La **superstición china** advierte a los nacidos en el signo del zodiaco regente en un determinado año que extremen las precauciones durante el mismo: que tu signo coincida con el del año es sinónimo de una potencial mala suerte, porque se cree que se ha cometido una afrenta contra la estrella Tai Sui, ya que se ha cumplido un año más zodiacal (en sus ciclos de 12 años). Para combatir esta mala suerte la tradición china recomienda el uso de prendas rojas durante las fiestas del año nuevo lunar, pero estas han de ser regaladas, nunca compradas por uno mismo. Para ahuyentar la mala suerte se deberá portar durante todo el año una pieza de jade, ya sea una joya o un amuleto.

El calendario hebreo: de la Biblia a las supersticiones del *sabbat*

El calendario hebreo es uno de los más antiguos del mundo. Durante siglos fue un calendario lunar basado en la observación de los astros, y a lo largo de la historia ha ido modificándose para encajar también con el ciclo solar y pasar de la observación a la predicción siguiendo cálculos matemáticos. Su origen se encuentra en el calendario lunar babilonio que utilizaban la mayor parte de los pueblos del Creciente Fértil. En la actualidad está organizado en años que tienen unos 11 días menos que el calendario solar, por lo cual se añade un mes adicional cada dos o tres años unas siete veces en ciclos de 19 años. El calendario hebreo es uno de los más influidos por la religión. El libro del Génesis determina tanto la duración de los días, que comienzan tras el ocaso y se prolongan hasta la siguiente puesta de sol, como la semana de siete días, que encuentra su origen en el relato de la creación.

La semana hebrea tiene seis días, cuyos nombres son solo el del ordinal correspondiente, más un último día llamado *sabbat*, que corresponde, según el relato bíblico, a la jornada que Dios dedicó al descanso tras la creación del mundo. Durante este día los judíos practican un gran número de rituales relacionados con la tradición bíblica para cumplir con su místico fin.

El *sabbat* comienza oficialmente en la tarde del viernes, apenas unos minutos antes de la puesta de sol. La casa debe estar limpia y ordenada con antelación y todos los miembros de la familia, además, han debido asearse personalmente. Con la caída del sol comienzan los rezos de bienvenida al día sagrado de la semana y se encienden las dos velas que simbolizan el recuerdo y la observancia de la ley rabínica por medio de la **práctica de sus rituales** y el cuidado de esta fecha atendiendo a las actividades prohibidas para no ponerlas en práctica. Una parte importante del *sabbat* la constituyen las acciones que no deben realizarse durante este día y que el Talmud cifra en **39 trabajos** relacionados con la construcción del tabernáculo. Entre los más importantes se encuentran las labores del campo, como plantar, cosechar, trillar; acciones relacionadas con la cocina, como moler, amasar, hornear; otras se refieren al trabajo en el hogar, como coser, lavar, moler, amasar, hornear, encender o apagar el fuego, y otros trabajos, como no escribir más de dos letras, construir algo, tocar un instrumento musical o transportar al interior de la casa cualquier objeto que provenga de un área pública. A lo largo de los años la tradición rabínica ha ido añadiendo acciones vetadas ese día, entre ellas, nuevas prácticas culinarias, como freír, cocinar y preparar con fuego cualquier alimento, transportar objetos que tengan que ver con una acción prohibida o pedir a una persona que no observe el *sabbat* que realice alguna de las tareas prohibidas para beneficio propio.

El calendario maya y los tres ciclos del tiempo

Las civilizaciones originarias del continente americano fueron también muy avanzadas a la hora de observar los astros y de ordenar el tiempo. Las civilizaciones maya, azteca e inca crearon y perfeccionaron su calendario acompañándolo de un gran número de ritos y tradiciones supersticiosas. El más conocido de todos ellos es el maya, del que existen registros que indican que ya se utilizaba en el siglo v a. C. Este calendario está organizado en tres ciclos

separados pero complementarios. El primero es el *Tzolk'in*, que se compone de 20 días con nombre propio distribuidos en ciclos sucesivos de 13 ordinales produciendo una combinación única de 260 días. Este ciclo era el que tenía un mayor componente religioso y de adivinación para los mayas. El segundo ciclo, denominado *Haab'*, está compuesto de 18 meses de 20 días cada uno, lo que arroja una cuenta de 360 días. Al final de este periodo reglado se añadían cinco días llamados *Wayeb'* para hacerlo coincidir con el ciclo solar. Los *Wayeb'* eran considerados los peores días del año, aquellos que no tenían mes, pero eran contados, y durante este tiempo las puertas entre el reino de los mortales y el del inframundo quedaban abiertas dando lugar a un gran número de catástrofes para las que los mayas se prevenían con un **gran aumento de los rituales y los sacrificios** en los templos. El último de los ciclos es la cuenta larga, que creaba grupos de 52 años, 18 980 días, en los que la fecha compuesta por el *Tzolk'in* y el *Haab'* volvían a ser idénticas. Esta cuenta superaba la esperanza de vida de la época, por lo que se utilizaba en los templos y la corte para las inscripciones en estelas conmemorativas y grandes rituales de los que había que dejar constancia histórica, pero no era usada en el día a día de la población. Junto con estos tres ciclos que componen el calendario maya la mitología y la superstición crearon unas series más cortas que regulaban los rituales diarios. La serie de los señores de la noche era un ciclo de nueve días en los que cada dios del inframundo reinaba de manera sucesiva. Para cada uno de los días existía un rito cuyo objetivo era **ahuyentar la mala suerte**.

El calendario romano: los días fastos y nefastos

El calendario romano fue uno de los más prolijos en cuanto a la diferenciación y detalle de los días que eran considerados propicios o no para la realización de determinadas actividades. En su origen el rey Numa Pompilio (753-673 a. C.) dividió los días del año en dos: por un lado, 245 jornadas fastas, cuyo sentido es el de días hábiles, ya que los tribunales, mercados e instancias jurídicas y gubernamentales permanecía abiertas y con actividad; por otro, 109 días nefastos o inhábiles, en los que las asambleas populares no podían reunirse, los tribunales permanecían cerrados y se debía consagrar la actividad de la jornada a los dioses. Según avanzaron los siglos surgieron nuevas categorías de días y se crearon los *comitiales*, que eran los días hábiles señalados para las reuniones de carácter político en las asambleas. Entre los nefastos surgieron los nefastos *parte*, en los que solo una franja horaria de la jornada era considerada inhábil, y los nefastos *principio*, en los cuales no se permitían determinadas actividades desde el comienzo del día.

MARS.

A efectos religiosos se introdujeron los días *endotercisi* o cortados, ocho jornadas al año que eran hábiles, a excepción del tiempo dedicado a completar un ritual. Estas jornadas solían preceder a una gran fiesta o festival y se dedicaban a realizar el sacrificio ritual de los animales en la mañana, según prescribía la tradición romana, luego se continuaba con la actividad normal y por la tarde se hacía entrega de la ofrenda.

Los días *fissi* o divididos eran considerados nefastos hasta que se cumplía con el rito tradicional asociado a esa jornada, pasando desde esa hora a ser hábiles. Entre estos días se encontraban los dedicados a Marte y a Vulcano, en los que la actividad sagrada consistía en limpiar y purificar las trompetas ceremoniales de los templos.

Los romanos tenían también en su calendario unas **jornadas nada propicias para la suerte**, que se consideraban malditas y en las que ninguna tarea que se iniciara llegaría a buen puerto. Los denominaron «días *atri*» o días negros. Sobre estas jornadas surgió un gran número de supersticiones alentadas por la necesidad de completar una actividad precisamente en esos días, como la realización de ofrendas y rituales los días previos. Entre los días negros más conocidos estaban los dedicados al culto de los difuntos (entre el 13 y el 21 de febrero), aquellos en los que se trataba de apaciguar a las almas sin reposo por una muerte violenta (9, 11 y 13 de mayo) y los días 24 de agosto, 5 de octubre y 8 de noviembre, en los cuales se abría el mundo a los espíritus de los muertos; también la jornada del 1 de marzo, en la que la ciudad quedaba desprotegida porque se realizaba en el exterior de las murallas la procesión de los escudos. A estas fechas se fueron añadiendo otras históricas debidas a la superstición surgida porque algo malo había ocurrido. De este modo, se sumaron como días negros del calendario los aniversarios de las principales derrotas bélicas del ejército o de catástrofes naturales que habían afectado a la ciudad, unas fechas que no se consideraban propicias para ninguna actividad productiva.

La superstición romana se reflejaba también en su **rechazo al número 13**, por lo que a la hora de adaptar su calendario lunar al solar y ajustar sus 355 días se optó por añadir 22 o 23 días cada dos años al final de febrero. Con este ajuste todas las fechas religiosas y las principales festividades se seguían manteniendo en días impares, que eran los más propicios para los romanos.

VULCAN.

Las supersticiones de los días de la semana

Los días de la semana del actual calendario gregoriano, que se utiliza en la mayor parte del mundo, tienen una serie de supersticiones comunes y otras específicas de diferentes culturas y regiones del planeta. En la Edad Media los astrólogos creían que lunes, miércoles, jueves y domingo eran días de buena suerte y propicios para acometer tareas, mientras que martes, viernes y sábado eran días de mala suerte. Cada día de la semana está referido a un aspecto de la astrología, lo que marca su destino y la suerte de las cosas que en él suceden.

El **lunes** está regido por la Luna, es un día pacífico y feliz y en países como Irlanda está considerado como el mejor de la semana. Aunque los lunes astrológicamente son sinónimo de buenos auspicios, hay tres lunes al año a los que se les atribuye mala suerte. Uno es el primer lunes de abril, porque la tradición cuenta que en esa fecha nació Caín. Otro es el segundo lunes de mayo, que se refiere a la destrucción de Sodoma y Gomorra. Y el tercero es el último lunes de diciembre por el nacimiento de Judas Iscariote. En países anglófonos se piensa que si llueve durante el lunes el resto de la semana transcurrirá con normalidad. También hay una superstición que indica que, si se recibe una visita inesperada este día, durante toda la semana se tendrán compromisos sociales sorpresa desagradables; por ello se ha extendido la etiqueta de no visitar a enfermos ni familiares los lunes.

Martes es el día de la semana consagrado al dios de la guerra romano Marte. Por esta razón se cree que es el día de la semana en el que uno tiene más posibilidades de discutir. La tradición también asocia este día a ser una peligrosa jornada para las mujeres que deben evitar

potenciales peligros, como encender fuegos o manejar objetos afiliados. La superstición recomienda también no agendar ninguna intervención quirúrgica en este día.

Los **miércoles** son regidos por Mercurio, el mensajero de los dioses, por lo que las comunicaciones que se realicen en este día, como escribir cartas, contestar a proposiciones laborales…, serán más propensas a recibir una respuesta afirmativa. Mercurio también era el dios del comercio y por eso la superstición cree que es una jornada propicia para confirmar negocios o firmar tratos.

El **jueves** es el día dedicado a Júpiter, por lo que lo hace uno de los más favorables de la semana y se cree que es la mejor jornada para tomar decisiones importantes y de calado. En Alemania, sin embargo, se considera el día de peor suerte de toda la semana. También en Inglaterra

se empezó a forjar la superstición de no ser un buen día debido a que Enrique VIII y sus hijos Eduardo VI, María e Isabel I fallecieron en este día de la semana.

La diosa Venus rige el **viernes**, pero la superstición actual lo relaciona con la tradición judeocristiana. Es considerado el peor día de la semana porque en viernes fue crucificado Jesús. No es un buen día para iniciar proyectos, mudarse de casa o casarse. Se dice que las risas del viernes serán lágrimas en domingo, y debido a que Adán y Eva fueron expulsados del paraíso un viernes, se debe evitar iniciar viajes largos o de placer en este día. Judas Iscariote se suicidó un viernes, y por esta razón durante siglos fue el día de la semana en el que se llevaban a cabo las sentencias de muerte.

El **sábado** está regido por Saturno, es considerado un día de peligro, restricciones y solo apto para iniciar largos viajes. La salud y el sábado no forman un buen binomio y se recomienda no abandonar el hospital en este día. Los nacidos en sábado tienen una mayor habilidad para ver fantasmas y conocer los secretos de los espíritus. La mala suerte del sábado se multiplica si durante esa jornada tiene lugar una luna nueva y se deben evitar los viajes en barco para no caer en la maldición del marinero. Sin embargo, para los judíos es un día sagrado y de celebración.

El Sol rige los **domingos** y es también el día sagrado para los cristianos. En la superstición occidental actual es considerado el día más propicio de toda la semana. Las ropas que se estrenan en domingo pueden durar el doble que las estrenadas otro día de la semana.

Al ser un día consagrado a Dios se dice que realizar cualquier actividad laboral atrae la mala suerte. Desde el siglo xix existe en el mundo anglosajón la superstición de no ir a recoger nunca nueces en domingo, porque, si no, durante la noche del domingo al lunes un espíritu maligno con un gorro de lana podría aparecer y condenar el alma.

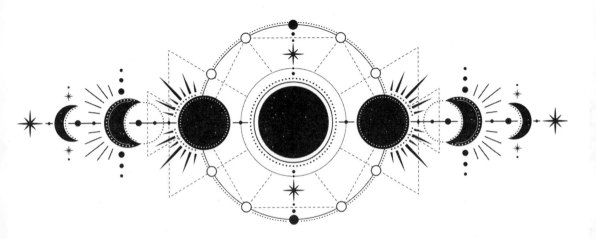

La superstición en fiestas y fechas señaladas

Existen una serie de fechas señaladas vinculadas a supersticiones que se han ido forjando a lo largo de los siglos y que perduran en la actualidad. En las páginas anteriores se indicaba que el viernes es el día menos propicio de la semana, pero, cuando se une esta superstición con la del número 13, los **viernes 13** se convierten en los días menos propicios del año para iniciar cualquier actividad y se debe estar atento a pequeños fallos que lleven a provocar accidentes. La tradición dice que esta fecha nefasta data de la caída de los templarios el viernes, 13 de octubre de 1307, cuando recibieron un ataque coordinado en toda Francia y terminaron detenidos y sus bienes fueron confiscados.

El **Día de Santa Isabel** de Roma, 21 de enero, se caracteriza por contener un gran número de supersticiones relacionadas con las **jóvenes casaderas**. Su origen se remonta a la vida de Isabel (291-304), una joven romana cristiana que sufrió el martirio durante las persecuciones del emperador Diocleciano (245-313) y fue obligada a vivir en un prostíbulo antes de que se diera cumplimiento a su sentencia de muerte. Durante el tiempo que pasó en el lupanar su virginidad permaneció intacta porque todos aquellos hombres que trataban de tocarla sufrían severas consecuencias. Cuenta la tradición que uno de ellos quedó ciego al instante y que la propia Isabel le devolvió la vista gracias a sus piadosas plegarias. Desde entonces el Día de Santa Isabel de Roma las jóvenes que quieren encontrar pareja realizan un ayuno completo y permanecen en silencio mientras cocinan un bizcocho, cuyos ingredientes han de ser regalados por las amigas. Luego, tras repartirlo entre ellas en trozos del mismo tamaño exacto, deben ir a su habitación con su parte del bizcocho en la mano y al llegar tienen que comerlo y echarse en la cama a dormir. Se cree que esa noche soñarán con su futuro marido.

El **Día de San Valentín,** 14 de febrero, es la fiesta en la que celebran su cariño los enamorados. Los orígenes de esta tradición hunden sus raíces en la fiesta romana de *Lupercalia*, en la que se festejaba al fauno Pan y a la diosa Juno. Él era símbolo de la potencia sexual masculina y de la fertilidad, ella era la diosa romana del matrimonio y reina de los dioses. Esta combinación de deidades buscaba multiplicar la fertilidad de las parejas y con su benevolencia la de las plantaciones agrícolas. El ritual comenzaba la tarde del día 14 en la que los jóvenes sacaban de un cuerno un papel con el nombre de la muchacha a la que quedarían emparejados durante la celebración del festival. La noche se pasaba entre festejos, cantos rituales y comiendo y bebiendo en abundancia. La llegada del cristianismo trajo consigo la prohibición de algunos de los principales festivales romanos. En el caso de *Lupercalia* se buscó dedicarlo al joven mártir san Valentín, que antes de ser ejecutado envió a su amada una carta de amor cuya despedida era «de tu Valentín», lo que permitió que pudiera seguir considerándose una fiesta para celebrar el amor, aunque los ritos y las supersticiones hayan ido variando a lo largo de la historia. En la actualidad la superstición en países protestantes cuenta que las jóvenes que deseen encontrar marido han de estar atentas al primer pájaro que vean por la mañana porque así sabrán entre qué profesiones buscarlo. Si es un mirlo, el amante será un clérigo; si es un petirrojo, será un marinero; en el caso de que la muchacha vea un jilguero, su pareja será muy rica y potentada; si atisba un canario amarillo, su esposo será un hombre de clase media; si viera un gorrión, su futuro novio vivirá en una casita solariega; en cambio, si se trata de un pájaro azul del este, vivirá feliz, pero en la pobreza; si se trata de un piquituerto, ella y su esposo discutirán continuamente, y si se tratara de un pájaro carpintero o un torcecuellos, no se casará nunca... Otras de **las supersticiones que atraen la buena suerte** en esta fecha están asociadas a vestir prendas rojas, color que representa el amor y la belleza y al dios Baco y su vino y felicidad. Por el contrario, es de mala suerte firmar la tarjeta del Día de San Valentín: la persona que la recibe debe saber quién se la ha enviado porque su corazón se lo diga, pero si la tarjeta lleva la firma, su remitente estará poniendo en riesgo el amor de la pareja.

El **Miércoles de Ceniza** se trata de una festividad con fecha móvil que da inicio a la Cuaresma, los 40 días antes de la celebración de la Pascua cristiana. Durante este día, en especial en el rito católico, se asiste a un servicio religioso en el que los fieles son marcados en su frente con ceniza para recordarles que algún día morirán y su cuerpo se convertirá en polvo. La tradición indica que la ceniza ha de proceder de haber quemado las palmas de la Pascua del año anterior. Durante la Cuaresma se siguen practicando ritos como el ayuno, la abstinencia o la abstención de comer carne durante los viernes. Estas acciones, que tienen un significado religioso para los cristianos, provienen de tradiciones que se han ido sumando a lo largo de los siglos.

El Día de los Inocentes del **primero de abril** en el mundo anglosajón y francés es una jornada en la que se realizan todo tipo de bromas entre amigos y conocidos. Tiene su origen en la Francia del siglo XVI, cuando se aplicó la reforma para instaurar el calendario gregoriano, que, entre otras cosas, cambió la fecha del año nuevo, que antes se celebraba el 1 de abril, tras la Semana Santa, y que desde entonces pasó a celebrarse el día 1 de enero. Al llegar el 1 de abril la gente trataba de engañar a sus vecinos y les hacía todo tipo de bromas y trucos para que creyeran que seguía siendo el primer día del año. Los niños nacidos en este día son considerados muy afortunados, excepto en el juego y las apuestas. Las bromas deben de realizarse durante la primera parte de la jornada; después de medio día son consideradas de mal gusto y **traerán mala suerte al que las haga**.

La Pascua es la fiesta principal de los cristianos, y su día más importante es el Domingo de Resurrección. Se trata de una fiesta móvil en el calendario que fue establecida en el siglo IV para el primer domingo después de la luna llena tras el equinoccio de primavera en el hemisferio norte. Como el equinoccio se produce en el 21 de marzo, la fiesta puede recaer entre el 22 de marzo y el 25 de abril. Los cristianos conmemoran la resurrección de Jesús tras haber muerto en la cruz tres días antes. Para esta fecha existen **infinidad de tradiciones, ritos y supersticiones** que varían de una región a otra. Una de las más conocidas internacionalmente es la de la búsqueda y posterior ingesta de huevos de Pascua, ahora hechos de chocolate, pero que tienen su origen en el festival pagano germano en honor a la diosa Ostera que se celebraba en esta fecha, en la que los conejos escondían los huevos de las gallinas y había que recuperarlos. Aquellos que durante la salida del sol el Domingo de Resurrección le vieran bailar con la forma de un cordero y una bandera eran considerados más puros y Dios les reconocía el esfuerzo realizado durante la Cuaresma, por lo que recibirían importantes dones durante el tiempo pascual que en esa fecha se iniciaba. **Estrenar ropa** este día es una de las tradiciones más extendidas entre los cristianos de todo signo y tiene sus raíces en la costumbre que existió durante siglos de llevar durante la Cuaresma la misma ropa para mostrar contrición, humildad y arrepentimiento. Aquellos que no estrenaban algo, por muy pequeño que fuera, el Domingo de Resurrección ofendían a Dios en su día más importante y se arriesgaban a que su ropa fuera agujereada por los pájaros o comida por los perros. Alrededor de esta fecha también se llevan a cabo incontables procesiones religiosas que muestran escenas de la Semana Santa, de la pasión, muerte y resurrección de Jesús y de la Virgen María. Las procesiones son desfiles religiosos tan antiguos como la propia humanidad. Desde tiempos muy remotos las personas han recorrido una distancia, de manera ordenada, guiadas por un jefe religioso y portando imágenes, bustos, estandartes u objetos atribuidos a una deidad. El cristianismo no pudo evadirse de esta tendencia ligada a la práctica totalidad de las religiones del mundo y continuó con ellas adoptando su propia imaginería. De manera especial en el mundo hispano, las procesiones de Semana Santa son unas de las máximas expresiones de la superstición popular cristiana. A este tipo de desfiles acuden fieles que realizan penitencias para expiar sus pecados o muestran su alegría por haber recibido una bendición. En estas procesiones miles de personas buscan atraer la buena suerte presenciando la procesión, haciendo pasar un objeto personal o amuleto por el cuerpo de la imagen procesionada o incluso entregando exvotos que simbolizan las partes del cuerpo que esperan que les sean sanadas. En el capítulo dedicado a los ritos y la observancia se realiza un recorrido por algunas de las tradiciones y supersticiones de las procesiones más importantes.

El Día de la **Ascensión del Señor** tiene lugar 40 días después del Domingo de Resurrección y se celebra la ascensión de Jesús en cuerpo y alma a los cielos. Entre las creencias que conllevaba a esta fecha estaba la de **predecir el tiempo** que haría durante los siguientes meses. Así, si había buen tiempo, el verano sería caluroso y próspero, pero, si el tiempo era lluvioso o con malas condiciones meteorológicas, la cosecha sería escasa y poco productiva. La lluvia que caía en este día se guardaba embotellada junto al fuego y servía para curar afecciones relacionadas con los ojos. Entre las supersticiones más conocidas para ahuyentar la mala suerte y a los malos espíritus estaba la de recoger los huevos de la puesta del día y situarlos en el techo de la casa para protegerla. En la actualidad todavía es un día en el que se anima a regalar cosas a las personas ciegas o a las parroquias encomendadas a santa Lucía, patrona de los invidentes, ya que el benefactor recibirá buena suerte y riquezas por el triple de lo donado.

Halloween, el 31 de octubre, y el Día de los Todos los Santos, el 1 de noviembre, son dos festividades intrínsecamente relacionadas con la muerte, el contacto con los difuntos y el tránsito hacia otra vida. Halloween tiene su origen hace más de 2000 años en el festival celta de *Samhain*, un día en el que se celebraba su fin de año por dar por terminado el verano y el comienzo de uno nuevo en el que primero vendría una época de oscuridad, el invierno. El día estaba dedicado a su dios Baal, al que se le pedía que guiara al pueblo hasta la nueva llegada de la luz en la primavera. Los celtas también creían que era el único día del año en el que **los muertos podían volver** por unas horas al mundo de los vivos, y así los difuntos hacían trucos, bromas y engaños a los familiares que todavía permanecían vivos. Los romanos añadieron esta festividad a sus dos celebraciones del otoño e introdujeron el culto a Pomona, la diosa de los árboles y los frutales.

La llegada del cristianismo llevó a una convivencia de los diferentes rituales, pero en el siglo VIII el papa Gregorio III (¿?-741), ante la imposibilidad de terminar con esta celebración pagana, movió la festividad de Todos los Santos a comienzos de noviembre y más tarde Gregorio IV (¿?-844) decidió que el 1 de noviembre se celebrara el Día de Todos los Santos y el día 2 el de todos los Fieles Difuntos y superpuso a la fiesta pagana la celebración de la víspera de Todos los Santos en la tarde del 31 de octubre. Con el cristianismo la celebración se tornó oscura, temerosa de los muertos, los fantasmas y las almas en pena que pudieran vagar ese día por el mundo de los mortales. Entre las leyendas más arraigadas en España sobre esta celebración se encuentra la de **la Santa Compaña**, una procesión de almas de difuntos que salían del cementerio al tocar las campanas a medianoche del día 31, discurrían en fila de a dos, sin poder ser vistos por los mortales, pero pudiendo sentir el viento de su paso y el calor de las velas que llevaban en sus manos. A la cabeza del desfile iba un mortal al que habían hechizado y que portaba una cruz y un caldero de agua. El mortal no podía volver la cabeza porque moriría al instante y solo podía ser relevado de tan tétrica obligación por otro mortal al que entregara la cruz y el caldero. Los mortales podían librarse de tan aciaga responsabilidad dibujando un círculo en la puerta de su casa o, si deambulaban por la calle, en el suelo antes de que el portador de la cruz y el caldero se los entregara.

El mortal que lideraba esta procesión cada noche no recordaba nada al día siguiente, pero su salud se iba deteriorando al no poder descansar ni dormir durante las horas sin luz. No fue hasta el siglo XIX cuando inmigrantes de Irlanda y el Reino Unido llevaron la celebración de Halloween a Estados Unidos, donde tuvo un éxito fulgurante como

una divertida celebración en la que se jugaba con varitas mágicas, escobas voladoras, calabazas, fantasmas y manzanas. Entre las supersticiones que aún perviven sobre esta festividad se encuentra la de no darse la vuelta nunca durante este día al escuchar algo detrás porque podría ser la muerte y mirarla a la cara causaría el fallecimiento. También se cree que uno puede **conocer su futuro** si se sitúa en un cruce de caminos y pone atención al soplido del viento: en su susurro podría encontrarse una clave idónea para próximos acontecimientos.

El **Día de los Muertos** tiene una gran cantidad de seguidores entre los católicos porque se realiza un responso por el alma de los familiares fallecidos y se visitan las tumbas donde yacen sus restos. Sin duda las celebraciones más conocidas del Día de Muertos son las que se celebran en Centro y Norteamérica, en especial en México, donde las tradiciones funerarias y rituales indígenas se mezclaron con las de los católicos llegados de Europa. En la actualidad todavía perdura la costumbre de instalar en las casas un **altar de muertos** para honrar las almas de los fallecidos. Estos altares tienen un significado diferente dependiendo del número de niveles con los que se monten. Los de dos niveles representan los frutos de la tierra y las cosas buenas que vienen del cielo. Los de tres niveles simbolizan la tierra, el cielo y el inframundo. Los de siete niveles muestran el recorrido que debe seguir un alma para llegar a su eterno descanso. En los altares de muertos siempre se incluyen los mismos elementos simbólicos: los aromas que buscan la purificación del alma, el arco de flores que se ubica sobre el último piso y que representa la entrada al mundo de los muertos. Los papelillos cortados de colores tienen un significado concreto para cada familia y lo que se quiera representar con el altar. Por ejemplo, el morado es símbolo de duelo y el amarillo, de pureza y alegría. Debe incluirse también una representación de los tres elementos: el agua, que se servirá en copas para que beba el difunto y se colocará junto a objetos de aseo para que esté presentable durante ese día. El fuego es representado con velas que dibujan una cruz e indican los puntos cardinales. Y la tierra se puede presentar con los frutos que esta ofrece. Las flores muestran la alegría y son símbolo de bienvenida para los muertos. Las calaveras son también indispensables: permiten a los vivos burlarse de la muerte y ahuyentarla para que no se cuele en sus familias. El altar debe tener también comida y bebida para agasajar a los fallecidos. Para indicar a qué familiares se invocan se colocan fotos de ellos en uno de los lugares más preeminentes junto

a alguno de sus objetos personales. Entre **las decenas de superticiones** relacionadas con esta celebración destaca la de que entre el 29 de octubre y el 2 de noviembre no se debe matar a ninguna araña en la casa, pues puede ser el animal que el fallecido elija para hacerse presente entre los vivos. Por el contrario, se debe ahuyentar a los murciélagos, puesto que son sinónimo de encantamiento de la casa y su mera presencia hará que los muertos no crucen el umbral hacia el altar que les ha sido dispuesto.

La Nochebuena que se celebra el 24 de diciembre posee un gran número de tradiciones asociadas al cristianismo. Mientras en los países latinos se considera una noche de alegría y celebración, en los anglosajones tiene un significado algo más lúgubre: se pensaba que era el día en el que Satán y sus ayudantes recorrían la Tierra y por eso existía la tradición de guardar en un establo, o dentro de la casa, a todos los animales, a excepción del buey y la mula, que esa misma noche habían presenciado el nacimiento de Jesús y, por lo tanto, eran inmunes al poder del demonio. También se cree que esta era la única noche del año en la que se puede morir y evitar el purgatorio; por eso muchas personas en estado terminal pedían a familiares y allegados que les ayudaran a terminar con su vida para acogerse a este supersticioso singular beneficio. Para ahuyentar a Satán se deben encender tantas velas como se pueda para iluminar la estancia, y no deben apagarse, sino que tienen que consumirse por sí mismas o durar hasta el día de Navidad. En Nochebuena hay que fijarse en las sombras de las personas que produce el fuego de la chimenea sobre la pared: aquellas que aparezcan sin cabeza serán las de quienes fallecerán durante el año siguiente.

El día 25 de diciembre se celebra **la Navidad** en el mundo cristiano. Al ser un día de importantes celebraciones y reuniones familiares también se encuentran gran número de supersticiones asociadas a esta fecha. A la llegada de una fiesta de Navidad la primera persona que debe entrar en la casa es una mujer o una niña para atraer la buena salud para los demás. Una manera de atraer la buena suerte es participar en el cocinado del **pudin navideño**. En este postre, hasta finales del siglo xx, se escondían una moneda de plata, un anillo de oro y un dedal. La persona que encontrara la moneda tendría buena suerte con el dinero, la que hallara el anillo se casaría si estaba soltera y quien encontrara el dedal tendría prosperidad en el trabajo durante el año siguiente. En las últimas décadas esta tradición se ha relajado y solo se cocina el pudin con un haba, una piedrecita semipreciosa o un dedal, y aquel que encuentre el objeto escondido disfrutará de un año de buena suerte. También existe una **superstición sobre la decoración navideña**: ha de ser retirada antes del segundo día de febrero o una muerte se puede cernir sobre ese hogar.

El 31 de diciembre y el 1 de enero se celebran **la Nochevieja y el día de Año Nuevo,** respectivamente. Son fechas muy importantes cargadas de **simbolismo y de superstición** al significar el cierre de un ciclo y la apertura de un nuevo año. Por eso se deben haber cancelado todas las deudas y préstamos que se tuvieran con amigos, se ha de llevar ropa nueva y no trabajar.

La celebración tiene que estar repleta de comida y bebida y nada debe ser tirado a la basura en Nochevieja para no atraer la mala suerte al año siguiente. Los niños nacidos a medianoche de este día son llamados «campanilleros» porque lo hacen a la vez que el repique de las campanas y gozarán de buena suerte a lo largo de toda su vida. Desde finales del siglo xix en España se asentó la tradición, proveniente de algunas regiones francesas y alemanas, de comer **12 uvas** con las 12 campanadas del reloj que dan comienzo al nuevo año. Cada uva y cada campanada simbolizan un mes del año que se inicia, y trae mala suerte no terminar a tiempo o saltarse alguna de las uvas, lo que implica que el mes correspondiente no será propicio para iniciar ninguna nueva actividad profesional o cambio personal. Esta tradición se ha extendido a algunos países americanos, como Perú, donde se toman uvas pasas. En Italia la superstición indica que se deben comer lentejas durante la celebración de fin de año: simbolizan la salud y la buena fortuna que se quiere atraer para el año que empieza. En algunas regiones de la península itálica también se colocan lentejas en los sitios en que habitualmente se guarda el dinero, como bolsos y carteras, para atraer la prosperidad y la fortuna.

Otras supersticiones actuales relacionadas con esta festividad son colocar dentro de una copa de champán un anillo de oro para atraer dinero y dejar las puertas y ventanas abiertas durante el cambio de año para que las cosas malas desaparezcan y lleguen las nuevas. Algunas culturas utilizan ropa de color rojo y en otras se lleva la ropa interior del revés durante la noche del 31 de diciembre para colocarla del derecho durante la mañana del 1 de enero. Los aficionados a los viajes dejan una maleta en la puerta durante esta fiesta para atraer la buena suerte sobre sus desplazamientos del año que comienza. También está muy extendido encender todas las luces de la casa y llenarla de velas durante la cena para que durante la medianoche no quede ningún rincón a oscuras donde se pueda esconder el mal y se inicie el nuevo año con la plenitud de la luz y la buena suerte.

LOS ASTROS Y LOS FENÓMENOS METEOROLÓGICOS

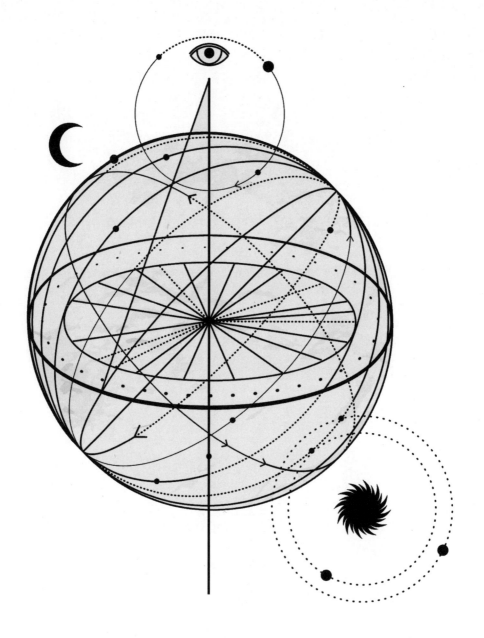

El cielo ha sido un lugar inaccesible al hombre desde el comienzo de la propia especie hasta finales del siglo xix. Durante miles de años se fue forjando una mitología en torno a los eventos inexplicables que ocurrían en la bóveda celeste. El cielo, especialmente en las sociedades agrarias que perduraron hasta la llegada de la Revolución Industrial, era el lugar más observado por las personas durante toda su vida. En él se suceden el día y la noche, se observan desde un punto de vista astronómico las estrellas y su posición, otros planetas, las constelaciones, los eclipses, las llamadas «estrellas fugaces» o la inquietante Luna que afecta a los ritmos vitales del hombre. También en el cielo tienen lugar fenómenos atmosféricos, como las tormentas con sus truenos y rayos, el cambio de color de la bóveda celeste y las nubes, la lluvia o la falta de ella, e innumerables situaciones ligadas a la meteorología. Durante milenios todos estos elementos fueron explicados de manera mitológica, religiosa y semicientífica o matemática con el afán de aportar algo de luz sobre su funcionamiento, su relación con la propia vida en la Tierra y en qué forma se podía actuar para preverlos, controlarlos o descubrir en ellos alguna señal sobre el futuro del hombre.

La astrología: el conocimiento oculto en los astros

El vocablo astrología proviene del griego y su significado directo es «el discurso o conocimiento sobre las estrellas». En todo el mundo las principales culturas y civilizaciones desarrollaron un inusitado interés por comprender los fenómenos relacionados con los astros que ocurrían en la bóveda celeste. Pueblos como los mayas, las culturas china e hindú o civilizaciones como la babilónica desarrollaron complejos sistemas para **observar, predecir y entender** el funcionamiento de los astros. Se cree que desde que el ser humano existe ha intentado comprender lo que ocurre sobre su cabeza, en el cielo.

En la actualidad se ha podido rastrear este interés hasta hace más de 25 000 años, tiempo en el que han sido datadas unas marcas realizadas con hueso en las paredes de unas cuevas y que se han interpretado como un intento de representación de los ciclos lunares para comprender el paso del tiempo y el cambio de las estaciones. Luego el hombre empezó a comprender el efecto de la Luna sobre las mareas y más tarde las sociedades agrarias pusieron en relación la aparición de determinadas estrellas, planetas y constelaciones con la época de lluvias, frío, calor o tiempo seco, lo que les permitía programar el sembrado y recolección de una manera más eficiente. Hacia el año 3000 a. C. varias civilizaciones de todo el planeta eran capaces de prever el momento del orto helíaco, cuando una estrella aparece por primera vez desde el Este tras haber tenido un periodo de descanso, y orientar los templos asociados con la divinidad de esa estrella hacia ese punto concreto. Los historiadores han fijado en la Mesopotamia de entre comienzos y mediados del segundo milenio a. C. el momento del que hay pruebas fehacientes de una utilización compleja, estructurada e integrada de la astrología en la sociedad. En Asia la dinastía Zhou (1046-256 a. C.) produjo un complejo sistema de religión, superstición y medicina basado en su conocimiento astrológico.

La disciplina tal como se la conoce ahora en Occidente hunde sus raíces en Alejandro Magno (356-323 a. C.), que expandió su imperio hacia Asia, Asia Menor y Egipto, exponiendo a la cultura griega al saber adquirido por las otras importantes civilizaciones que habitaban los territorios conquistados por el monarca macedonio. De esta **conjunción de saberes** surge la astrología actual basada en los signos del zodiaco occidental. En la Edad Media el saber astronómico pasó a los nuevos imperios musulmanes que tradujeron al árabe clásico los principales tratados de la materia en la antigüedad. La Europa cristiana quedó rezagada en este sentido al atribuir a prácticas paganas el estudio de los astros, y solo con la llegada al Viejo Continente de los libros preservados por los musulmanes se dio durante el Renacimiento un renovado interés en la astrología. Desde su origen decenas de milenios atrás y hasta la llegada de las teorías racionalistas, empiristas y del método científico de la Ilustración, en la Europa del siglo XVIII astrología y astronomía compartían idéntico significado. Pero a partir de entonces y hasta la actualidad la astronomía se transformó en una ciencia y la astrología pasó a convertirse en una pseudociencia, sin aval experimental y relacionada con varias religiones, tradiciones, supersticiones y visiones cosmológicas que aúnan **psicología, teorías *New Age* y la influencia del horóscopo.**

Ya desde los tiempos de los astrólogos mesopotámicos surgió una cierta unión entre las constelaciones de estrellas que podían ser observadas desde la Tierra en aquel momento y una serie de animales, mitos y dioses propios. Con el tiempo esta simbiosis se fue deshaciendo en la medida en que la observación de las estrellas y la medición matemática de las distancias celestiales permitieron descubrir nuevos planetas y estrellas más lejanas, a la par que los signos zodiacales comenzaron a revestirse de un sentido esotérico, mágico y supersticioso.

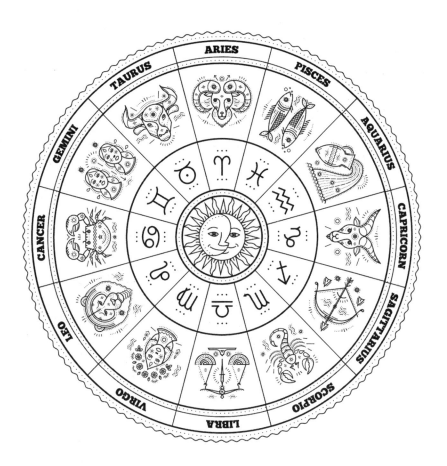

La carta astral: un mapa del pasado, presente y futuro de cada persona

El profundo estudio realizado por sucesivos pueblos ha ido conformando la astrología hasta dar forma a la carta astral, una imagen puntual de la situación en el cielo, desde el punto de vista de la Tierra, de los signos del zodiaco primigenios, su interacción con los astros, los puntos sensibles y las casas. La conjunción de estos elementos permite, según la superstición, **prever la personalidad** de una persona, ver la evolución de un ser o la lectura del horóscopo.

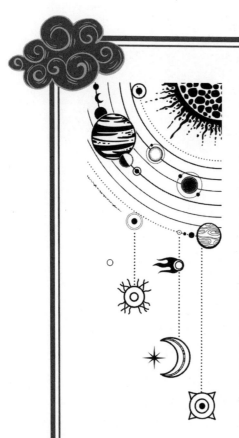

Cada uno de los tres elementos que conforman la carta astral proporcionan un tipo de información diferente que ha de ponerse en relación con la de los demás. Así, los astros se refieren a qué puede ocurrir, los signos al cómo y las casas al lugar o en qué momento van a acaecer los hechos. **Los astros** en la astrología occidental se dividen entre las características del núcleo de la personalidad, que las determinan el Sol y la Luna; el resto de la personalidad la definen Mercurio, Venus y Marte. La esfera social llega de la mano de Júpiter, Saturno y Urano. Neptuno y Plutón, debido a sus largos periodos de viaje alrededor del Sol, informan sobre cuestiones por encima de las personas, más centradas en generaciones o tiempos más largos de una acción. De manera general cada astro representa unas cualidades. El **Sol** es el rey de los astros y es donde se aprecia la personalidad más íntima del ser humano y su yo más privado. La **Luna** completa al Sol y determina la personalidad por la vía de las emociones. Ambos conforman la dualidad padre-madre, respectivamente. **Mercurio** muestra facetas como la comunicación y la capacidad motriz, la rapidez de aprendizaje y las características intelectuales. **Venus,** para la superstición astrológica, informa de los aspectos que tienen que ver con los sentimientos románticos y familiares y está muy ligado a la relación con la feminidad que cada persona tiene. **Marte** destaca por su color rojo, es la contraposición a Venus y muestra las características tradicionalmente asociadas a la masculinidad, también la capacidad de defensa con respecto a los ataques del exterior. **Júpiter** representa ámbitos de la esfera social, como la solidez ética y el sentido de justicia de cada persona; para los astrólogos clásicos es un astro que aporta buena suerte. Por el contrario, **Saturno** es considerado como símbolo de calamidades, mala suerte y desgracias del futuro; en el terreno personal muestra la capacidad de autoexigencia y de constancia. En **Urano** se puede identificar el grado de rebeldía, capacidad y genialidad que lleva a desafiar las normas socialmente aceptadas en un momento histórico. **Neptuno** simboliza la abstracción, que va desde la inventiva a la espiritualidad y la mística. **Plutón** aporta información sobre la resiliencia personal y la capacidad autotransformadora para recomponerse tras un revés o una debacle personal; además, aporta información sobre la sexualidad del individuo. A estos 10 elementos conocidos desde la antigüedad se han añadido a la carta astral nuevos astros que han sido descubiertos en las últimas décadas y que también aportan para los astrólogos información importante que ha de ser puesta en relación con la del resto de astros, signos y casas. **Quirón** es un centauro que fue descubierto en 1977 al que se ha otorgado un significado muy especial para las personas con algún tipo de discapacidad física o intelectual, pues simboliza el afán por superar un trauma físico o psicológico. **Ceres** es un planeta enano, Palas, Juno y Vesta son asteroides a los que la astrología moderna ha otorgado la capacidad de prever diferentes situaciones a lo largo de la vida de la mujer. **Eris** es otro planeta enano descubierto ya en el siglo xxi cuyo año solar dura medio siglo, por lo que afecta a las situaciones de armonía o falta de ella a nivel global en una determinada época transgeneracional o una civilización.

ϒ Aries

♋ Cancer

♎ Libra

♑ Capricorn

Los signos, que, como se ha indicado en un principio, estaban directamente relacionados con las constelaciones que llevan su nombre, han evolucionado en dos sentidos: en lo referente a la carta astral y en lo que tiene que ver con el horóscopo, que se analiza en el capítulo dedicado al futuro y la adivinación. Los signos son Aries, Tauro, Géminis, Cáncer, Leo, Virgo, Libra, Escorpio, Sagitario, Capricornio, Acuario y Piscis. A efectos de la realización de la carta astral pueden agruparse de tres maneras: de forma dual, por elementos y por la más habitual, que es la clasificación por cualidades o modalidades. En esta última, los signos se dividen en tres grupos atendiendo a su disposición con respecto al Sol y su correlación con las estaciones. Los **signos cardinales** son Aries, Cáncer, Libra y Capricornio, que a su vez son los primeros signos de cada una de las cuatro estaciones del año, se les confiere un poder a la hora de determinar la capacidad para iniciar proyectos o nuevos retos y tienden a ser muy independientes. Los **signos fijos** son Tauro, Leo, Escorpio y Acuario, los segundos de cada estación, y se cree que reflejan el nivel de constancia a la hora de llevar los proyectos a buen término, la obstinación y el orgullo a la hora de llevar los proyectos a buen término, la obstinación y el orgullo necesarios para continuar con los retos frente a las adversidades. Los **signos mutables** son los últimos de cada estación, Géminis, Virgo, Sagitario y Piscis, que tienen una gran adaptabilidad al cambio y suelen ser muy colaborativos.

♉ Taurus

El último de los elementos que conforman la carta astrológica son **las casas**. De manera sencilla se pueden definir como el lugar en el que se reciben las energías y las influencias de los astros y los signos. Se representan con una estructura geométrica dibujada alrededor de la persona objeto de la investigación astral, y este espacio se divide en 12 partes definidas según una fórmula matemática debido a los grados de inclinación de los astros y demás elementos de la carta, por lo que el espacio de las casas no es igual entre ellas. Cada una simboliza un ámbito concreto de la vida de una persona en la que actúan el resto de elementos de estudio. La **casa I** define el yo tanto en el aspecto físico como en la manera en que se presenta al resto del mundo. La **casa II** muestra todos aquellos gustos personales, las cosas que resultan atractivas a cada persona y que le causan placer. La **casa III** ofrece información sobre la forma de comunicarse con el entorno y de expresar un pensamiento racional. La **casa IV** aporta datos sobre el yo más íntimo, el que está ligado con la formación de la personalidad durante la infancia y en el hogar. La **casa V** revela los talentos creativos, la capacidad de crear cosas que perduren y a su vez la de disfrutar del ocio y del entorno.

♌ Leo

♏ Scorpio

♒ Aquarius

♊ Gemini

♍ Virgo

♐ Sagittarius

♓ Pisces

La **casa VI** define la buena o mala suerte con la salud y las tareas rutinarias que afectan a este ámbito del ser humano. La **casa VII** es la que muestra las relaciones interpersonales, de qué manera se relacionan las personas y con qué intenciones. La **casa VIII** estaba asociada con la muerte, pero la astrología moderna centra su significado en la capacidad para el renacimiento después de haber vivido crisis personales o atravesado cambios vitales de gran importancia... La **casa IX** pone de manifiesto el viaje vital de largo recorrido que realiza una persona, su capacidad para conocer el mundo que le rodea y conformar una ética propia que le guíe durante su existencia. La **casa X** muestra en qué se han depositado las ambiciones personales, aquellos retos que todo individuo se marca a lo largo de su vida y aquellas cosas que anhela tanto en el ámbito personal como profesional. La **casa XI** se refiere al lugar que la persona ocupa dentro de la sociedad, con su grado de aceptación, compromiso o entendimiento. La **casa XII**, la última de ellas, tiene una estrecha vinculación con el sufrimiento físico y espiritual. La superstición con respecto a la carta astral, o natal si es con motivo del nacimiento, o las creencias puntuales que se tienen sobre aspectos de la astrología se han mantenido durante milenios entre los hombres y hoy conforman el mayor conjunto de creencias supersticiosas a nivel global. Siguiendo los elementos expuestos en las páginas precedentes, los astrólogos pueden ofrecer una respuesta, basada en la superstición, para cualquier tipo de consulta y la persona que la recibe suele aceptarla y tenerla en cuenta en los aspectos de la vida sobre los que ha realizado su consulta.

Los cometas, heraldos de grandes noticias

Desde el comienzo de los tiempos los hombres también han observado
en el cielo otros objetos del sistema solar. Durante milenios los cometas
han causado gran impresión a la humanidad porque aparentemente
desafiaban todas las normas conocidas y todas las mitologías prexistentes,
por lo que en torno a sus efectos se han generado gran número de leyendas,
supersticiones y teorías. La palabra cometa proviene del griego *chiomata*
y significa literalmente «estrella con cabellera». Hoy en día, y gracias a los
astrónomos, se define a estos cuerpos celestes como un objeto sólido que
describe una órbita elíptica alrededor del Sol y que está compuesto de polvo,
rocas y partículas de hielo. Su llamativa cola se produce por la sublimación
de los materiales que lo componen por efecto del Sol. Los cometas han
sido divisados y temidos durante milenios, pero no fue hasta el siglo XVIII
con la invención del telescopio cuando pudieron comenzar a ser estudiados,
entendidos y analizados. Hoy en día hay identificados más de 4595 cometas.

Para explicar su existencia las diferentes culturas elaboraron muy diversas
teorías. Desde tiempos de Alejandro Magno hasta la muerte de Napoleón
Bonaparte (1769-1821) se pensaba que su aparición correspondía al viaje
que el alma de un gran gobernante realizaba hasta la eternidad en el cielo.
La realidad es que en la mayor parte de las ocasiones los cometas han sido
relacionados con el **anuncio de calamidades, muertes, epidemias o cambios
de régimen y ocaso de civilizaciones**. Los cometas han sido descritos en
gran número de documentos antiguos, desde papiros egipcios y tablillas
babilónicas hasta escritos enciclopédicos chinos del año 240 a. C. De la
Grecia clásica han llegado escritos en los que se describe hasta el paso
de al menos tres grandes cometas que trajeron diferente suerte para sus
habitantes. Aristóteles (384-322 a. C.) dedicó un tiempo a estudiar el cometa
del año 372 a. C. y pudo calcular que tenía una cola de 60°. A este cuerpo
celeste se le dieron varios significados catastróficos: desde la caída en
desgracia de los lacedemonios hasta el colapso de Hélice y Bura debido a un
tsunami. Durante el periodo romano la superstición atribuyó a varios cometas
diferentes desgracias, desde el anuncio de la destrucción de Jerusalén por el
cometa del año 66 o la culpabilidad de un cuerpo celeste en la locura de Nerón
(37-68) hasta la muerte de Vespasiano (9-79) por haberse burlado de uno
de ellos. El historiador Sozomeno (400-450) recogió en su historia sobre los

primeros cristianos cómo en el año 400 un cometa con forma de espada apareció sobre Constantinopla justo en el momento en el que los godos la asediaban. Solo en una famosa ocasión las supersticiones cristianas han otorgado a lo que podía ser un cometa una connotación positiva, tal y como aparece en el relato de los Evangelios: «¿Dónde está el rey de los judíos? Pues hemos visto su estrella en el Oriente y hemos venido a adorarle» (Mateo 2:2), en lo que muchos han creído ver que fue un cometa lo que llevó a los Magos de Oriente hasta Belén. En la Edad Media el mito supersticioso que asociaba la muerte de un gran gobernante al paso de un cometa llegó al extremo de que varias cortes europeas se inventaron cometas o relacionaron decesos con cometas reales, pero con varios años de diferencia. Por ejemplo, el mito del emperador Carlomagno (747-814) que inventó el paso de un cometa que solo pudo ser visto en la ciudad donde falleció tras su muerte. También los súbditos del rey Luis I el Piadoso (778-840) achacaron al paso de un cometa en 837 la muerte del monarca tiempo después.

En 1594 el astrólogo Jerónimo Cortés (c. 1560-1611) publicó una serie de pronósticos basados en la superstición para conocer qué ocurriría ante cada aparición de un cometa basándose en **los colores predominantes**. En su obra *Lunario perpetuo* indicaba que, si el cometa tenía un color negruzco o verdoso, estaba enviado por Saturno y era un anuncio de gran mortandad, pestilencias, fríos y nevadas extremas, terremotos y diluvios. El color blanquecino y algo azafranado indicaba para el autor que estaba relacionado con Júpiter y, por tanto, era heraldo de la muerte de algún monarca u hombre poderoso porque su forma se parecería a la de un rostro humano. Si el cometa era blanco, pero con un aspecto horrible y cercano al Sol, indicaba que era un enviado del astro rey y que vendrían escasas cosechas y muertes violentas de hombres poderosos. En el caso de que el cuerpo celestial mostrara un color dorado, indicaba que estaba regido por Venus, su aspecto sería parecido al de la Luna, pero con crines, y anunciaba la aparición de nuevas sectas y herejías en el lugar hacia el que señalara la cola. También indicaba que, si el cometa era pequeño, de diversos colores y de cola muy larga, traería hambre, guerra, revoluciones y grandes tormentas. Todas estas supersticiones fueron muy recurrentes en España y el libro se continuó editando hasta el siglo xx.

Los grandes cometas son algunos de los más grandes, brillantes, duraderos y más observados astros de la historia. Sobre varios de ellos centenares de observadores escribieron crónicas y fueron fuente de supersticiones en torno a la muerte, a las guerras y a otras grandes catástrofes. El **gran cometa**

de 1577 causó estragos en la alta sociedad de la época y fue interpretado como un símbolo de mala suerte para los gobernantes. Fray Antonio de Villacastín (1512-1603) relató que la visión del cometa duró unos tres meses y que su paso se tuvo por una «mala señal», cuya influencia trajo la muerte en los siguientes meses de tres reyes de África, el rey de Portugal, el sobrino y el hermano del rey. En América un clérigo dominico español indicó que las crónicas que le llegaban de Europa anunciaban un cometa cuya cola apuntaba al estrecho de Magallanes y que «por aquel estrecho había de entrar algún castigo enviado de la mano de Dios». El **gran cometa de 1858** fue el primero de la historia en ser fotografiado, pero también es recordado por la histeria que causó entre los parisinos debido a que solo un año antes un reputado científico había dado a conocer sus cálculos de que un cometa aparecería en 1857, sería muy brillante y terminaría impactando sobre la Tierra. El más famosos de todos los grandes cometas es el Halley, un objeto celestial de un relativamente corto periodo orbital que se acerca a la Tierra cada 74-79 años. Debido a este ciclo ha sido el más observado y registrado de entre todos los cometas y sobre él se han elaborado las supersticiones más relevantes referidas a estos astros. La primera vez que consta que su observación fue registrada data del año 240 a. C. Desde entonces sus apariciones han estado ligadas a supuestas desgracias. La del año 66 hablaba de su aspecto de espada que anunció la destrucción del Templo de Jerusalén cuatro años después. En el año 141 la literatura tamil, del sur de la India, lo relacionó con la inminente muerte de su rey tras el paso del cometa. La visita del año 218 fue descrita por los romanos como la de «**la estrella más temible**» de todas. En el año 451 pudo ser visto días antes de la derrota de Atila (395-453). Su tránsito del año 648 es el primero del que quedan crónicas en los registros japoneses. En 1222 los japoneses lo describieron con terror como una media luna de color blanco y temibles rayos rojizos. En 1456 sirvió de premonición ante el ataque turco contra Belgrado. Las supersticiones ante una supuesta segunda venida de Jesús y el consiguiente fin del mundo se acrecentaron cuando en 1758 su tránsito comenzó el día de Navidad.

Los eclipses, el anuncio de un gran cambio

Los eclipses de Sol y de Luna han sido algunos de los fenómenos del espacio que más supersticiones acerca de su significado han generado a lo largo de la historia. En la actualidad se conoce que, cuando un cuerpo celeste se interpone entre otro cuerpo celeste y el Sol, la luz proyectada o reflejada por el segundo tiende a desaparecer.

En general, los eclipses han sido relacionados con la llegada del **fin del mundo**, con el Apocalipsis judeocristiano y con los cambios de era en otras religiones, como la hindú o la tradicional china. Los mayas creían que cuando ocurría un eclipse de Sol era porque la Luna quería devorarlo, lo que anunciaba **una gran batalla** entre los astros y una guerra inminente entre los humanos. La tradición hindú explicaba que el demonio Rajú había robado el vino de la inmortalidad y el Sol y la Luna lo vieron y le acusaron ante Vishnu, que como castigo le cortó la cabeza, pero el demonio Rajú se quiso cobrar su venganza persiguiendo a los dos astros. Para los mongoles también un demonio, en este caso Araco, era el culpable del eclipse, puesto que perseguía al Sol o a la Luna para devorarlos. Y mientras se producía el fenómeno, aquellos que lo observaban debían gritar con todas sus fuerzas al demonio para ahuyentarlo.

Uno de los efectos más llamativos de algunos eclipses es cuando la Luna aparenta estar teñida de rojo, la famosa «luna de sangre», como se denomina en algunos lugares de América. Este efecto ha dado origen a explicaciones mitológicas, según las cuales proviene del momento en el que el rey Herodes entregó a Salomé como regalo la cabeza de san Juan Bautista en una bandeja de plata y en ese mismo instante se produjo un eclipse en el que la Luna apareció totalmente roja.

La realidad es que los **eclipses lunares** en los que el satélite de la Tierra se teñía de rojo ocupan su propio espacio en el Antiguo y en el Nuevo Testamento, donde se encuentran citas que inducían al pánico y al terror ante su visión: «Hubo un gran terremoto y el Sol se volvió negro como paño de saco de pelo, y la Luna se volvió como sangre» (Apocalipsis 6:12) o «El Sol se convertirá en tinieblas y la Luna en sangre antes de que venga el día del Señor, grande y glorioso» (Hechos 2:20).

La superstición china creía que un dragón era el encargado de devorar al Sol y para ahuyentar al animal y permitir que el Sol volviera a calentar se celebraban todo tipo de ritos. Esta superstición está tan arraigada entre la población que, en los últimos eclipses solares, ya en el siglo XXI, la televisión y la prensa estatal china ofrecieron información científica detallada para evitar que se llevaran a cabo algunos rituales del pasado o que se desatara la histeria.

Hoy en día todavía permanecen en la cultura popular algunas **supersticiones relacionadas con los eclipses**. Se cree que, si una embarazada mira el fenómeno, su bebé nacerá con manchas en la piel. También está extendida en la India la creencia según la cual durante el eclipse el cuerpo no es capaz de continuar con sus ritmos normales y por eso se recomienda el ayuno. En todo el mundo permanecen supersticiones a modo de remedios para evitar los teóricos males provocados por el eclipse. Entre los más extendidos se encuentran llevar prendidos alfileres en la ropa, dejar una tijera bajo la almohada durante los eclipses de Luna o tocar algún instrumento musical de percusión para conseguir acelerar el fin del solapado de los astros. Entre las supersticiones positivas está la que asegura que al cortar el pelo durante un eclipse lunar este nacerá con más fuerza. También hay culturas que creen que al celebrar un matrimonio bajo los auspicios de un eclipse lunar este durará para toda la eternidad.

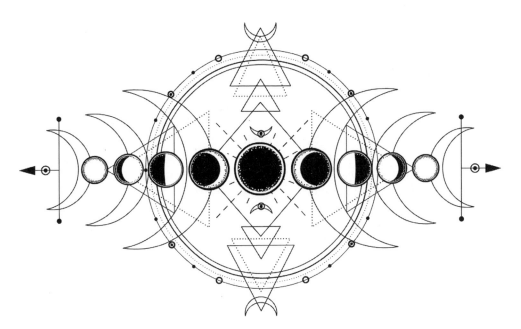

Las estrellas fugaces, una vía de comunicación con los dioses

Las estrellas fugaces son uno de los fenómenos extraterrestres más comunes que se pueden apreciar desde la superficie terrestre. La astronomía las describe como el resultado luminoso de la entrada en la atmósfera terrestre, y la descomposición en su tránsito, de un meteoroide. Estos objetos están compuestos de roca, polvo o hielo y son restos de algún cometa o de la formación del propio sistema solar. Tradicionalmente han recibido el nombre de estrellas fugaces y la espectacularidad de este fenómeno ha asombrado a los hombres desde el principio de los tiempos. La superstición que rodea a este fenómeno astronómico está dividida a la hora de conferirle ser **sinónimo de buena o mala suerte**. Las opciones varían entre culturas, pueblos y regiones del mundo.

De la antigüedad nos han llegado hasta la actualidad muchas referencias sobre las estrellas fugaces. Una de ellas se encuentra en la estela de Tutmosis III (¿?-1425 a. C.), en la que se intuye que los egipcios pensaban que eran un símbolo de ayuda divina de cara a una batalla. En la tradición China se suponía que cada persona tenía una estrella, y el ver una estrella fugaz podía significar el fin de la propia vida. Para evitar esta mala suerte se realizaba un ritual en el que el vino tinto hacía las veces de sangre del sacrificio. Por el contrario, cuando una persona estaba muy enferma, o era muy mayor, sus familiares abrían en el techo de la casa un pequeño agujero para que el pobre agónico pudiera ver la estrella, conectar con ella y expirar en paz. Las **supersticiones positivas** sobre las estrellas fugaces comenzaron a universalizarse gracias al astrólogo y matemático griego Claudio Ptolomeo (100-170), que creía que las estrellas fugaces eran una señal de que las puertas entre el mundo de los dioses y el de los mortales estaban abiertas y los dos mundos podían comunicarse. Mientras duraba el brillo de la estrella, se podía hacer un ruego o pedir un deseo a los dioses, y estos lo escucharían directamente y corresponderían con la solicitud. Para la tradición musulmana también son símbolo de buen augurio, puesto que se identifican con piedras que los ángeles envían desde el cielo contra los demonios que acechan a las personas. Por tanto, aquel que veía una estrella fugaz podía estar tranquilo, ya que los ángeles habrían ahuyentado su mala suerte. Hoy en día también permanece arraigada la superstición que explica que quien vea una estrella fugaz tendrá buena suerte si esta avanza hacia su derecha y mala suerte si la estrella va hacia la izquierda.

En ocasiones se produce un fenómeno denominado **lluvia de estrellas**, en el que en unas pocas noches se pueden ver centenares de estrellas fugaces. Este fenómeno tiene lugar cuando los restos de la cola de un cometa lejano entran en contacto con la atmósfera terrestre. Fueron los griegos los que dieron el nombre de perseidas a la intensa lluvia de estrellas que se produce cada año durante el mes de agosto. La explicación se encuentra en el relato mitológico que relata que el dios Zeus se había encaprichado de la ninfa Dánae, hija del rey Argos y de Eurídice, a la que su padre había encerrado en una torre porque años atrás había recibido el oráculo de que sería asesinado por el hijo de su hija. Zeus no encontraba la forma de penetrar en la torre para yacer con Dánae. Al final encontró una manera: se transformó en una lluvia dorada de estrellas que cayeron sobre la ninfa desnuda, dejándola encinta del que sería su hijo Perseo. En la tradición cristiana la lluvia de estrellas que tiene lugar en estas mismas fechas se denomina «lágrimas de San Lorenzo». El santo sufrió la persecución romana del año 258 y, cuando fue capturado, fue sometido a una terrible tortura. Los romanos le dieron muerte quemándolo en una parrilla que pusieron al fuego de una hoguera. La tradición cuenta que mientras moría entre grandes dolores pidió a sus torturadores que le dieran la vuelta porque todavía no estaba bien cocinado del otro lado. Desde esa fecha cada 10 de agosto el santo llora desde el cielo recordando su muerte y desde la Tierra se aprecia su llanto en forma de lluvia de estrellas. En el mes de noviembre se produce la gran lluvia de estrellas de las Leónidas, así llamada porque se creía que su origen era la constelación de Leo. Hoy en día se ha comprobado que se deben al polvo del cometa Tempel-Tuttle. Las Leónidas fueron una importante fuente de superstición y causaron gran angustia entre la población durante el siglo xix. En 1833 se contabilizaron más de 72 000 meteoros por hora. Esta exagerada cantidad de estrellas fugaces llevó a la población de Boston a pensar que había llegado el día del Juicio Final. La gente se echó a la calle y abarrotó templos e iglesias sin que la policía pudiera hacer nada por detenerla. Cuando llegó el día y las Leónidas desaparecieron, la superstición no cesó y muchos pensaron que las estrellas habían sido el **anuncio del inicio del Apocalipsis**, que tendría lugar una semana después de la lluvia de estrellas, por lo que durante los siguientes siete días se realizaron en la ciudad y en otros puntos del país toda clase de rituales para evitar el fin del mundo.

La Luna y la influencia de sus fases en los ciclos de la vida

La Luna es el único satélite de la Tierra y ha acompañado las noches del ser humano desde su propia evolución como especie. Desde lo más alto del firmamento el hombre ha observado sus cambios de tamaño y la repetición cíclica de sus fases. A la Luna se le han adjudicado a lo largo de la historia gran número de facultades para intervenir en la vida humana. Hoy en día podido comprobarse su efecto sobre las mareas de la Tierra y su influencia sobre el sueño, pero desde la antigüedad se la ha relacionado con la magia, el misticismo, la fecundidad, los seres mitológicos, la belleza…

La primera de las supersticiones relacionadas con la Luna es aquella que dice que los que pasan mucho tiempo bajo su luz se convierten en lunáticos, locos y de comportamiento errático. Esta superstición está basada en el comportamiento inquieto y fuera de lo habitual que muchos animales tienen durante las lunas llenas.

El ciclo lunar tarda en completarse 29,53 días y está dividido en ocho fases lunares. La primera es llamada **luna nueva**, durante la cual no resulta fácil de observar a simple vista, porque se encuentra oculta tras el resplandor solar. En esta fase la superstición dice que hay que saludar con una inclinación de cabeza a la Luna y lanzar una moneda al aire para atraer la suerte y que el dinero fluya durante el siguiente ciclo lunar. La tradición desaconseja señalar con el dedo a la luna nueva porque atrae la mala suerte y si este gesto se realizara nueve veces el sujeto tendría prohibida la entrada al cielo tras su muerte. Pero la luna nueva también es la fase idónea para comenzar un nuevo trabajo o un nuevo reto personal. La segunda fase es la de **luna creciente**, en la que el satélite se observa durante una buena parte del día y tan solo una mínima porción de la noche. La superstición agraria señala esta fase como el momento adecuado para realizar la labor de siembra. La tercera fase es denominada **cuarto creciente** y entonces el Sol ilumina un 50 % de su tamaño. La cuarta fase corresponde a la **luna gibosa creciente**, en la que continúa creciendo y desaparece la línea recta que la dividía en el cuarto creciente para dar paso a una forma de giba. La quinta fase es la **luna llena**, en la que se puede apreciar la totalidad de la cara iluminada durante 12 horas diarias, incluyendo la mayor parte de la noche. La luna llena, que marca la mitad del ciclo lunar, es el momento idóneo para comenzar una nueva relación sentimental. La sexta fase corresponde a la **luna gibosa menguante**, durante la cual va tomando una forma cóncava. En este periodo la superstición desaconseja los matrimonios, los nacimientos o cortar el pelo o las uñas; por el contrario, anima a realizar una mudanza, recoger frutos o cortar el césped del jardín. La séptima fase es el **cuarto menguante**, en la que se aprecia solo la mitad de la Luna y su observación puede realizarse tanto durante la madrugada como por la mañana. Si se planta una higuera en esta fase, todavía se cree que tardará tantos años en dar frutos como días falten hasta la siguiente fase. La octava fase es la **luna menguante**, en la que apenas se distingue parte de su cara y solo puede observarse hacia el Este a la llegada del alba y antes de que el Sol salga.

El periodo entre esta fase y el inicio de un nuevo ciclo en el que la Luna no puede ser vista es el más negativo de todos los ciclos lunares, especialmente para los nacimientos. Esta tradición se ha conservado desde el antiguo Egipto, donde se decía que si no había Luna no habría niños. Los ciclos lunares suelen darse durante un mes del calendario actual, pero la superstición también señala que aquellos meses en los que se producen dos ciclos lunares traerán inundaciones y catástrofes porque son signo de muy mala suerte. Si esta circunstancia se diera en mayo, las lluvias se extenderían durante semanas. Si la luna llena cayera en un fin de semana, traería mala suerte y mal tiempo para el resto del ciclo lunar. El color de la Luna también ha sido utilizado para conocer la predicción meteorológica. La superstición inglesa cuenta que una luna pálida trae la lluvia, una luna roja trae el viento y una luna blanca impide la lluvia y la nieve. El ciclo lunar sirvió desde el Paleolítico como medida de repetición temporal y dio paso a los primeros calendarios lunares. Los cazadores adoraban a la Luna porque durante la fase de luna llena podían salir a cazar por la noche sin necesidad de portar fuego. El Sol y la Luna, por su importancia en el ciclo de la vida, fueron los primeros objetos que el ser humano divinizó. En Egipto dioses como Jonsu, Thot o Min estaban directamente relacionados con el satélite. En Uruk ya existía el culto a Inanna, representada por la Luna. En la mitología griega Selene era en sí misma la diosa del satélite y hermana de Helios, el dios del Sol. Tiempo después el poder de la Luna se repartió entre Selene, que representaba la luna llena y la menguante, Artemisa, que personificaba la fase creciente, y Hécate, que representaba la fase menguante y nueva. En otras culturas la Luna no era una diosa, sino que sus fases representaban los momentos de la propia vida, como la abundancia, la miseria, la vida, la muerte y el renacimiento, y para cada una de ellas se llevaba a cabo un ritual concreto. La Luna, además, ha sido una de las **mejores aliadas de la magia**. Durante siglos sacerdotes, brujas, magos y alquimistas realizaron sus rituales en una determinada fase lunar y en especial con la luna llena, que se creía que potenciaba el efecto de los hechizos.

Las tormentas, el poder de los truenos y los rayos

En el cielo, además de observar los astros y el resultado de la interacción de objetos extraterrestres con la atmósfera, también se pueden apreciar una serie de fenómenos atmosféricos propios de nuestro planeta que han sido objeto de un incontable número de supersticiones. Las tormentas con sus rayos y sus truenos, la aurora boreal, las lluvias o la sequía, el arco iris o el fuego de San Telmo son algunos de los fenómenos que más han impresionado al hombre a lo largo de la historia. Hoy en día las tormentas son descritas como un fenómeno atmosférico producido cuando una zona de baja presión es rodeada por otra franja de aire de alta presión. Esto crea viento, rayos, truenos y la posibilidad de lluvia, granizo...
Tanto el fenómeno como sus resultados debieron de ser asombrosamente inexplicables para los primeros humanos, y durante milenios se han creado decenas de mitos a su alrededor. Los grandes truenos se han asociado al rugir de los dioses y los rayos, generalmente, a una señal divina directa de advertencia y enfado. Las religiones más antiguas pronto crearon deidades para las tormentas, el rayo o el trueno.

En Japón tenían al dios Raijin, los budistas creían en Vajrapani, en Babilonia estaba Marduk y en Mesopotamia, Hadad, mientras en la mitología nórdica se encontraba el conocido dios Thor. En la tradición griega y romana sobresale la figura de Zeus, rey de los dioses, y poseedor de un rayo que le sirvió para vencer a Cronos o a Tifón. El sonido del trueno según la superstición actual se interpreta de diferentes maneras según el día de la semana: en lunes puede predecir la muerte de una mujer, en martes se asocia

con una futura buena cosecha, en miércoles anuncia la muerte de una persona pecadora, en jueves se tiene por señal de una muy abundante cosecha, si suena en viernes es que una batalla se aproxima, en sábado indica mala salud o una epidemia y en domingo anuncia la muerte de un intelectual. También hay supersticiones sobre la hora del día en la que se escucha el trueno: si es por la mañana, habrá tormenta todo el día; si es por la noche, los marineros se alegrarán porque podrán evitar la tempestad. Desde los primeros templos de la antigüedad hasta las iglesias cristianas del nuevo milenio se utilizó el sonido de las campanas para **ahuyentar las tormentas** y sus truenos. En Escocia, si una tormenta comienza durante el sepelio de una persona es señal de que el finado había vendido su alma al diablo y este viene a tomar lo que le había sido prometido. Pero los truenos no solo anunciaban desgracias. La tradición indica que, si antes de partir de viaje se oye un trueno, será una travesía apacible y segura. Y si alguien escucha un trueno en un día sin nubes, será muy afortunado durante el resto del año. Se creía que las tormentas afectaban también a los alimentos. Así, se pensaba que las tormentas agriaban la cerveza. Para evitarlo la superstición dice que, cuando llega una tormenta, se debe colocar dentro del barril que la contiene una varilla de hierro.

Si los truenos causan en el que los oye gran desasosiego interior debido a su estruendo, el rayo es temido también por las consecuencias que acarrea su caída en la tierra. Todavía hoy se cree que ningún rayo volverá a caer donde ya uno lo hizo, y por esta razón muchos templos egipcios, romanos y cristianos eran construidos en zonas arrasadas por una tormenta previa. En la **superstición cristiana** los rayos eran controlados por la Virgen María para anunciar que Satanás se encontraba cerca y advertir a los hombres, que debían santiguarse al momento y hacer chasquear la lengua tres veces en agradecimiento. La madera que ha sobrevivido al impacto de un rayo nunca debe encenderse dentro de una casa, pues traerá la destrucción a la familia que lo haga. Desde hace siglos, cuando comenzaban a atisbarse los rayos en el horizonte, se debían cubrir los espejos y guardar las tijeras de una casa para no atraerlos hasta el hogar. En las casas solariegas y las granjas la superstición indicaba una manera de colocar a los animales para evitar la caída de un rayo: se creía que había que resguardar a los asnos, mulas y caballos en el establo más lejano y al resto de los animales había que introducirlos, si era posible, dentro del hogar. Cuando alguien veía un rayo directamente, se suponía que su fuerza le volvería loco. En el caso de que el rayo hubiera impactado en un lugar cerca de la casa causando un fuego, este no debía extinguirse con agua, sino con leche de vaca. Tras el impacto de un rayo mucha gente buscaba en el terreno alcanzado pequeñas piedras quemadas y transformadas por el rayo, las llamadas «piedras del diablo», que para algunos sirven de amuletos mágicos y para otros ahuyentan el mal. Algunos pueblos nativos de América del Norte enterraban a los muertos por impacto de rayo exactamente en el mismo lugar en el que el accidente había ocurrido y debían colocarlos bocabajo y cortarles los pies para evitar que se convirtieran en fantasmas. En la tradición cristiana las tormentas están asociadas con **santa Bárbara**, una mártir del siglo III cuya fiesta se celebra el 4 de diciembre. A ella se rogaba para que las tormentas cesaran pronto y solo descargaran agua y no piedras. En algunos lugares de España todavía se enciende en las iglesias, a la llegada de una tormenta, la vela de Jueves Santo para ahuyentarla y que no descargue granizo.

El fuego de San Telmo es uno de los fenómenos atmosféricos más llamativos del mar. Se trata de un aura, que se puede asemejar al fuego, que en algunas ocasiones surge en los mástiles de los barcos. Hoy se sabe que está relacionado con una inminente tormenta y es producido por la ionización de las moléculas del aire y el campo magnético del barco que hacen que el nitrógeno y el oxígeno de la atmósfera se «quemen» dando lugar a una luz entre azul y violeta. La superstición otorgaba a este fenómeno un significado mixto: por una parte, se comprobó que era una manera de anticipar la llegada de una tormenta, por lo que permitía al capitán cambiar el rumbo de la nave, pero, por otra, afectaba a las brújulas del barco, lo que asustaba a la tripulación. Recibió el nombre de san Telmo, patrón de los marineros, porque se consideraba que era el mismo santo el que se aparecía para anunciar a los marineros la tormenta, protegerlos y evitar una catástrofe. El mismo Cristóbal Colón se alegra de que en su segundo viaje a América aparezca este fuego y ordena a los tripulantes que le dediquen oraciones para que continúe con ellos, pues se consideraba de **buena suerte y símbolo de protección**.

La lluvia, el mito del diluvio universal y el arco iris

La lluvia es el fenómeno atmosférico más común, es fuente de vida, de fecundidad, de un nuevo renacer, una bendición del cielo…, pero también ha sido símbolo de tragedia, de pérdida de cosechas, de grandes catástrofes y sinónimo de maldición. **El mito más antiguo** del poder destructivo del agua es el del diluvio universal, que aparece reflejado en diversas culturas alrededor del mundo, lo que ha llevado a los historiadores a creer que en realidad hubo algún fenómeno atmosférico que dio lugar a grandes inundaciones en la antigüedad. Los sumerios dejaron reflejado en las tablillas de Nippur que los dioses, cansados del comportamiento de los humanos, pretendieron eliminarlos y para ello enviaron unas lluvias que los borrarían de la faz de la Tierra. El dios Enki, que había creado a los humanos, se negó a participar en su desaparición y avisó a Ziusudra para que construyera un gran barco en el que conservara con él especies animales y vegetales. En los mismos términos se refleja el mito del diluvio universal en la Torá hebrea según el cual Dios instruye a Noé para que construya un arca en el que vivirán su familia y una pareja de cada especie animal para poder dar un nuevo comienzo a la humanidad. Los persas creían que el dios Ahura Mazda ordenó al primer hombre esconderse en una cueva junto con su familia y algunos animales para poder salvarse de la destrucción del mundo que iba a llegar en forma de lluvia. Los fenicios hacen referencia al acuerdo al que llegaron los dioses Baal y Kusor para evitar que se produjera otra inundación de la Tierra. En India el dios Visnú avisó al rey Manu para que construyera un barco en el que salvaguardarse ante una inminente crecida de las aguas. En la cultura china fue el dios Kong-Kong el que abrió con su cabeza un boquete en la cúpula celeste por el que penetró el agua que casi termina con los humanos. En la mitología de las tribus aborígenes australianas existe un mito que relata que el dios de la Luna, con forma de rana, se tragó toda el agua del mundo y la escupió de forma abrupta terminando con casi toda la vida conocida. Los aztecas creían que cada ciclo de su calendario de edades finalizaba con un cataclismo y el último de los que se tiene noticia fue un gran diluvio.

Todos estos mitos en lugares tan remotos del planeta, en culturas que no tuvieron contacto previo entre sí y en diferentes edades, muestran el

miedo que las lluvias persistentes y las inundaciones causaron en todas las civilizaciones. Para combatir este temor atávico a los males asociados al agua se han creado a lo largo de la historia multitud de **supersticiones para frenar o evitar la lluvia** y sus consiguientes catástrofes. Hasta la actualidad han llegado un gran número de supersticiones que todavía se practican en muchos lugares del mundo. El mundo cristiano recurre a los santos y en especial a san Isidro Labrador cuya intercesión está relacionada con la agricultura, y se le reza así: «San Isidro Labrador, haz que cese la lluvia y salga el sol». En los países anglosajones se pide al primogénito que salga desnudo a la lluvia y mientras esta le cae encima cante: «*Rain, rain go away. Come again another day* (Lluvia, lluvia vete y vuelve de nuevo otro día)». Otro ritual protector frente a la lluvia consiste en dibujar en el lado derecho de la puerta y junto a las ventanas una cruz con sal marina. En México todavía hoy se utiliza un ritual para evitar que comience la lluvia: se trata de clavar un cuchillo en el jardín o en el campo de siembra en cuanto se observe la primera nube. En Japón todavía se sigue practicando un ritual nacido en el siglo XVII que consiste en colgar de las ventanas en los días de lluvia un pequeño muñeco de tela o papel, llamado Teru teru bozu, que atrae el buen tiempo y hace que cese la lluvia. Si el muñeco se cuelga del revés, lo que se espera es que venga la lluvia y cese la sequía.

Desde que el hombre se asentó en poblados y comenzó a trabajar la tierra para obtener frutos de la agricultura el agua ha sido de vital importancia para todas las comunidades. Si era necesario evitar su caída torrencial para que no se arruinara la cosecha, era también de vital importancia su llegada en los momentos óptimos del proceso de crecimiento de los frutos. Por eso muchos pueblos han desarrollado **ritos y supersticiones para atraer la lluvia** y poner fin a la sequía. Desde la antigüedad los rituales ligados a la lluvia tenían un gran componente de danza. En Grecia las sacerdotisas de Argos y de Io realizaban un baile inspirado en el vuelo del tábano en los días de altas temperaturas, y los hombres tocaban las puertas de madera simulando ser pájaros carpinteros. Se creía que la conjunción de ambos sonidos atraía a las nubes y la lluvia. La asociación de sonido y danza también se da en los rituales de los pueblos africanos que utilizan el tambor para atraer las nubes y simular el sonido del agua. Los nativos norteamericanos creían que la lluvia debía ser atraída mediante rituales, puesto que esta contenía a los espíritus de los antiguos jefes de la tribu y cuando tocaba la tierra se producía la conjunción entre los mundos espiritual y terrenal, ahuyentando los malos espíritus del suelo y propiciando las cosechas. Los aztecas tenían al dios Tláloc, al que se pedía intercambiar una gota de sangre por una gota de lluvia. El ritual consistía en dos hombres disfrazados con pieles de tigres que se peleaban y azotaban haciendo brotar de sus heridas sangre que caía al suelo y con eso cumplían con el pacto con Tláloc. En los Balcanes se mantiene un atávico ritual desde los tiempos previos al cristianismo para invocar a Paparuda, la diosa de la lluvia. Cuando se necesita que cese la sequía o que caiga agua en un momento propicio para la cosecha, varias niñas salen ataviadas con unas hojas y una corona de flores en una procesión durante la cual, mientras ellas entonan una serie de cánticos, las mujeres de más edad les lanzan agua a sus pies.

La llegada del cristianismo supuso la desaparición de muchas supersticiones anteriores asociadas a la lluvia, pero se adoptaron otras nuevas relacionadas con las oraciones, las procesiones y los santos. Los primeros **ritos cristianos para atraer la lluvia** que se conocen datan del siglo IV y han perdurado hasta la actualidad. En ellos se indica el tipo de ruego que hay que hacer para paliar un determinado nivel de sequía. Si esta es leve, se debe realizar una oración simple, genérica, de ruego al santo o Virgen correspondiente. Si el nivel es medio, se ha de exponer al intercesor en su capilla o en el altar mayor de la iglesia. Si la sequía es grave, han de celebrarse misas y procesiones dentro del templo. En el caso de una falta muy grave de agua, se debe sacar al exterior, en procesión, la imagen del santo o de la Virgen a los que se reza. En momentos de extrema sequía ha de realizarse una peregrinación a otro santuario. Cada pueblo o región tiene un santo o una Virgen local al que encomendarse para pedir que llegue la lluvia. En situaciones muy críticas hasta las imágenes de los santos han sido llevadas cerca de un río para introducirlas en el agua y así acelerar la llegada de la esperada lluvia. En Francia se encomiendan a los santos Medardo, Urbano de Langres y Gervasio y Potasio, en los Países Bajos, a Santa Godelina y en los países germánicos, a los jóvenes cristianos conocidos como «los siete durmientes de Éfeso». En España entre el día de san Marcos, 25 de abril, y el de san Isidro, 15 de mayo, se producen un gran número de procesiones en las que las imágenes de los santos o sus estandartes son llevados a los cuatro puntos cardinales de las localidades para bendecirlos y solicitar la lluvia tan importante en esa época del año para las cosechas.

La superstición sobre la lluvia también abarca **la predicción del momento en el que lloverá** o por el que continuará una sequía. En el mundo anglosajón la más famosa de todas las supersticiones tiene que ver con san Suituno de

Winchester. Se dice que el tiempo que haga durante su día, el 15 de julio, marcará el que hará durante los 40 días siguientes y si fuera lluvioso, así seguirá sin poderse remediar. Esta superstición tiene su origen en los intentos que se realizaron en el año 871 de trasladar los restos del obispo y santo desde su humilde tumba en el camposanto a un lugar preminente dentro de la nueva catedral. Al parecer llovió ese día y 40 días más sin que los restos pudieran ser trasladados, lo que se interpretó como el deseo del santo de permanecer en su tumba primigenia. No obstante, casi un siglo después los restos se trasladaron al interior del templo catedralicio. En áreas rurales del País Vasco se cree que si durante un paseo por el campo se encuentran gusanos arrastrándose por el suelo es signo de que lloverá al día siguiente.

El arco iris es un fenómeno meteorológico y óptico que tiene lugar al descomponerse la luz en múltiples colores cuando atraviesa las gotas de agua. Es un bello espectáculo de la naturaleza que ha estado relacionado con la buena suerte desde el inicio de los tiempos. En el relato sumerio de Gilgamesh se refieren a él como el collar de piedras de la diosa Ishtar que aparecerá como una promesa para no olvidar el diluvio universal. En un relato muy parecido la Torá cuenta que el arco iris se convirtió en el símbolo de la alianza entre Dios y los hombres para que nunca más se volviera a repetir el diluvio. Los griegos abundaban en la misma interpretación y consideraban a Iris, la diosa del arco iris, la mensajera entre los dioses y los hombres para anunciar el final de las tormentas. En las tradiciones nórdicas el *bifröst* es un puente mítico de arco iris custodiado por el dios Heimdal que sirve de unión entre el mundo de los hombres y el reino de los dioses. En la tradición inca se consideraba que este fenómeno meteorológico era signo de fertilidad y fecundidad y se pedía a las mujeres que no fueran con vestidos llamativos a los manantiales para que el arco iris no las fecundara.

La tradición irlandesa es la que ha pasado con más éxito al imaginario popular actual. En ella se cuenta que en el arco iris viven una serie de duendes que tienen escondidos grandes tesoros en unos calderos. Cuando aparece, hay que mirarlo sin pestañear para poder observar a alguno de estos seres y fijar la mirada en él para que, atado por unos antiguos encantamientos, tenga que ofrecer sus tesoros para recobrar su libertad. Así se cree que se puede atraer la buena suerte y propiciar la **llegada de una buena suma de dinero**.

Además de símbolo de suerte, el arco iris también se ha utilizado para predecir el tiempo. Si se ve por la tarde, indica que el resto del día hará bueno. Si se divisa por la mañana, es signo de que será un día húmedo.

LA NATURALEZA

Los animales, las plantas y su transformación en alimentos han sido la base de la sociedad y el día a día de los seres humanos durante miles de años. Si el cielo ha representado lo divino, los animales y las plantas son símbolos de la vida mundana.

Los animales: magia y superstición

Sobre los seres del mundo animal existen supersticiones positivas, negativas o de predicción que varían de cultura en cultura y tienen que ver con su nivel de domesticación, su capacidad para transmitir enfermedades, su relación con la mitología propia del lugar o simplemente si eran extraños o ajenos a esa tierra. La **relación mágica entre los animales y el hombre** se remonta a la misma prehistoria y quedó, en un principio, estrechamente ligada a los sacrificios rituales. Los seres humanos hacían ofrendas a la divinidad y pronto comenzó la catalogación de los animales en buenos, malos, propicios o no para el sacrificio, sirviendo de pistoletazo de salida para el desarrollo de un pensamiento supersticioso sobre estos seres vivos.

Existen yacimientos neolíticos, como el de la Cueva de la Dehesilla en España, que está datada alrededor del año 4800 a. C., en la cual se aprecian los restos de un cabritillo que fue utilizado durante un ritual funerario. En las civilizaciones mesopotámicas, Egipto y Persia se realizaba el sacrificio completo de los animales. Siglos después **los griegos comenzaron a refinar los rituales** y las partes comestibles del animal se utilizaban en banquetes relacionados con el templo mientras el resto se quemaba como ofrenda. La idea detrás de los sacrificios rituales de los animales era la de congraciarse con los dioses para atraer su atención y tener un canal de comunicación directo que permitiera transmitirles deseos, súplicas o agradecimientos. Es incontable el número de ritos sacrificiales realizados por las diferentes culturas y religiones, que poco a poco se fueron refinando. Solo algunas especies participaban en los rituales, dependiendo del objetivo que se persiguiera y de la deidad a la que se ofrecieran.

En **Roma** se extendió el uso del **ritual *suovetaurilia***, que consistía en el sacrificio de un cerdo, un cordero y un ternero machos con el fin de congraciarse con el dios Marte. Con el paso del tiempo este ritual se hizo más común, desplazando otros sacrificios con animales en los templos, y se utilizó en celebraciones tanto públicas como privadas con el fin de bendecir una acción, a un ejército, un lugar, resarcir a los dioses por los errores cometidos en otras ceremonias o también para dar por concluidas grandes empresas, como el censo general. **Cada animal adquirió un significado** y, dentro del ritual, era entregado a un dios: el toro para Marte, el cerdo para las deidades telúricas y el cordero para el dios Jano. Después, religiones como el cristianismo se posicionaron en contra de los sacrificios animales, que se consideraban una tradición propia del politeísmo pagano, y aunque en sus rituales se mantuvieron algunos términos, como el cordero pascual u ofrenda hecha a Dios, se tendió a sustituir los sacrificios de animales por la entrega de exvotos, amuletos y otros ritos, aunque en las religiones mayoritarias todavía se realizan sacrificios de algunos animales con el fin de comerlos en una festividad concreta. En la actualidad se realizan sacrificios animales relacionados con las religiones animistas africanas, la magia de los pueblos del Caribe y en especial la santería y el vudú. Algunos pueblos mantienen estas prácticas con un ánimo supersticioso. Así, en Timor Oriental, tras la muerte violenta de una persona se realizan sacrificios de animales con el fin de acallar a las almas de los asesinados para que no interfieran en el mundo de los vivos.

Cada animal tiene un significado en cada cultura y en cada tiempo, pero hay algunos de ellos que, bien por haber sido domesticados por el hombre, bien por haberse erigido en símbolos universales, han visto desarrollarse a su alrededor mitos y supersticiones de un alcance global.

Los gatos ya eran venerados en el antiguo Egipto por estar asociados con algunos dioses. Se consideraban que eran símbolo de buena suerte y la reencarnación del dios Ra como asesino de la serpiente Apofis. Más tarde a dioses como Bastet y Sekhmet se les empezó a representar con cabeza felina. Heródoto describió alguna de las costumbres

egipcias con los gatos: desde el extremo cuidado que ponían los que ayudaban a sofocar incendios para que ningún gato pereciera hasta el luto que las familias debían seguir afeitándose las cejas como muestra de duelo por su animal, pasando por la momificación para permanecer junto a su familia en el más allá. Los egipcios llegaron a codificar el delito del asesinato de un gato e imponían la pena capital a aquel que lo cometiera. También procede de los egipcios la superstición, llegada hasta la actualidad, de que un gato tiene nueve vidas, aunque hay quienes las rebajan a siete.

Con la llegada de la Edad Media en la Europa cristiana los gatos comenzaron a ser relacionados con **la brujería** y todavía hoy se representa a las brujas junto a un gato negro. Esta superstición surge de la leyenda del siglo XVI que cuenta que un padre y un hijo caminaban por el campo de noche para llegar al alba a su pequeño terreno de labranza. En el camino se encontraron un gato negro y ambos comenzaron a lanzarle piedras para ahuyentarlo. Algunas de ellas hirieron al gato en una pata y este huyó hacia la casa de una mujer de la que se creía que era una bruja. Al día siguiente cuando el padre y el hijo regresaban a casa tras realizar su tarea, se encontraron con la supuesta bruja fuera de su casa cojeando debido a que tenía varias heridas en su pierna. Por ese motivo se creía que las brujas adoptaban la forma de un gato para salir por las noches de sus casas sin ser vistas y poder realizar todo tipo de embrujos y buscar nuevas víctimas para sus hechizos. Desde entonces cuando una persona veía un **gato negro** era signo de muy mala suerte y debía recitar una oración para evitar que el gato se girara, sus vistas se cruzaran y la persona quedara bajo el influjo de algún hechizo. Esta historia pasó de boca en boca y se extendió por toda Europa. Fue tal su efecto que durante años miles de gatos, en especial los negros, eran quemados cada mes por miedo a las brujas. Esta práctica alcanzó tal nivel que el rey de Francia tuvo que decretar en 1630 la prohibición de la quema de gatos. La asociación de los gatos con la brujería se extendió a lugares tan lejanos de Europa como el Extremo Oriente. En Malasia se creía que una mujer podía atraer la lluvia si llevaba un barreño lleno de agua en su cabeza hasta el campo sobre el que quería que las aguas llegaran. Al llegar debía sumergir en él a un gato negro hasta que casi quedara ahogado, y en las siguientes 24 horas la lluvia aparecería. En Java se pensaba que bastaba con bañar a un gato para que llegara la lluvia.

Hacia mitad del siglo xix, y especialmente en los países anglosajones, la tradición comenzó a cambiar y aparecieron **supersticiones positivas relacionadas con los gatos** negros. Desde entonces ya no se consideraba tanto el color del animal como la circunstancia en la que fuera visto. Si el gato negro caminaba hacia la persona de frente, era símbolo de buena suerte, pero, si se cruzaba en su camino, era señal de mala suerte. Cuando se realizaba un funeral en casa, los gatos debían ser encerrados porque si uno de ellos saltaba sobre el ataúd significaba que había tomado el alma del difunto y este no podría ir al cielo.

Con todos estos antecedentes históricos no es de extrañar que todavía hoy se considere que los gatos son unos animales especiales que no solo acompañan al hombre a lo largo de su vida, sino que tienen una sensibilidad especial, de tipo místico, que les permite sentir cosas de las que un humano no podría ni darse cuenta. Por esto todavía en la actualidad permanecen un gran número de supersticiones acerca de estos animales. De ellos se dice que pueden detectar tanto la presencia del demonio como la de otros espíritus malignos y cuando se ponen en guardia o realizan extraños ruidos o movimientos es que están ahuyentando al maléfico visitante, que desaparecerá sin hacer daño ni al felino ni a su dueño. Los marineros consideran que es de buena suerte llevar a un gato negro durante largas expediciones o en los meses de pesca en alta mar. Pisar la cola de un gato por accidente es hoy en día símbolo de mala suerte. Si la que lo hace es una mujer soltera, entonces tendrá que esperar un año para encontrar esposo. En general, pisar la cola de un gato es señal de penurias económicas, pérdida de trabajo o del fin de una relación amorosa. Cuando se escucha estornudar a un gato es indicio de buena suerte, pero si este lo hace tres veces es señal de que todas las personas que conviven con él se resfriarán.

Los perros son considerados los mejores amigos del hombre. La relación entre humanos y canes que empezaron a ser domesticados se cree que comenzó hace 140 000 años, y desde entonces solo se ha ido estrechando. Desde la antigüedad se ha otorgado a los perros la **capacidad de ver a la muerte frente a frente**. Los egipcios representaban a Anubis con la cabeza de un chacal. Era el dios encargado de presidir los embalsamamientos y de guiar al espíritu hasta la sala del juicio. Los persas también creían en esta capacidad canina para guiar a las almas y situaban a un perro junto al lecho de un moribundo para ahuyentar a los malos espíritus y guiar su alma cuando se produjera el deceso. En la antigua Grecia esta superstición se reflejó en la creencia de que los perros, a diferencia de los humanos, podían percibir a Hécate, la diosa de la oscuridad, y para advertir su presencia ladraban sin cesar hasta despertar a los humanos para que no cayeran en sus garras y su alma fuera llevada al inframundo. Las tribus nativas americanas desarrollaron también la creencia de que el perro era un animal guía para las almas. Él era el encargado de llevar por el camino de los espíritus infiltrados al difunto hasta llegar al descanso de la tierra de los abuelos. En la época de los romanos comenzó la creencia, todavía existente en algunas culturas, de que los perros negros eran guardianes del infierno y que salían por la noche a buscar las almas que habían sido señaladas por los dioses del inframundo, y más tarde por el demonio cristiano, para capturarlas y llevarlas al más allá.

Cuando una persona se encontraba con un perro negro que le seguía, debía buscar inmediatamente refugio en su casa o en un templo para evitar que su alma fuera llevada al infierno. Esta superstición tuvo su origen en el gran número de vagabundos y borrachos que durante la noche desaparecían sin dejar rastro de las ciudades romanas, y más tarde de las urbes medievales europeas, y de los que se creía que por ser almas vulnerables habían sido víctimas de Hades o del demonio.

En la actualidad persisten un **gran número de supersticiones mixtas** alrededor de los perros, su tipología y su comportamiento. Muchas de ellas todavía tienen que ver con la muerte y la vida en el más allá: se cree que cuando un perro se duerme con las patas hacia arriba y su cola recta, esta indica la dirección por la que la muerte llegará a alguien cercano. Si un perro se niega a entrar a un lugar determinado repetidamente, se cree que esa localización está encantada. Los perros que ladran a una ventana durante la noche están ahuyentando a la muerte y los malos espíritus para que no entren en la casa. Cuando un perro desconocido aparece en un jardín y cava un agujero en repetidas ocasiones, está advirtiendo de una muerte cercana en la familia. La tradición también otorga a los perros el poder de entregar mensajes desde el más allá. Así, cuando un perro callejero se acerca a un extraño moviendo la cola y con muestra de cariño no solicitado es signo de que alguien querido ha completado su paso y descansa en paz.

Entre las supersticiones positivas se encuentra aquella que indica que, si un perro lame sus propias heridas o las de un humano, estas sanarán más rápido. También la que otorga al perro la capacidad de anunciar buenas noticias, como sucede con las parejas que llevan tiempo tratando de concebir sin éxito y un perro se tumba sobre la tripa de la mujer. Esta acción es señal de que pronto se quedará encinta. Se cree que algunas especies, como los dálmatas, atraen la buena suerte debido a su mezcla de colores, que les hacen tener las mejores propiedades de los perros blancos y negros. Para los franceses cuando un perro rabioso ha mordido a una persona, no hay que sacrificar al can porque entonces la enfermedad se tornará incurable en el humano.

Los conejos también han estado asociados durante siglos con la brujería. Estos animales han sido utilizados durante mucho tiempo para sacrificios relacionados con **hechizos y conjuros** porque se consideraba que su actividad  nocturna, que los bañaba de los rayos de la Luna, les confería unas cualidades mágicas que potenciaban las pócimas de los brujos y sus trabajos. Esta visión negativa de los conejos se ha traducido en múltiples supersticiones relacionadas con la mala suerte, como la de los mineros que creen que al ver uno de ellos deberían abandonar inmediatamente la mina, puesto que su presencia anuncia un desprendimiento. La mala suerte también caerá sobre aquel que sueñe con conejos. Los agricultores temen la presencia de conejos en sus campos, que puede ser dañina para su cosecha, y muchos de ellos los cazan y disparan para evitar la pérdida de la siembra, pero la superstición dice que no se debe disparar ni cazar a un conejo negro en el campo porque representa el alma reencarnada de algún ancestro. Cuando se observa a un conejo escapar de una casa es señal de que en esta se va a producir un incendio. Existen también supersticiones positivas sobre los conejos, como las que los relacionan con la fertilidad e indican que en un hogar en el que se está buscando engendrar un hijo es bueno criar primero un conejo. En varios países los conejos son símbolo de buena suerte debido a la creencia de que al nacer con los ojos abiertos no pueden recibir el mal.

Las ratas se encuentran entre los animales más odiados en la mayor parte de las culturas. La animadversión hacia estos roedores es algo atávico y universal, por lo que la mayoría de las supersticiones que tienen que ver con ellas están relacionadas con la muerte, con el anuncio de catástrofes o con enfermedades. Se cree que las ratas poseen una capacidad para detectar, antes que cualquier humano o animal, cuándo va a ocurrir algo malo y huir del lugar inmediatamente para preservar su vida. Estos animales tienen fama de ser los primeros que abandonan un barco antes de su hundimiento o una casa instantes antes de que se derrumbe. Hoy en día se cree que cuando hay una invasión de ratas en una casa es señal de que la familia pronto decidirá trasladarse. También existen supersticiones para terminar con estas invasiones. La más conocida en el mundo anglosajón es la de escribir un poema contra las ratas y depositarlo donde se cree que se encuentran escondidas.

Las serpientes son otros animales que han contado con una pésima reputación a lo largo de los milenios. En **la tradición judeocristiana** fue la serpiente la que engañó a Eva para que convenciera a Adán de que comieran del Árbol de la Vida. Desde entonces quedó maldita para la eternidad. Al arrastrarse por el suelo y vivir bajo tierra las serpientes se identifican con animales al servicio del inframundo que se mueven entre ese reino y el de los vivos. Encontrar una serpiente en el camino es símbolo de mala suerte, pero si se le da caza es señal de una rápida victoria sobre los enemigos. Ver salir una serpiente de una tumba indica que el difunto allí enterrado vendió su alma al diablo y la serpiente ha venido a buscarla. La excepción a todas estas malas supersticiones es **la serpiente blanca**. El que se encuentre una de ellas gozará de una vida llena de bondades si atiende a su consejo. Si la serpiente se queda quieta, la vida está encaminada correctamente. En cambio, si la serpiente se mueve de lugar o desaparece, la persona debe hacer algunos cambios en su vida para recibir la buena suerte del encuentro con este animal. En la India la serpiente es símbolo de buena suerte. De hecho, hay templos dedicados a ella por todo el país y los fieles llevan hasta allí leche para atraer la buena suerte.

Los pájaros y otros **animales voladores** han sido objeto desde la antigüedad de numerosas supersticiones tanto positivas como negativas. Todo dependía de la percepción de belleza, de la ayuda que el hombre creyera que recibía con su presencia y de su relación con antiguos ritos, mitologías o creencias.

Los gorriones son considerados mensajeros del cielo. Si uno de ellos se posa cerca del féretro en un funeral, indica que el alma del difunto está dando el último adiós a sus seres queridos. Y si el pájaro además se queda hasta el final del ritual funerario es señal de que ha disfrutado de cómo ha sido realizado. Cuando una persona visita un cementerio y un gorrión se posa sobre él es símbolo de que un fallecido viene a saludar y presentar sus respetos.

Los cuervos son otros pájaros tradicionalmente asociados con las fuerzas oscuras desde tiempo muy remotos. La mitología cuenta que Apolo, el dios de las profecías, tenía como compañero un cuervo blanco que le acompañaba a todas partes. El pájaro un día le contó al dios que Coronis, la ninfa de la que estaba enamorado, le estaba siendo infiel. La cólera del dios cayó sobre la ninfa, que murió, y sobre el cuervo, que cambió su color a negro. Desde entonces es señal de **malos presagios**. Cuando un cuervo se posa sobre una casa y comienza a graznar es símbolo de que una desgracia se aproxima. Su conexión con la magia también permite que el cuervo conceda algunos deseos. Si se ve a un cuervo volando en solitario, se debe pedir un deseo y, si desaparece de la vista del observador antes de volver a batir sus alas, el deseo será concedido.

El cuco es un animal asociado con la primavera debido a que es de los primeros sonidos que se escuchan al inicio de esa estación. Aquel que escuche el sonido del cuco a su derecha tendrá buena suerte el resto del año, pero al que lo escuche por su izquierda la suerte no le acompañará durante los siguientes meses. A la hora de **predecir el futuro** es imprescindible conocer la acción que se estaba realizando cuando se escuchó el primer cuco de la temporada: si se estaba llevando a cabo algo laborioso, un trabajo u otra actividad en movimiento, el resto del año será de gran provecho. Si se escucha desde la cama, un sofá o descansando, durante los siguientes meses no se avanzará en ningún ámbito profesional.

Los cardenales son unos preciosos pájaros de tonos rojizos de los que se cree que atraen la buena suerte a todos aquellos con los que se encuentra. También los **canarios** que se crían en casa atraen la buena suerte a un hogar, aunque, si un gato los caza en casa, toda la familia sufrirá dos años de mala suerte.

Las palomas han estado asociadas a los dioses desde la antigüedad. En Grecia representaban a Afrodita, en Roma, a Venus y con la llegada del cristianismo son símbolo de la pureza, devoción y del Espíritu Santo. Esta **asociación con el bien** tiene su origen en la leyenda que indicaba que el demonio podía transformarse en cualquier animal, a excepción de una paloma. Por eso la superstición cree que aquel que descanse sobre un colchón hecho de plumas de paloma no podrá ser llevado por la muerte, porque esta simboliza el Espíritu Santo y la muerte lo evita.

Las mariposas son uno de los insectos más bellos que existen y son consideradas portadoras de buena suerte y de **buenas noticias del mundo de los espíritus**. Cuando son vistas en un funeral, indican que la persona finada ya descansa en paz. Que una de ellas aparezca de la nada y se pose sobre una persona simboliza un mensaje de amor enviado por una persona amada desde el más allá. Si son varias las mariposas que aparecen y revolotean sobre una persona quiere decir que pronto habrá una reunión familiar en donde se darán a conocer buenas noticias.

Las abejas son unos insectos muy respetados en todos los pueblos por la gran labor polinizadora que realizan, la cera que producen y la miel que fabrican. Por esta razón se las ha venerado desde hace siglos y se ha tenido siempre una gran deferencia con sus colmenas. A los niños se les explica que no deben decir palabrotas cerca de una colmena porque, si ofenden a las abejas, estas vendrán a picarles. En muchos países los propietarios de colmenas dan a conocer a las abejas los principales **hitos de su vida** en señal de respeto y para atraer la buena suerte y mantener la producción: cuando se casan, llevan hasta ellas parte del ramo de la novia, al nacer un hijo atan una cinta azul o rosa, dependiendo del sexo del recién nacido, y cuando el dueño fallece, sus herederos cuelgan una gasa negra en la colmena.

Los murciélagos son animales considerados en la mayor parte de las regiones y culturas como portadores de malas noticias y relacionados con el mal y **las artes ocultas**. Su vida en la oscuridad, su forma de volar, su aspecto físico y su comportamiento con otros animales les han granjeado una mala reputación que se ha traducido en un gran número de supersticiones en su contra. Desde la Edad Media se los ha incluido como ingrediente principal de hechizos oscuros. La tradición indica que las brujas siempre portaban sangre de murciélago para poder volar rociando su escoba con ella. En la actualidad las supersticiones ligadas a los murciélagos tienen que ver con **su aparición en determinadas ocasiones y lugares**: cuando un único murciélago sobrevuela cerca de una persona es señal de que alguien intenta llevar a cabo una maldición o hechizo sobre esa víctima. Si el murciélago sobrevuela tres veces alrededor de una casa, o si se cuela en su interior, es señal de que pronto habrá una muerte entre los que allí conviven. China es uno de los escasos países del mundo en el que estos animales son acreedores de una superstición positiva debido a que cuando se pronuncia el término murciélago suena casi igual que la palabra bendición.

Las plantas y la dualidad entre la vida y la muerte

Las plantas representan una parte esencial de la vida del hombre. De ellas surge la mayor parte de los alimentos, proporcionan sombra, combustible, materiales para la construcción y el desarrollo de las tareas diarias..., pero también poseen la capacidad tanto de curar como de dañar la salud de los humanos. Esta característica se ha considerado durante mucho tiempo conectada con la magia, y en torno a las plantas ha surgido a lo largo de la historia un número incontable de **supersticiones relacionadas con los usos medicinales, esotéricos o más perversos** que se le han dado. Desde las mitologías de la creación del mundo a las relacionadas con el diluvio universal las plantas han tenido un importante papel al concebirse que fueron creadas para tener una determinada función que diera armonía al resto de los seres vivos.

Los lirios son una de las primeras plantas que aparecen mencionadas en la Biblia y se dice que nacieron de las lágrimas de Eva al ser expulsada del paraíso. La tradición cristiana también indica que varios lirios brotaron de las gotas de sudor de Jesús en su última noche en el huerto de Getsemaní. Desde ese momento los lirios han sido asociados a la muerte y **resurrección de Jesús** y son, por tanto, utilizados como una de las plantas principales durante la Pascua cristiana y los funerales de los fieles de esta fe. El lirio también ha sido identificado con la pureza de María y su faceta maternal. La iconografía religiosa incorporó los lirios a la hora de representar la anunciación del ángel san Gabriel a la Virgen: en unas ocasiones eran portados por el enviado de Dios y en otras crecían cerca de la madre de Jesús.

Por esta razón es una de las flores que se utilizan en los ramos de novia para atraer la buena suerte y la fecundidad al matrimonio. Los lirios del valle son, sin embargo, portadores de mala suerte, puesto que están relacionados con las lágrimas que derramó María durante la crucifixión de su hijo.

El trébol de cuatro hojas es la planta más conocida como símbolo de buena suerte. Hay muchas historias que tratan de explicar el porqué de esta superstición. Una de ellas se remonta a la creación y cuenta que Eva solo se llevó del paraíso un trébol de cuatro hojas como símbolo de lo feliz y afortunados  que ella y Adán habían sido en el mítico lugar. Los cristianos relacionan las cuatro hojas con las cuatro partes de la cruz en la que Jesús murió. Pero la tradición que ha pervivido hasta la actualidad empezó a ser descrita hacia el siglo XVII y cuenta que la persona que encuentre un trébol de cuatro hojas en el campo tendrá suerte en los aspectos que cada una de sus cuatro hojas simboliza: **la riqueza, la fama, el amor y la salud**. El trébol ha de guardarse entre las hojas de una Biblia hasta que se seque y después debe llevarse siempre, ya sea en la cartera, en un bolso o, como antiguamente, en los zapatos.

El saúco ha sido una planta asociada a **la muerte** desde la prehistoria. Se han encontrado en algunos yacimientos arqueológicos flechas talladas con la forma de las hojas de saúco, lo que pretendía potenciar el poder mortal del arma. Más adelante algunas culturas empezaron a fabricar sus ataúdes con madera de saúco para ahuyentar a los malos espíritus al indicarles que la muerte ya había llegado al fallecido, su alma había pasado a otro lugar y el cuerpo no debía ser molestado.

Siguiendo este mismo razonamiento se consideraba de muy mala suerte construir cunas con su madera, puesto que anunciaba la muerte para el recién nacido. En **algunos países la flor de saúco es símbolo de buena suerte**: en Serbia, por ejemplo, se utiliza para atraer la buena suerte a los novios durante su boda y en Dinamarca, como recoge la obra de Shakespeare, si uno reposaba bajo un saúco en verano, a medianoche, podría ver al rey de las hadas cabalgando por el bosque y pedirle un deseo.

Las rosas tienen un lenguaje propio que les proporciona un variado significado, dependiendo del pueblo o la cultura sobre la que se estudie. Tradicionalmente han estado relacionadas con **el secreto, el descanso y la paz**, a veces eterna. El origen de este significado se remonta a la antigua Grecia, cuando Eros, el dios del amor, entregó a Harpócrates, el dios del silencio, una rosa para que acallara las debilidades de los dioses y los humanos no las conocieran. Esta mitología dio origen al vocablo latino *sub rosa*, que significa «en secreto». Desde entonces las rosas decoran las salas de algunos palacios donde se llevaban a cabo reuniones de gran calado político o los confesionarios como símbolo del secreto de confesión. Las rosas también están asociadas a las lágrimas y el dolor que producen sus espinas, por lo que no es una flor común para regalar en todas las culturas. Cuando una rosa nace fuera de temporada, se cree que da mala suerte durante todo un año a la casa en la que está.

El muérdago es una de las plantas más conocidas por la superstición que le reconoce un poder de **protección contra los malos espíritus**. Pese a que se trata de una planta parasitaria y venenosa, ha sido considerada desde la antigüedad sagrada porque nace en los árboles y nunca toca la tierra.

En la mitología nórdica se cuenta que Baldur, hijo del dios Odín, cada noche sufría sueños que le anunciaban su muerte. Su madre, la diosa Frigg, quedó aterrorizada ante la posibilidad de que las profecías se cumplicran e hizo jurar a todos los seres vivos que crecían sobre la tierra que nunca tendrían nada que ver con la muerte de su adorado hijo. Uno tras otro plantas y animales juraron proteger y nunca traicionar a Baldur, por lo que la diosa Frigg descansó tranquila.

Pero Loki, el malvado hermano de Odín, supo que uno de los seres vivos del mundo de los mortales no había cumplido con el encargo de Frigg. Se trataba del muérdago, que no había jurado proteger a Baldur, puesto que no crecía en la tierra ni nunca se posaba sobre ella. Loki, que siempre había estado celoso de Baldur, preparó una lanza que contenía muérdago y le dio muerte. Frigg lloró desconsolada, y sus lágrimas se transformaron en las bayas del muérdago. El resto de los dioses se compadecieron de ella y decidieron resucitar a Baldur. Desde entonces el muérdago es **símbolo de paz, amor y amistad para las culturas nórdicas**. El muérdago se colocaba en las entradas de las casas, templos o lugares en los que se quería evitar la entrada de malos espíritus. Sus tóxicas bayas eran utilizadas para la creación de brebajes y pociones por los celtas y otras culturas del norte de Europa. Desde la era victoriana su poder de protección fue cayendo en el olvido y comenzó a crecer la superstición derivada de **dar o recibir un beso** bajo el muérdago. Esta superstición no solo se refiere a los amantes, sino también a aquellos que, durante el paso del viejo al nuevo año, se encuentran bajo el muérdago y deben besar a todo aquel que se encuentre en el mismo lugar para transmitir y recibir la buena suerte para los siguientes 12 meses. En la actualidad también pervive en varios países europeos la **superstición de origen celta** de colgar una rama de muérdago en la casa durante las fiestas navideñas, que permanece en el hogar como símbolo de protección durante todo el año y el día 13 de diciembre, fiesta de santa Lucía, se quema realizando un pequeño ritual para alejar los males que han ocurrido durante el año y, con una nueva rama, pedir una nueva protección frente a los que pudieran llegar en el siguiente año.

El arrayán o mirto era una planta muy famosa en la época romana que estaba ligada a Venus, la diosa del amor y la fertilidad. En aquellos tiempos surgió la superstición por la que las novias llevaban al templo de la diosa una rama de esta planta el día de su boda. En el siglo XIX la reina Victoria (1819-1901) llevó una ramita de arrayán en su ramo de novia y puso de nuevo de moda la superstición heredada de los romanos. En la actualidad se cree que es **una de las plantas que más suerte puede atraer** a una pareja de recién casados. Deben plantarse dos esquejes de la misma planta de arrayán a cada lado de la puerta de entrada al hogar de los nuevos esposos. De esta manera se aseguran un matrimonio en paz y felicidad. Arrancar o destruir una planta de arrayán trae muy mala suerte. Si la pareja debiera abandonar la casa en la que fue plantado, tiene que llevarse el arbusto completo para trasplantarlo o, en su defecto, unos esquejes para hacer crecer dos nuevas plantas, sin destruir nunca las primigenias.

La *Plectranthus verticillatus* es una planta conocida popularmente en muchos países como **planta del dinero** o planta de la abundancia. Se trata de una especie originaria de África que ahora está extendida por la mayor parte de países de climas cálidos. Se debe regalar a las personas que inician una vida independiente y a todos los que cambian de hogar. La superstición cree que, mientras esta planta, que debe estar en una esquina de la casa sin incidencia directa del sol, esté floreciente y sana, ni el dinero ni los bienes materiales faltarán a los miembros de ese hogar. Otra superstición indica que cuando alguien roba un esqueje de esta planta y fructifica, lo hará en detrimento de la buena suerte y la abundancia de los dueños de la original. Por esta razón es común verla situada en lugar altos de difícil acceso para evitar que las visitas puedan envidiar su buen estado y tengan la tentación de hacerse con ella.

Desde la época victoriana **las margaritas** han sido utilizadas para saber si la persona en la que uno ha puesto su **interés amoroso** se siente de la misma manera y corresponderá con el mismo amor. Para conocer este resultado se ha de coger la primera margarita que se vea cuando llegue la primavera y quitarle pétalo a pétalo mientras se dice: «Me quiere, no me quiere». La persona sabrá cuál será el desenlace al eliminar el último pétalo de la flor.

Los **dientes de león** han sido utilizados desde hace siglos como una planta cuya infusión curaba algunas dolencias del tracto urinario, pero la **superstición actual** le otorga otros poderes. En algunos países sirve para pedir un deseo: se ha de pensar en aquello que se quiere obtener, soplar el diente de león una sola vez y, si todas las semillas de la flor desaparecen, el deseo se cumplirá. En otros países se cree que con esta planta se puede conocer cuántos años durará un amor. Tras soplar el diente de león se deben contar los bastoncitos que todavía se mantengan en el ramillete, y ese será el número de años que resten a la pareja.

En ciertas zonas de España se piensa que **las hortensias** traen mala suerte a los solteros que estén buscando pareja.

En algunas culturas occidentales las anémonas son símbolo de mala suerte debido a la leyenda mitológica que narra que la diosa Flora, celosa de que el dios del viento del Oeste estuviera enamorado de una ninfa, la convirtió en esta flor. Desde entonces la ninfa que vive dentro de la flor se propuso terminar con los amores de todos aquellos que la tocaran.

Hasta hoy han llegado infinidad de **supersticiones ligadas a plantas y flores** que varían enormemente de un lugar a otro del planeta. En **Japón**, como se verá en el capítulo de las supersticiones del día a día, no se deben regalar plantas con macetas a nadie que se encuentre en un hospital, pues se considera de mala suerte al creer que la persona, como la planta, echará raíces en ese lugar y no podrá abandonar el centro médico. De manera general, **la superstición** también indica que cuando se regala **un ramo de flores** el número total de ellas siempre debe ser impar, da igual la cantidad y el tipo de flor, porque si el total fuera par atraerá la mala suerte. En el caso de recibir un ramo de flores como regalo, no hay que tener prisa a la hora de ir retirando las flores que se marchitan, puesto que es símbolo de que se está a la espera de un nuevo presente.

El simbolismo y la superstición de los alimentos

Los alimentos vegetales, animales y sus derivados aportan al cuerpo humano la fuente de energía y los nutrientes que necesita para su subsistencia. Durante milenios los pueblos apenas tenían contacto con otros grupos y el tipo de alimentos que se consumían en una comunidad era muy restringido y monótono. En el principio de los tiempos los humanos aprendieron, por el método de acierto-error, cuáles eran los alimentos salvajes que podían ingerir, dejando de lado algunas bayas, setas o frutos que resultaban tóxicos. La aparición de grandes civilizaciones con sus expediciones comerciales y militares trajo consigo la expansión de cultivos, el intercambio de animales y, por tanto, el incremento en el número de alimentos de la dieta básica de muchas regiones.

Con la llegada de nuevos cultivos y animales también se desarrollaban leyendas y supersticiones que han ido cambiando a lo largo del tiempo y en los distintos lugares del planeta, conformando un rico acervo de tradiciones que, dependiendo de cada pueblo, otorga a la mayoría de alimentos y a la manera de cocinarlos una serie de supersticiones positivas, mixtas o negativas.

El pan, cocinado con el grano que sea, es la base de la alimentación de millones de personas de todo el mundo y ha sido el alimento principal de las familias durante miles de años. Durante todo este tiempo se han desarrollado a su alrededor innumerables **supersticiones** y se le ha dado todo tipo de **significados religiosos**. Entre los pueblos nativos americanos los dioses del maíz se encontraban entre las más importantes divinidades, puesto que todo su sustento se basaba en este alimento. En la tradición judeocristiana el pan, la levadura o la forma de cocción fueron adquiriendo características rituales para la celebración de algunas de sus festividades. En el mundo católico el pan es parte fundamental del ritual de la eucaristía. Durante muchos años las mujeres que estuvieran menstruando fueron apartadas de la tarea de preparar el pan al creer que su intervención haría que la masa no subiera. Los niños debían alejarse de las mujeres mientras amasaban, puesto que si una parte de la masa les salpicaba en la cara no les crecería la barba. La superstición también llevaba a preparar **13 masas** de pan en cada hornada: se decía que 12 eran para vender y la sobrante, para entretener al demonio de manera que no estropeara la masa. Una vez terminada la masa, todavía hoy se realiza una pequeña cruz sobre ella para evitar que los malos espíritus entren en el pan y contaminen las almas de quienes lo coman. A la hora de hornear debe ser solo una persona la que introduzca el pan el horno, porque se cree que si dos personas lo hacen al mismo tiempo surgirá una disputa entre ellas. Los escoceses dicen que mientras el pan está en el horno no se debe cantar para no atraer la mala suerte. La manera en la que el pan sale del horno también puede dar a conocer, según la superstición, algún detalle del **futuro inminente**: si cuatro panes salen pegados entre sí es signo de que se acerca un matrimonio. Si fueran cinco panes es señal de un inminente funeral. El primero que salga del horno debe ser abierto con las manos, sin utilizar ningún cuchillo. Al cortar un pan si este aparece con un gran hueco en medio es una indicación de muy mala suerte. Cuando el pan está untado de mantequilla y cae el suelo, es símbolo de buena suerte si la mantequilla queda hacia arriba, pero, si quedara hacia abajo, es señal de mala suerte. Una vez terminado el pan, las migas sobrantes no deben lanzarse nunca al fuego: se cree que este simboliza el infierno y los seres que allí viven, y el pan es el alimento por excelencia, por lo que este gesto solo lo realizan los brujos para alimentar a los seres del inframundo.

Los huevos tradicionalmente han sido símbolo de vida, pero también se consideraban por algunas civilizaciones un catalizador de las fuerzas del bien y del mal, y eran usados como **ofrenda** en los templos y para **realizar brujería**, por lo que han surgido muchas supersticiones acerca de su color, su contenido y la manera de recogerlos, prepararlos o romperlos. El primer huevo de una gallina ha sido considerado como un símbolo de buena suerte: si era marrón, se entregaba a la persona amada; si era blanco, se empollaba debajo de una almohada de plumas, y si era negro, quien lo consumiera estaría protegido contra la enfermedad. En el caso de que el huevo tuviera un tamaño inusualmente pequeño se creía que no había sido empollado por la gallina, sino por un gallo, y era señal de gran infortunio. De él podría nacer una serpiente que acabaría con todos los animales del corral. Para evitar las calamidades que traería el utilizar este huevo había que lanzarlo contra el tejado. A la hora de recolectarlos todavía hoy se observa la norma de no hacerlo durante la noche. También tienen **un significado supersticioso** aquellos huevos que se rompen durante su transporte: si es uno es que se acerca algún tipo de golpe o herida, si son dos es que el amor entre dos personas es verdadero y si son tres la aflicción caerá sobre el que los llevaba. Durante siglos se ha debatido cuál es la manera en la que debe ser colocado un huevo para comerlo. Para evitar la mala suerte la parte más alargada es la que debe sobresalir del recipiente en el que se presenta en la mesa.

Todavía hoy se cree que las cáscaras de los huevos deben romperse en el mayor número de pedazos posibles antes de ser desechadas para evitar que alguien se haga con ellas y pueda hacer un conjuro contra la persona que los ha comido. También existen una serie de supersticiones a la hora de empollar un huevo. Solo deben ponerse debajo de la gallina un número par de huevos, y nunca comenzar el ciclo cuando es luna nueva, en viernes ni en domingo.

La sal es hoy un condimento indispensable en las cocinas de todo el mundo, pero desde la antigüedad ha sido un valioso objeto de trueque, una preciosa posesión, una garantía de conservación de los alimentos y un condimento relacionado con la magia y la brujería. Las civilizaciones más importantes de la historia han utilizado la sal en sus **ritos religiosos**. Los vedas lanzaban sal a los fuegos sagrados durante la celebración de los festivales creyendo que los sonidos y pequeñas explosiones que producían eran muestra de satisfacción de los dioses. En las civilizaciones del Mediterráneo se ofrecía sal a los dioses en los templos para dar inicio al rito de la invocación. La tradición sintoísta otorga a la sal un poder purificador. El cristianismo bebió de las tradiciones anteriores y utiliza la sal en varios de sus ritos con un sentido purificador, desde la consagración sacerdotal hasta en algunas regiones en la bendición del agua bendita. **La superstición más longeva** sobre la sal y que ha perdurado hasta la actualidad es la relacionada con la mala suerte que llega a aquellos que la derraman, en especial si lo hacen sobre la mesa. Esta superstición tiene sus orígenes en la importancia que los romanos daban a la sal por su elevado coste. Cuando se invitaba a alguien a una casa de la manera más formal, se le ofrecía al llegar un poco de sal para que la probara y diera su visto bueno para que se cocinara con ella. De esta manera se quería dar importancia a la visita y reflejar la alta estima que se tenía a aquella amistad. Por esta razón, cuando a alguno de los comensales se le caía la sal, se consideraba que cometía una falta de respeto hacia los anfitriones. Con el tiempo esta costumbre se transformó y se convirtió en la superstición de que verter sal sobre la mesa trae mala suerte y para evitarla se debe coger un poquito de sal y lanzarla hacia atrás con la mano derecha sobre el hombro izquierdo. La sal también comenzó a utilizarse en la brujería para defenderse de los malos espíritus y en la actualidad todavía se usa con este fin en supersticiones como poner un poco de sal en la palma de la mano de la parturienta como protección para ella y el recién nacido. Cuando una persona cree que ha sufrido **una maldición o un hechizo** por parte de otra, puede romperlo lanzando durante nueve días seguidos un puñado de sal sobre el fuego. Una de las supersticiones más extendidas, y que ha dado lugar a una norma de cortesía, es la de no ofrecer la sal en la mesa a un comensal, sino depositarla a su lado para evitar que se derrame y no se rompa la amistad entre ambas personas. En Oriente la sal también es una protagonista esencial de supersticiones cotidianas. Por ejemplo, en Japón se colocan montones de sal a la entrada de los negocios para salvaguardarlos de los malos espíritus y atraer a los clientes.

Las alubias o frijoles han estado **asociados con la muerte** desde el antiguo Egipto. Los egipcios y los griegos, en especial los discípulos de Pitágoras, evitaban comerlas porque las flatulencias que producían parecían ser señal de enfermedad y traer olores del inframundo. Los romanos las ofrecían como un regalo a los fallecidos y establecieron la costumbre, que duró hasta el siglo xix, de comerlas en los funerales. Esta relación con la muerte se ha extendido hasta llegar a creer que las almas de los difuntos se encarnan en las flores de las alubias. En otras regiones del mundo adquirieron un significado más positivo. En Asia y África se utilizan sus flores para ahuyentar a los malos espíritus mientras se construye una nueva casa. Los nativos americanos tenían la superstición de que las alubias atraían a los dioses de la fertilidad de los campos y celebraban cada año una fiesta especial del frijol.

Las tartas se han popularizado en los últimos tres siglos como una comida de celebración ante una efeméride personal o una fiesta religiosa del calendario, pero a su alrededor se han creado una serie de supersticiones tanto en su preparación como en su uso. Una de las más antiguas de **la tradición cristiana** en algunas zonas de Europa, que todavía se cocina, es la llamada *Agnus Dei*, que se prepara como amuleto anual durante todo el periodo de Pascua hasta la fiesta del *Corpus Christi*. Se elabora con harina de trigo y en una de sus caras se debe realizar un cordero sosteniendo una bandera y en la otra una cabeza de Jesús. En su interior se deposita, antes de ser horneada, un papel con textos del Evangelio de san Juan. La tarta no debe ser ingerida, sino que se guarda en la cocina hasta al final de las fiestas con la intención de ser un amuleto que proteja de los malos espíritus a los que viven en el hogar. Existe una curiosa **superstición bávara** que consiste en realizar una tarta para el funeral dejando que la masa fermente junto al cuerpo del difunto. Así, las buenas cualidades del finado pasarán a la tarta. Tras el funeral los familiares se la comen para que el espíritu de su ser querido quede para siempre en la familia. De forma general las tartas para cualquier celebración deben cocinarse durante la mañana, antes del mediodía. Se considera que atrae la mala suerte el desprenderse de las cáscaras de huevo utilizadas en el pastel antes de que esté horneado. A la hora de servir las tartas los trozos han de depositarse en el plato de manera horizontal, porque si se disponen de manera vertical y la pieza se cae es una señal de extrema mala suerte.

Las setas han estado presentes en la dieta del hombre desde los mismos inicios de su especie como cazador recolector. Desde aquel instante surgió una especial veneración hacia estos hongos que **tenían el poder de alimentar y dar vida o de hacer enfermar y traer la muerte**.

Con el tiempo también comenzaron a descubrirse sus cualidades medicinales y su potente poder alucinógeno que abría una puerta a otras realidades. Sus vivos colores y formas y las cualidades mencionadas les granjearon el respeto, temor y loa de los hombres. En diferentes etapas del largo Imperio egipcio los faraones prohibieron su consumo a sus súbditos debido a que eran consideradas un **alimento divino** que acercaba a la inmortalidad. Solo tenían permitido su ingesta el faraón y algunos de los sacerdotes. Griegos y romanos dieron unos usos muy similares a estos hongos: fueron utilizados como alimento para las tropas al creer que les otorgaba un poder sobrehumano gracias a acción psicotrópica y energizante. Las setas se convirtieron en ambas civilizaciones en un bien de lujo, solo apto para las clases altas, que competían por encontrar el hongo más extraño, con mejor sabor o de cualidades más alucinógenas, que en aquel momento eran consideradas una vía para la conexión con la divinidad. Las culturas nativas de América atribuían poderes sobrenaturales a las setas y las utilizaban en sus rituales para entrar en trance y acceder al conocimiento de los dioses. El cristianismo de la Edad Media consideró que la experiencia mística que proporcionaban estos hongos y la mortalidad que causaban algunos de ellos eran prueba irrefutable de su conexión directa con el diablo. La superstición empezó a considerar que las setas eran **obra directa de Satanás**: surgían allí donde el mismo demonio se sentaba para descansar mientras buscaba engañar a algún alma humana. Cuando las setas aparecían en el bosque, se decía que procedían de la celebración de un ritual de brujería para honrar al príncipe del mal. En cada pueblo existen infinidad de tradiciones y supersticiones para intentar discernir si la seta es comestible o no y evitar así la intoxicación. En el mundo anglosajón se cree que los hongos provienen de los rayos de las tormentas, y como fueron creados por la luz, deben ser recogidos durante la luna llena para evitar cualquier efecto negativo.

La leche es uno de los alimentos tradicionalmente más presente en la dieta europea y mediterránea. En varios países de Europa se cree que, si se derrama leche, la persona tendrá **siete días de mala suerte** y la vaca de la que provenía producirá menos cantidad durante ese mismo tiempo.

La superstición tiene su origen en la creencia de que las brujas adoraban la leche y, si esta era derramada, acudirían a ella para beberla del suelo. Para evitar que las brujas se acercaran hasta las granjas donde se producía y trataba, se debía añadir un poco de sal a cada barril de leche recién ordeñada, lo que con el tiempo dio lugar a la producción de mantequilla salada. Desde hace siglos existe también la superstición de que si la leche se derrama mientras se está hirviendo ha de lanzarse sal hacia el fuego para contrarrestar la mala suerte. Otras supersticiones que han estado presentes hasta la llegada de las grandes factorías de producción de leche indicaban que no debía venderse ni repartirse en lunes porque se agriaría. Otra creencia prescribía que si una buena vaca lechera era vendida se debían tomar varios pelos de su cola y situarlos junto a la nueva vaca que la reemplazara para asegurar que este nuevo animal tuviera la misma buena suerte. En los pueblos del norte de España todavía hoy la primera leche de una vaca ha de guardarse en un pequeño recipiente de bronce para conseguir que el animal dé siempre una buena producción.

El ajo ha estado relacionado desde hace más de 3000 años con **la protección contra el mal**. Los antiguos egipcios creían que era un regalo de los mismos dioses y que como tal servía de amuleto ante la mala suerte y los malos espíritus. La tradición cristiana cuenta que el

ajo nació allí donde el ángel caído puso su pie izquierdo al ser expulsado del paraíso. En la actualidad todavía se usa como amuleto de protección contra malos espíritus y calamidades por los mineros alemanes, algunas novias lo cosen en su vestido o hay quien lo deposita bajo la cuna de un recién nacido. Pero la más extendida de las supersticiones en la actualidad indica que las ristras de ajo colocadas en puertas y ventanas ahuyentan a los vampiros.

Las nueces son un símbolo universal de vida y buena suerte. Hace siglos que se utilizan como medio de protección contra el mal y desde la Edad Media son la más eficaz forma de **protegerse contra las brujas**. En la actualidad, si al abrir una nuez se encuentra en su interior un fruto doble, este es señal de muy buena suerte y se debe guardar en el bolsillo para evitar los dolores de dientes. La superstición indica que, si ha habido una muy buena producción de nueces durante un año, en los meses que siguen la fecundidad aumentará y nacerá un número inusual de niños. Las nueces son un exquisito manjar, pero se debe evitar comerlas el día 14 de septiembre, puesto que es la jornada en la que el demonio sale a buscarlas y se aparece allí donde las haya.

La albahaca es una planta aromática que tiene muy diferente sentido supersticioso dependiendo del país en el que se consuma. Es originaria de la India, donde para varios grupos religiosos es considerada una planta sagrada. Allí se utiliza en los **ritos funerarios** y se coloca un poco de albahaca en el recién fallecido para asegurar que realice un rápido tránsito hacia su siguiente vida. Cuando fue introducida en Inglaterra, no se utilizó como alimento, pero sí con un carácter médico y supersticioso para aportar tranquilidad y evitar los dolores. En Italia es una planta considerada de buena suerte y por eso se utiliza para rematar, a modo de superstición, muchos de sus platos. En cambio, en Grecia está considerada como un alimento de mala suerte.

LOS NÚMEROS Y LAS PALABRAS

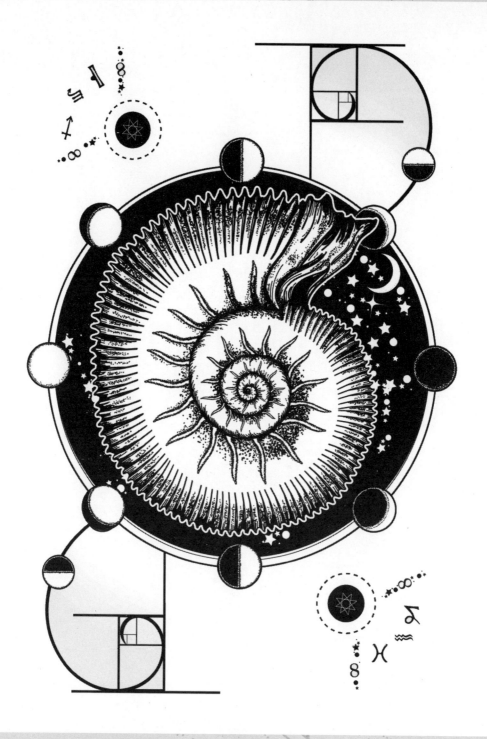

El lenguaje es un sistema estructurado siguiendo unas normas preestablecidas que, en función del contexto en el que se use y de la combinación de sus elementos, permite establecer una comunicación entre un emisor y un receptor. El lenguaje humano se compone de sonidos que tienen una traslación a signos gráficos. Así, las letras forman palabras que simbolizan ideas para poder ser comunicadas. El lenguaje matemático, que ha sido inventado por el hombre, se basa en los números para expresar funciones y conceptos que permiten representar la abstracción de esta disciplina de una forma ordenada y congruente. Las palabras y los números no son la mera unidad básica de dos lenguajes diferentes que utiliza el ser humano, sino que tienen en sí mismos una simbología especial, propia, otorgada por el hombre según el contexto histórico, cultural y ambiental de cada pueblo, cultura o civilización. Debido a su uso cotidiano los números y las palabras han ido adquiriendo un significado simbólico supersticioso que los ha relacionado con la realidad social de cada momento de la historia.

La numerología, el significado oculto de los números

La numerología es la creencia que ve un significado oculto, místico y esotérico en los números y que los relaciona con la atracción de la buena suerte, con ahuyentar el mal, con la cercanía a lo divino y con un conocimiento superior que daría acceso a un saber universal que guía las acciones, puede predecir los eventos del futuro y mejorar los del presente. Esta creencia se originó en la antigüedad y otorga un valor numérico a las letras y las palabras para relacionarlas con un significado religioso o místico. Los egipcios consideraron que algunos números, sus repeticiones y sus múltiplos eran sagrados. Para esta civilización el 3 era un símbolo de pluralidad y perfección; sus dioses aparecían representados en tríadas. El número 7 simbolizaba la efectividad y el valor completo de una acción terminada para honrar a los dioses. Otra de las referencias más antiguas que se han encontrado de esta práctica data del siglo VIII a. C. Se trata de una inscripción asiria en una construcción que indica que la muralla de Khorsabad había sido construida con 16 283 bloques que respondían al valor numerológico del nombre del rey Sargón II (¿?-705 a. C.). En siglo VI a. C. el filósofo y matemático griego **Pitágoras (**569-475 a. C.), además de sus increíbles avances en aritmética, geometría y música, creó una hermandad, una comunidad de sabios, que sostenían que la realidad de la naturaleza, en último extremo, es matemática y que ciertos símbolos tienen una entidad **mística propia que puede ayudar al alma a acercarse a lo divino**. Entre sus logros se cuenta la elaboración de un sistema propio para asignar valores numéricos a las letras de su alfabeto, dando lugar a una sofisticada ordenación de las palabras y de los símbolos que gracias a los números ocultaban.

La cábala hebrea es el sistema numerológico más antiguo conocido que aún se encuentra en uso y a lo largo de la historia han surgido diferentes versiones y tradiciones cabalísticas. En su origen era una parte esencial del estudio rabínico de los textos sagrados de la Torá. Los primeros estudiosos de la cábala buscaban encontrar **las claves que desentrañaran la relación entre Dios y el mundo físico**. A través del significado oculto de las palabras, puestas en relación con un sistema numerológico, creían poder encontrar certezas que definieran la existencia humana, el curso de la vida y la magia que hubiera entre las cosas más sagradas del mundo material. Para ello la cábala propone, todavía hoy, cuatro interpretaciones ascendentes y concurrentes de la Torá: la primera es la interpretación directa del contenido del texto, la segunda es descubrir el significado alegórico de las palabras, la tercera es poner los textos en relación con otros versículos o palabras sagradas y la última y más elevada consiste en encontrar el significado metafísico oculto en el texto. A lo largo de los siglos se han desarrollado **tres métodos cabalistas** para la lectura e interpretación del contenido de la Torá. El primero se denomina **gematría** y consiste en asignar un valor numérico a cada letra de las palabras de un versículo de la Torá para descubrir el sentido místico último que se esconde tras ella. Un ejemplo habitual muy explicativo está relacionado con el Génesis de la Torá. En uno de sus versículos se lanza la profecía de la llegada del «Pacífico», sin dar más detalles sobre quién sería esa persona o ente místico. Los cabalistas aplicaron la gematría a este texto y obtuvieron como resultado el número 358, que es el que también corresponde al Mesías en la tradición judía. Con esta indagación los cabalistas creían haber descubierto el significado oculto tras el apelativo de «Pacífico». El **notaricón** es el segundo de los métodos utilizados por la cábala para su estudio. En este caso se trata de realizar acrósticos con las iniciales y letras finales de los versículos que se pretenden analizar, además de tomar como referencia unas palabras sagradas que abren o cierran los textos para conseguir nuevas palabras y frases que aporten luz sobre el significado oculto de ese texto religioso. La **temurá** es la última de las técnicas utilizadas por los cabalistas, que consiste en realizar una serie de permutaciones con las letras de las palabras en hebreo del texto que se pretende analizar para obtener nuevos vocablos que pudieran ofrecer un significado más profundo, con una simbología más marcada que ahondara en el contenido del texto original.

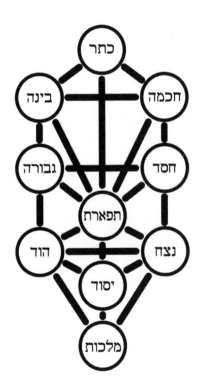

Todo este análisis cabalístico se ha ido desarrollando a lo largo de los siglos, con un especial énfasis durante la Edad Media, y ha llegado a nuestros días extendido a todo tipo de textos. Utilizando las normas de la cábala se toman decisiones de todo tipo y ámbito basadas en **la superstición de que determinados actos tendrán un resultado positivo**. Así lo hizo el entrenador de la selección nacional de fútbol japonesa, cuyo nombre se puede traducir por «comienzo» y que decidió revelar al completo la convocatoria de sus jugadores siendo el primer equipo en hacerlo y en la fecha 1/11. Por lo tanto, su nombre, la acción y la fecha en la que se realizó tenían en común el número 1 que se pretendía conjurar para obtener unos buenos resultados en el campeonato.

La numerología actual, sin conexión directa con una religión concreta, hunde sus raíces en las civilizaciones egipcia y babilónica y el gran trabajo de sistematización realizado por la escuela pitagórica y se ha ido enriqueciendo a lo largo de los siglos con aportaciones de varias culturas y credos. Hoy en día todavía se utiliza para **guiar la vida de una persona**, conocer su número de buena suerte y hacia dónde deben orientarse sus acciones durante su existencia. Para hallar este camino se utilizan dos datos personales: la fecha de nacimiento y el nombre completo. La fecha de nacimiento ha de reducirse mediante descomposición y sumas a un número de una sola cifra. La fecha 7 de agosto de 1995 corresponde a $7 + 8 + 1984 = 1999$. El resultado se descompone y se hace la siguiente suma: $1 + 9 + 9 + 9 = 28$. Se repite la acción: $2 + 8 = 10$. Y finalmente: $1 + 0 = 1$. Así pues, el número del camino de vida para esa persona es el 1 y, por tanto, su número de la suerte. Con el nombre se debe aplicar la numerología para obtener la expresión o la manera en la que debe dirigir su vida una persona y en qué ámbitos le será más propicio desenvolverse. Cada letra del alfabeto corresponde un número del 1 al 9, repitiéndose la serie cada vez. Así la a = 1, la i = 9, y la j = 1. Cada letra del nombre completo recibe un número y se pasa a descomponerlos y sumarlos al igual que con la fecha de nacimiento hasta que quede una sola cifra. A Clara García Martín le corresponderían estas operaciones: $3 + 3 + 1 + 9 + 1 = 17$, $1 + 7 = 8$ para Clara; $7 + 1 + 9 + 3 + 9 + 1 = 30$, $3 + 0 = 3$ para García; $4 + 1 + 9 + 2 + 9 + 5 = 30$, $3 + 0 = 3$ para Martín.

Después se toman los números de todos los componentes del nombre para continuar reduciendo $8 + 3 + 3 = 14$, $4 + 1 = 5$, que sería el número de expresión de sus habilidades naturales. Existe un listado que otorga características a cada número del 1 al 9 en el que pueden quedar reducidos estos **cálculos numerológicos para conocer el carácter de las personas**. El 1 se relaciona con personas independientes y muy orgullosas de sus logros

personales. El 2 se asocia al tacto en las relaciones sociales, a la diplomacia y al trabajo en equipo. El 3 tiene que ver con las personas creativas. El 4 representa a los que priman el orden, la prudencia y la contención. El 5 es símbolo de libertad y variedad de intereses, sin ataduras morales. El 6 es señal de personas responsables, entregadas al amor al prójimo y al servicio a los demás. El 7 es el número de la sabiduría, el análisis y la espiritualidad. El 8 representa la ambición por conseguir una tranquilidad económica que aporte una libertad material. El 9 es el número de aquellos que se han volcado en el amor universal, el humanismo y son visionarios de las medidas que han de emprenderse para que tengan un efecto beneficioso sobre la sociedad.

En China los números tienen **un potente significado** ligado al lenguaje y sus sonidos y desde hace siglos condicionan supersticiosamente la vida diaria de sus habitantes. En esta cultura los números son propicios o no propicios. El 0 se considera un buen número debido a que suena como la palabra bien. El 1 simboliza el éxito de haber finalizado algo en primer lugar, pero también en un contexto familiar o amoroso está relacionado con la soledad y la soltería. El 2 es un número que atrae la buena suerte gracias al dicho «las cosas buenas siempre llegan en pares»; así, muchas marcas comerciales repiten el carácter del nombre de su producto en los anuncios para favorecer sus ventas. El 3 tiene un significado ambivalente. Por ejemplo, en mandarín se relaciona con las tres etapas de la vida: nacimiento, matrimonio y muerte, por lo que es un número de buena suerte. Pero en cantonés se pronuncia de una manera muy parecida a una palabra que significa «rupturas», «separación» y «división». El 4 es el número maldito dentro de la cultura china: se cree que atrae la peor de las suertes debido a que se pronuncia casi de una manera idéntica a la palabra muerte. El número 4 no aparece en la mayor parte de los edificios; ninguna planta utilizará este número, pues los locales o viviendas que ahí estuvieran ubicados tendrían que tener un precio mucho más económico que los del resto del edificio para que alguien se decidiera a comprarlo y pasar por alto la enorme superstición negativa que genera este número. El número 5 está relacionado con los cinco elementos de la filosofía china y con la divinidad del emperador; es un número con características místicas y positivas. El 6 resulta muy propicio para todo aquello que tenga que ver con negocios y actividades comerciales debido a que se pronuncia de forma muy similar a la expresión buena fortuna. El número 7 tiene varios significados en China: para las parejas y las relaciones amorosas es un número de buena suerte al pronunciarse casi igual que la palabra par; pero si tiene que ver con fechas no es un número de buena suerte, pues el séptimo mes, julio, es tradicionalmente el de los fantasmas. Para los chinos que hablan cantonés tampoco es un buen número debido a que se pronuncia de manera similar a un término vulgar para referirse al pene. **El 8 es el número por excelencia de la buena suerte** en China debido a que su sonido se asemeja al término prosperidad. La superstición con respecto al 8 no tiene límite y afecta a todos los aspectos de la vida. La gente paga fortunas por utilizar el máximo número de ochos en las matrículas de sus vehículos, revende los números de teléfono que contengan más ochos o los precios de viviendas y locales comerciales se multiplican si están en una planta cuyo número contenga el 8. Las líneas aéreas internacionales han tomado en cuenta esta vigente superstición y la mayoría utilizan este número para el código de sus vuelos a China: KL888 (la ruta de KLM entre Hong Kong y Ámsterdam), AC88 (los vuelos de Air Canada entre Shanghái y Toronto) y decenas más de rutas. La superstición acerca del número 8 también afecta a las empresas y sus principales decisiones comerciales, como establecer los precios de sus productos que normalmente terminan en 8 u 88. O a la Administración pública: los Juegos Olímpicos del verano de 2008 en Pekín se inauguraron el día 8/8/2008 a las 20:08h 8m y 8s. El número 9 estaba reservado en China al emperador y la mitología de sus nueve dragones y nueve hijos. Es un número de buena suerte para todo lo que tiene que ver con la Administración pública. También es propicio para la celebración de bodas porque se pronuncia de una manera parecida a la expresión gran duración. En la superstición china los números se combinan con su pronunciación para formar frases similares a otras de la vida corriente dando así un significado simbólico, positivo o negativo, a algunas fechas o grandes cifras. El número 748, que sería positivo por contar con un 8 al final, es un número de gran superstición negativa, puesto que al decirlo suena casi idéntico a la frase «¡vete a morir!». El número 520 se lee como «te amo» y ha llevado a que el día de los enamorados en China se celebre el 20/5.

Los números han ido adquiriendo un significado genérico simbólico, pese a las especificidades de las culturas y tradiciones, **en el mundo cultural occidental**. El número 1 es considerado de buena suerte porque es indivisible y si se multiplica por sí mismo se mantiene igual. Está relacionado con el 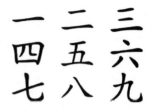 intelecto, con el Sol como origen de la vida y con la pureza de lo que no ha sido mezclado. El número 2 es propicio para actividades que requieran contención y mesura. Atrae la buena suerte al encontrar el equilibro entre los pares opuestos: el bien y el mal, Dios y el demonio, el día y la noche, la luz y la oscuridad... La superstición también dice que en materia de salud es mejor el 2 que el 3, puesto que una persona sana y joven anda sobre dos pies, pero una persona enferma o de edad avanzada necesita la ayuda de un bastón como si de un tercer pie se tratara. El 3 se ha considerado místico y Pitágoras lo consideró el número perfecto. Está relacionado con la esencia de la vida, con la continuación de la especie, porque se dice que, cuando dos personas se unen, de su amor surge una tercera. También es considerado un número de buena suerte en la tradición cristiana, que lo asocia con la Santísima Trinidad, y en la cultura de la India, cuya filosofía habla de los tres mundos del cielo. El 4 es considerado desde la antigüedad un número que atrae la buena suerte al estar relacionado con los dioses y sus nombres. Las deidades principales de un gran número de culturas han tenido nombres de cuatro letras, como el Amón egipcio, el Zeus griego o más adelante el dios cristiano, que en latín se denomina *Deus*, en francés *Dieu* y en alemán *Gott*. El 4 también simboliza algunos de los grupos místicos más importantes de las tradiciones filosóficas y religiosas, como los cuatro elementos que componen el mundo, los puntos cardinales, los cuatro evangelistas o los cuatro palos de las cartas del tarot. El 5 ha sido utilizado en las puertas de las casas desde los tiempos del antiguo Egipto y la Grecia clásica para ahuyentar a los malos espíritus. En las cuentas de numerología, además, se sitúa en el medio de la serie mágica del 1 al 9 que se utiliza para realizar los cálculos esotéricos. El 5 también es esencial en un amuleto muy conocido alrededor del mundo, la estrella de cinco puntas. El 6 tiene un valor simbólico algo dividido: para los hebreos y los judíos en general es parte esencial de su símbolo nacional, la estrella de David, que se forma con dos triángulos y tiene seis puntas. Pero también hay que tener en cuenta que **el 666** es el símbolo del demonio en la tradición esotérica cristiana, la señal que lo descubrirá y el anagrama que utilizan todos aquellos que le siguen. En otras partes del mundo es símbolo de claridad intelectual y de armonía debido a que un cubo tridimensional tiene seis caras. El 7 ha sido siempre un número especial de buenos augurios. Al ser indivisible y no estar relacionado con los otros números del 1 al 9 ha atraído la atención y fascinación de los numérologos durante siglos. Siete son también algunos de los principales grupos más importantes de la astrología, la religión o la mística: Dios creó el mundo en siete días, siete eran los planetas conocidos en la antigüedad, hay siete virtudes infusas y siete son los pecados capitales... La numerología indica que si la suma de la fecha de nacimiento de una persona es divisible entre siete es signo de buena suerte. El número 8 ni atrae ni ahuyenta la mala suerte, pero tiene un profundo significado místico. Es símbolo de la resurrección porque la tradición cree que, después de seis días de creación y uno de descanso, el octavo día significa la vida eterna. El 8 también es sinónimo

de supervivencia porque ocho fueron las personas salvadas en el Arca de Noé. El 9 es un número de la suerte. Se obtiene de multiplicar por sí mismo el número 3, también de la suerte, y para la numerología tiene la extraña cualidad de que no importa por qué número sea multiplicado que la suma final del resultado hasta reducirlo a una sola cifra siempre será nueve. Es también un símbolo de vida porque es el tiempo de duración de un embarazo.

El número 13 se ha convertido en símbolo internacional de la mala suerte. La superstición tiene sus raíces en la Última Cena recogida en los Evangelios. Allí se dieron cita ese número de comensales y el festín terminó con Judas Iscariote entregando a Jesús a las autoridades y cometiendo suicidio. Desde entonces este número hace referencia a Judas y la gran traición que cometió. La superstición actual que señala el 13 como un número que atrae la mala suerte comenzó a extenderse a todos los ámbitos de la vida en la Inglaterra del siglo XIX. Desde aquel momento el 13 comenzó a ser eliminado de la mayor parte de los aspectos de la vida diaria: se retiró la planta 13.ª de los edificios, las personas cambiaban el número de su vivienda del 13 al 12bis, dejaron de comprarse billetes de lotería que lo contuvieran, tampoco se organizaban fiestas con ese número de invitados, pues la superstición indica que una desgracia ocurrirá al que se siente en último lugar. Los días del mes con este número no son propicios para iniciar nuevas actividades, pero si además esta jornada cae en un viernes o un martes se convierte en uno de los días menos propicios del año y en símbolo de inmensa mala suerte.

Los italianos y otros países del entorno mediterráneo llevan siglos teniendo al **número 17** como la máxima expresión de la mala suerte. Se cree que esta superstición viene de la escuela pitagórica en la que los números 16 y 18 eran considerados los más perfectos de esa serie, mientras el 17, que se encontraba en medio, adquirió un sentido negativo. Más tarde, durante la época romana en las tumbas se ponía el acrónimo en latín de «estoy muerto», que era *VIXI*, cuyo anagrama es «XVII», el 17 en números romanos.

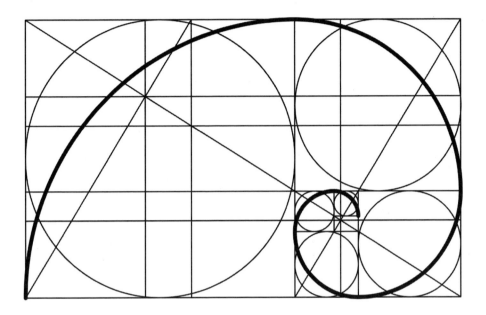

Las palabras y el control del bien y del mal

Las palabras, por vía oral o escrita, son el medio de comunicación fundamental entre los seres humanos. Si bien los *Homo sapiens* fueron gradualmente desarrollando la capacidad de generar sonidos según evolucionaban su físico y su cerebro, los actuales estudios antropológicos sitúan en un punto indeterminado hace más de 50 000 años la aparición del habla como una forma de comunicación más elaborada. Durante miles y miles de años la lengua oral tuvo el monopolio de la comunicación humana. Hacia el año 7000 a. C. se dieron en la región de Mesopotamia los primeros pasos conocidos para crear un lenguaje escrito, dando inicio a la historia como tal. Desde entonces ambos sistemas convivieron, se complementaron y se desarrollaron. Desde hace miles de años la palabra había servido para rogar en oraciones, maldecir a los enemigos, bendecir a los seres queridos y realizar ritos que conectaran al ser humano con el mundo que no se percibe a simple vista. Pero la escritura no se extendió entre todos los estratos sociales como un medio de comunicación durante varios milenios más. No fue hasta el siglo XVII y de manera contundente durante el siglo XX cuando la alfabetización llevó la lectura y la escritura hasta casi la totalidad de los niños del mundo. Esta diferenciación tan enorme entre la gente que podía hablar y la que podía leer y escribir otorgó durante siglos a la palabra escrita un poder asociado a la intelectualidad, a la posesión de un saber más elevado y por ende más cercano a las fuerzas ocultas que rigen el mundo. Las personas alfabetizadas podían tener acceso al conocimiento almacenado en escritos, libros y otros soportes, eran capaces de entenderlo y de dejar constancia de su pensamiento para la posteridad. Los que pudieron acceder a esta capacitación empezaron a dedicarse a tareas como el servicio civil de gobierno, las labores intelectuales y humanísticas y en especial comenzaron a formar la casta sacerdotal común a todas las religiones y culturas, teniendo la práctica totalidad del monopolio de la interacción con los dioses y la divinidad. Esta situación hizo que se creara un gran número de supersticiones basadas en la palabra, en su significado directo o en las cosas que se podían llegar a ocultar con las letras y cuyo conocimiento solo era apto para los iniciados en la materia.

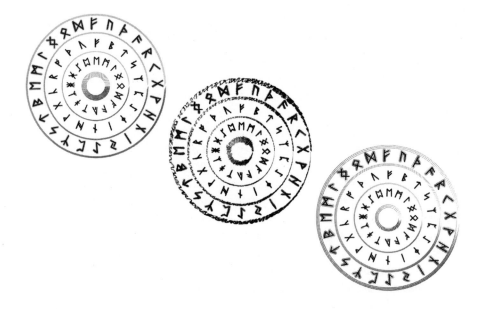

Las bendiciones, la tradición para extender el bien

Las bendiciones son aquellas palabras que implican un deseo benigno hacia quien se dirigen. Imparten una gracia, una santidad, una redención espiritual o la voluntad divina para extender el bien y sus frutos a quien las recibe. El término actual está influido por el vocablo latino y por la extensión de las culturas relacionadas con la tradición judeocristiana, pero tiene réplica en la mayor parte de los pueblos y las religiones a lo largo de la historia. El germen de la bendición surge en el seno de las familias en las que la perduración de la especie, el apellido, la dinastía y la conservación del legado material se veían como la función más importante que había que realizar durante una vida. Así, al llegar la muerte del patriarca, aquel que gobernaba la familia, este procedía a decir unas palabras para aquellos familiares que le sobrevivían llenas de buenos deseos e indicaciones sabias atesoradas durante toda su existencia. De su origen ya se advierte que la persona que las realiza tiene un reconocimiento de liderazgo por parte de las personas que las reciben. La llegada de las religiones regladas y la organización de las comunidades en liderazgos, monarquías o sagas ligadas a la divinidad extendieron esta función hacia la casta sacerdotal y los líderes políticos que gobernaban cada pueblo. Las bendiciones pasaron a utilizarse en incontables ocasiones: cuando se recibía una encomienda, cuando se celebraba una festividad concreta, como rito de paso a lo largo de la vida y ante los retos que de la propia existencia se derivaran. El establecimiento de las religiones trajo la **unión entre las bendiciones y la divinidad** correspondiente. Al realizar una bendición se hacía un reconocimiento explícito de la existencia de lo divino, se profesaba una determinada fe y se señalaba a una divinidad como la que en realidad otorgaba la gracia. Bendecir se convirtió en sinónimo de **recibir el favor de los dioses**. Con este paso no solo se transmitía un buen deseo de una persona a otra, sino que al hacer partícipe de la bendición a una determinada deidad surge la superstición sobre la manera en la que debe ser realizada, las circunstancias propicias para ello y los ritos que se han de llevar a cabo para que el dios correspondiente se dé por enterado. La existencia de un clero reglado y la idea supersticiosa de que la bendición o su solicitud debía ser realizada de una manera concreta, acompañada o no de un ritual, con unas palabras exactas, dieron origen a

las oraciones. Estas se componen de una estructura fija, con unas palabras determinadas, en la mayoría de las ocasiones ya codificadas en un texto, y aprobadas por la autoridad religiosa para que sea más seguro que la divinidad escuche el ruego y que este sea atendido. Las oraciones suelen iniciarse con un reconocimiento de la divinidad, el santo o el intercesor al que se dirigen. Se acompañan de una loa a su bondad o se manifiesta el temor que impone por su naturaleza divina y su ilimitado poder. Continúan con un reconocimiento de la naturaleza humana de quien la realiza a modo de humildad ante quien se solicita ayuda. Y suelen terminar con un ruego en forma de bendición o de petición explícita de una gracia concreta. Esta estructura básica de oración se repite en la práctica totalidad de las religiones del mundo, lo que pone de manifiesto el mismo origen supersticioso de la interacción y ruego ante la divinidad, que tiene sus raíces en los primeros tiempos de la propia especie humana.

En **la tradición judaica** las bendiciones han de recitarse en un momento predeterminado de la oración o de la ceremonia o ritual que se esté llevando a cabo. En esta religión la principal función de la bendición es certificar que es Dios la fuente de este poder. En el cristianismo las bendiciones aparecen también reflejadas en el Nuevo Testamento y según avanzó la formación de las diferentes iglesias cristianas las bendiciones formales quedaron asociadas de manera mayoritaria al clero y relacionadas con un ritual o culto determinado. **Los cristianos** siguen bendiciendo como una expresión de júbilo y cariño hacia otras personas y también con un más claro sentir supersticioso con el fin de **atraer la buena suerte** hacia la persona a la que se dirige la bendición. Los cristianos han bendecido personas, animales, objetos, incluso armas antes de una guerra religiosa y lugares de todo tipo para que la buena suerte los acompañara.

En **el islam** las bendiciones tienen una doble condición. Son recibidas por la gracia de Dios y son herramientas para que en la vida terrenal uno profundice en su espiritualidad y mejore su comportamiento para acercarse a Dios. Pero también pueden transformarse en maldiciones en la vida eterna si estas no fueron aprovechadas para hacer el bien durante la vida mortal. En esta religión las bendiciones son más habituales entre los creyentes no clérigos y se realizan a diario al recibir y despedir a alguien para que Dios le acompañe, guíe y atraiga el bien.

En **el hinduismo** las bendiciones se realizan siguiendo un elaborado ritual y están relacionadas directamente con la divinidad. Para llamar la atención de un dios, y después de recibir sus gracias para uno mismo, otras personas, objetos o animales, el que inicia el ritual debe hacer una ofrenda ante el dios, el gurú o sus mayores, que la recibirán y corresponderán al oferente transmitiendo la bendición del dios. Es una **tradición supersticiosa** común tocar los pies, habitualmente arrodillándose, de un gurú o de una persona mayor venerable. Con ese gesto se reconoce su autoridad, su conexión con la divinidad, y se solicita recibir la bendición del dios en cuestión. Los hindúes practican elaborados ritos de bendición de objetos. Entre los más comunes está el *Vahan Puja*, que se utiliza para bendecir un vehículo después de su compra. En el budismo su fundador ya indicaba que las bendiciones son toda sana intención personal que persiga alcanzar, desde el mundo material, una meta espiritual.

En **el budismo** los fieles ordenados, monjes y monjas, son los principales proveedores de bendiciones debido a que acumulan una gran fuerza espiritual derivada de su propio linaje y de la práctica de la meditación y el seguimiento del camino a la iluminación marcado por Buda.

Hoy en día las bendiciones se han insertado en la vida cotidiana de las diferentes culturas de una manera que comenzó siendo religiosa, avanzó como supersticiosa y finalmente se ha asentado como costumbre cultural. En América Latina es común al tener una conversación solicitar a la persona mayor que se encuentre presente, padres, madres, abuelos…, su bendición para dar por finalizada la charla. También en todo el mundo latino está extendida la frase «Vaya con Dios» a modo de despedida común. En interacciones comerciales, ante la compra de un bien, es habitual que la persona vendedora indique al comprador: «Espero que lo disfrute», una cortesía que tiene su origen en las bendiciones y supersticiones relacionadas con los objetos.

Las maldiciones, la fuerza oscura de las palabras

Las maldiciones son la otra cara de la moneda que complementa el significado de las bendiciones. Para gran parte de las religiones y filosofías místicas, el bien y el mal se complementan, son inseparables, y se necesita un equilibrio entre ellos para conseguir una visión de la totalidad de las fuerzas que rigen el universo. Las maldiciones aparecieron en el mundo ligadas a la magia, la religión y como método de defensa contra los enemigos, de castigo al que incumpliera las normas de la comunidad y de búsqueda de una ayuda para, perjudicando a un tercero, obtener un logro para uno mismo.

La magia siempre ha sido una de las principales formas en que el ser humano se relaciona con lo desconocido. Magia blanca y magia negra son las dos caras de la misma moneda en la medida en que la blanca sirve para protegerse de la negra.

Fueron las primeras civilizaciones las que dieron a la magia una forma más organizada. En el antiguo Egipto, una de las diosas más veneradas fue Isis, la esposa de Osiris, que era considerada una gran maga con poderes suficientes como para resucitar a los muertos o engañar al propio Ra, dios del Sol. Los sacerdotes egipcios practicaban la magia de forma rutinaria, fabricando amuletos y lanzando conjuros que debían proteger las tumbas de los reyes para toda la eternidad. Entre **las primeras maldiciones** de las que nos han llegado restos se encuentran las que utilizaban los egipcios en sus tumbas para evitar que nadie las profanara y perturbara el paso del alma del difunto a la vida eterna. En alguna de ellas se puede leer: «Quien haga algo malo contra nosotros o destruya esta tumba sea comido por los cocodrilos, hipopótamos, leones, serpientes y escorpiones». Pero en la vida diaria de los egipcios también existían las llamadas «maldiciones obscenas», que podían ser emitidas por cualquiera, desde el faraón hasta el pueblo llano. Estaban indicadas para evitar que algunas personas hicieran algo contrario a la ley o a lo establecido por el que lanzaba la maldición. Podían ser cosas tan banales como maldecir a quien entrara en una casa sin ser invitado, a quien robara algo de un taller o a los herederos de un difunto que hubiera donado tierras para un templo y no cumplieran la voluntad del finado. Las maldiciones se realizaban comúnmente en estelas de piedra que se situaban en un lugar óptimo para ser vistas y evitar que ocurriera algo en concreto.

En Mesopotamia, la magia era un elemento más del día a día de las personas. Tenía una doble función: la de defenderse de los demonios que traían desgracias, mala suerte y calamidades y la de controlar a estos hacedores del mal para dirigirlos contra otra persona. Para los antiguos mesopotámicos no había una diferencia entre tipos de magia, sino que se ponía el énfasis en la intención con la que se realizaba. Si se trataba de un hechizo de protección, este se realizaba en público, ante los dioses o ante la familia para que todo el mundo supiera que una persona se había puesto a sí misma, su familia o sus bienes bajo el aura protectora que evitaría la llegada de los demonios. Por el contrario, si lo que se buscaba era enviar a los demonios y sus catastróficas consecuencias contra otra persona, el ritual se hacía en secreto, puesto que las maldiciones, aunque se utilizaran, estaban castigadas por la ley. Desde entonces bendiciones y maldiciones fueron desarrollando una serie de rituales que, según las diferentes culturas y religiones, se fueron haciendo cada vez más complejas. En especial cuando estas se derivaban de una religión establecida en la que el chamán, sacerdote o sacerdotisa, bruja o intermediario de las fuerzas ocultas fueron adquiriendo mayor reconocimiento social de sus poderes. Como se ha visto, las bendiciones derivaron en oraciones insertas en los principales cultos y las maldiciones dieron lugar a incontables hechizos o encantamientos que perseguían intervenir en la voluntad de un tercero para, en última instancia, conseguir un beneficio propio.

Entre los **griegos y los romanos**, las maldiciones eran una más de las acciones religiosas que se realizaban ante eventos del día a día. En Grecia, desde los tiempos más antiguos existía un cuerpo clerical a cuyos miembros se denominaba *areteos*, que se dedicaban de manera profesional a la maldición. Estos sacerdotes asesoraban sobre la deidad a la que se debía invocar, el modo de realización, ya fuera sobre tablilla o de manera oral, y el momento en el que debía formularse la maldición. En muchas ocasiones ellos mismo proferían la maldición en el lugar adecuado. Entre los romanos se extendió el uso de unas tablillas, generalmente de plomo, sobre las que se escribían el nombre de la persona a la que se quería maldecir, el objeto de la maldición y la deidad a la que se rogaba que cumpliera con ella. Estas tablillas se deslizaban en la casa de la persona a la que se maldecía, se entregaban en los templos o se escondían en lugares como manantiales, fuentes o lagos sagrados. **La temática de las maldiciones** era muy variada. Por ejemplo, mientras en Egipto versaban sobre la propiedad y las últimas voluntades, la evolucionada sociedad romana recurría a ellas para dirimir temas amorosos, infidelidades, robos, herencias, hijos ilegítimos, vecinos molestos, animales salvajes...

Los celtas fueron otro de los pueblos que desarrollaron una larga tradición de maldiciones que todavía perduran, como **las maldiciones de piedra**, que se dirigían contra una persona: se tomaba una piedra y se giraba tres veces mientras se decía el nombre del maldecido; al terminar se lanzaba al campo. Por su parte, las maldiciones de huevos tenían que ver con las disputas sobre cuestiones del campo. Así, para hacer que un terreno fuera poco fértil se escondía un huevo bajo tierra y quedaba maldito. La tradición celta también es la originaria de las **maldiciones de año nuevo**, que se hacían para traer mala suerte a una persona. Para llevarla a cabo había que robar un objeto de su casa el día de año nuevo y mantenerlo oculto. La maldición solo se rompía si la persona recuperaba ese objeto.

Todo este poso supersticioso sobrevivió a la llegada del cristianismo bajo la forma de tradiciones y leyendas orales, de manera que cuando la nueva religión señaló a las brujas como enemigas de la fe se basó en gran medida en la figura deformada de las antiguas sacerdotisas paganas.

En la tradición judeocristiana se encuentran también varios ejemplos de magia y brujería asociados a las maldiciones. En el Primer Libro de Samuel se narra el episodio de la pitonisa de Endor. Después de la muerte de este profeta, en los tiempos en que Saúl era rey de Israel, los filisteos habían concentrado sus tropas para atacar a los judíos. El monarca tuvo miedo y consultó a Yavé para averiguar qué debía hacer, pero este no le contestaba ni por medio de los sueños ni de los profetas.

Entonces decidió consultar con su difunto maestro, aunque se encontró con un problema: él mismo había hecho expulsar a todos los adivinos del territorio de Israel. A pesar de todo, Saúl convocó a sus seguidores y les ordenó que buscaran a una nigromante que pudiera ayudarles y estos le indicaron que allí mismo, en Endor, había una pitonisa de excelente reputación. El rey fue a visitarla y le pidió que invocase a un muerto, pero la pitonisa, sin reconocerle, le repuso que el rey Saúl había prohibido la nigromancia en todo Israel. Sin embargo, Saúl insistió prometiéndole que no le ocurriría nada malo. La mujer procedió con su ritual, y al poco tiempo lanzó un grito y se encaró con su cliente, al que había reconocido como el mismísimo monarca. Según la Biblia, Saúl perdió el favor de Yavé y resultó maldito de forma que los filisteos ganaron la guerra, el propio Saúl y sus hijos murieron y David se convirtió en el nuevo rey de Israel.

El Antiguo Testamento contiene **múltiples referencias a las maldiciones**, en especial en el Pentateuco. La primera de ellas se realiza contra Adán y Eva y la humanidad que los seguiría, pero entre las más famosas está la de las plagas de Egipto con las que Moisés, en nombre de Dios, amenazó al faraón para que dejara salir a su pueblo en busca de la Tierra Prometida.

El mal de ojo, la maldición más extendida en el mundo

Hoy en día siguen vigentes una serie de maldiciones que han perdurado y evolucionado a lo largo de la historia y que, con una característica más supersticiosa que mágica, siguen realizándose en muy variadas ocasiones. El mal de ojo puede ser la maldición más famosa de la historia y se estima que más de un 40% de la población mundial cree en su existencia. **Su origen** no está del todo claro, aunque se han encontrado escritos hablando de esta maldición y restos arqueológicos en los que el nazar, el amuleto redondo con un ojo pintado en blanco y tonos azuleles, ya aparecía en copas, en enterramientos y en pinturas. Algunos estudios lo relacionan con el ojo de Horus, un amuleto egipcio que servía para atraer la riqueza, el bienestar y la prosperidad, pero, si este fue su origen, el uso fue cambiando hasta convertirse únicamente en una protección contra la maldición del mal de ojo. Los primeros textos que recogen el poder de esta maldición hacen referencia a la destrucción de la ciudad de Ugarit, en la actual Siria, en el año 1250 a. C., por lo que la tradición ya debía de estar bien asentada en toda la región oriental del Mediterráneo. Más de un centenar de textos de los principales autores clásicos griegos tratan sobre esta maldición. Plutarco la describía como unos rayos mortales que salían del ojo de quien la pronunciaba y se fijaban como dardos envenenados sobre la persona que la recibía. La tradición se extendió también a la cultura romana y Plinio el Viejo (23-79) reconocía la habilidad de algunos encantadores provenientes de las provincias de África que con solo una mirada podían dominar y hasta matar a aquellos a los que señalaran sus ojos.

Las tres principales religiones monoteístas también han recogido en sus tradiciones el peligro de la maldición del mal de ojo. El judaísmo rabínico ha identificado el mal de ojo o cómo evitarlo en algunos de los estudios sobre el Talmud. Se cree que los hijos de Jacob se cubrían, trataban de pasar desapercibidos e incluso utilizaban diferentes puertas de las que usaban los egipcios para evitar el mal de ojo. Los judíos han desarrollado un gran número de rituales supersticiosos centrados en evitar ser objeto de la maldición. Muchos judíos piensan que el principal factor para ser objeto del mal del ojo es la envidia que la familia, la felicidad o las posesiones materiales puedan despertar en otra persona. Por ello sus rituales se centran en la práctica de la humildad. Todavía hoy muchos judíos practicantes evitan hablar de lo orgullosos que están de su familia, de su éxito laboral o de la prosperidad de sus negocios y cuando lo hacen terminan siempre su explicación con la expresión *kein eina hara*, que se traduce como «sin mal de ojo». También los judíos adoptaron la costumbre romana de escupir tres veces al suelo para alejar el mal de ojo. Entre los **amuletos judíos** contra esta maldición se encuentra la banda de tela sobre la que cuelgan unas monedas y que se impone a los niños durante la ceremonia de la circuncisión.

Para los cristianos el mal de ojo estaba directamente relacionado con Satanás, con el poder que una persona que se había entregado al mal podía desplegar para doblegar la voluntad de otro o interferir en su bienestar. Durante toda la Edad Media las personas que sufrían una extraña enfermedad, que se sentían débiles o algo desorientadas creían estar bajo el influjo del mal de ojo lanzado por alguna bruja. En el mundo cristiano europeo los amuletos orientales fueron sustituidos por **la cruz, las reliquias de los santos y el uso del agua bendita** para llevar a cabo rituales de protección. De esta época surge la tradición de santiguarse tres veces tras presenciar cualquier hecho que parezca estar relacionado con el maligno para evitar así entrar en contacto con cualquier maldición. La tradición católica mantiene que el mal de ojo es una superstición de origen pagano que no encuentra cobijo entre sus creencias, pero sí advierte contra el uso de maldiciones, que tras la invocación del demonio pueden hacer que sus fuerzas posean a alguna persona. Para contrarrestar esta posible intervención del demonio propone la invocación de Dios, la oración y portar una cruz consagrada.

En el islam se pueden encontrar algunas referencias veladas a esta maldición en el Corán cuando dice: «Los infieles casi os hacen dormir con sus miradas» (68:51). Para los musulmanes el origen de esta maldición es la envidia humana: cuando alguien es poseído por este sentimiento, se activa en él un poder interior que puede llevarle a causar daño a otras personas y no siempre de manera consciente. Por esta razón se encuentra muy extendido el uso de amuletos para evitar ser víctima de esta maldición. Estas tres religiones, en especial en la zona oriental del Mediterráneo, comparten un amuleto común denominado hamsa, que se analiza con detalle en el capítulo dedicado a los objetos, los amuletos y sus supersticiones.

En la actualidad **en la India** se practica la protección contra el mal de ojo en los bebés poniendo en su frente un *tilaka,* un pequeño círculo negro que tiene por objeto simular un tercer ojo y distraer así la mirada de quien pretenda maldecir a los pequeños.

En el Caribe, especialmente en el de habla francesa, el mal de ojo se denomina *maljo,* que proviene del francés *mal yeux*. Se dice que sus víctimas son las personas que padecen largas enfermedades, rachas de mala suerte y aquellas que sufren prolongadas temporadas por amor.

Quien envía esta maldición suele ser una persona envidiosa que fija su mirada sobre la víctima especialmente cuando está comiendo, ya que tener la boca abierta es símbolo de desprotección. Para los creyentes en esta superstición la protección y la cura del *majo* no se encuentran en la medicina, sino que se han de practicar una serie de rituales, tales como llevar prendas o accesorios azules que espantan el mal de ojo, incluyendo el uso de jabones de este color durante la higiene diaria.

En Brasil el mal de ojo tiene una estrecha relación con los jardines y las plantas domésticas. Se cree que la frondosidad, belleza y buen estado de las plantas de una casa representan la armonía, felicidad y prosperidad de ese hogar. Por esta razón, cuando alguna de las plantas comienza a mostrar signos de debilidad, a perder hojas o a estropearse sin que haya mediado una plaga u otro hecho racional, se piensa que alguien que visitó el hogar sintió envidia de esa familia y maldijo su jardín. Para contrarrestar el mal de ojo se sitúan en los jardines o junto a las plantas de interior especies con una cierta toxicidad que combatan esta maldición.

Las plantas defensivas se suelen disponer en la entrada de la casa o en puntos específicos del jardín. Entre las más utilizadas están las del género *dieffenbachia* que se denomina en Brasil «conmigo nadie puede» y la espada de San Jorge o *sansevieria trifasciata*, que adorna la mayor parte de los espacios exteriores del país. Si por falta de espacio no se pudieran colocar las grandes plantas de exterior, también existe la opción de plantar en una maceta las llamadas «siete hierbas», que incluyen pimienta, albahaca, salvia, ruda..., y que no deben utilizarse para consumo humano.

En otros países de **América Latina** las tradiciones se han desarrollado de manera particular. En Chile se habla de las miradas pesadas de adultos envidiosos sobre los recién nacidos y la felicidad que traen a una familia, y para proteger a los pequeños se les cuelga del cuello una cinta roja con una medalla del santo o de la Virgen con mayor devoción de la zona. También se les lleva a una persona mayor, normalmente abuela, tía, es decir, una matriarca familiar, para que les santigüe como gesto de protección. En Venezuela es costumbre preparar el cordón umbilical de un recién nacido como amuleto. Una vez desprendido del ombligo del bebé, se entrega a un curandero, que lo coloca dentro de un saquito rojo que se cuelga de la cuna del bebé. En Centroamérica se llama ojeo al mal de ojo contra los bebés. Para curarlo se solía pasar el cordón umbilical tres veces por los ojos del recién nacido, antes de que los abriera, para darle protección para toda su vida. En la actualidad se acostumbra a guardar el cordón umbilical y a proteger al bebé con alguna ropa usada por su padre para transmitirle la fuerza de la que el pequeño carece.

Magia, brujas y hechiceros, mitología, simbolismo y superstición

En la antigüedad clásica se creía también en la existencia de hechiceras, llamadas **maleficae**, que supuestamente tenían el poder de volar y provocar la desdicha de sus enemigos. Estos personajes se inspiraban en dos figuras mitológicas muy conocidas: Hécate y Medea. Hécate había sido en realidad una sacerdotisa extranjera que se suicidó y por algún misterioso motivo fue resucitada y convertida en inmortal por Artemisa. Desde ese momento, se transformó en una suerte de diosa vengadora de las mujeres heridas. Por otro lado, se hizo común la costumbre de poner en las puertas y umbrales imágenes de Hécate para alejar a los malos espíritus. Por esta tradición, se acabó atribuyendo a Hécate el papel de reina de los fantasmas y regente del umbral que separa la vida de la muerte.

En cuanto a Medea, aparece por primera vez en la leyenda de los argonautas ayudando con su magia a Jasón a conseguir el vellocino de oro. Más tarde, será la mortal enemiga de Teseo, al que percibe como una amenaza para los derechos sucesorios de su propio hijo. Ella era la personificación de la mujer con poderes ocultos, experta en filtros y pociones que no dudaba en utilizar para castigar a sus enemigos y conseguir sus oscuros fines.

Gran parte de la tradición recibida por **las brujas europeas** de la Edad Media y Moderna viene de las antiguas leyendas celtas. En el mundo celta no existían las brujas y brujos como tales, pero sus figuras religiosas, los druidas y las sacerdotisas, tenían una importante carga mágica. Casi con toda seguridad, la hechicera medieval y moderna es en gran medida heredera de la sacerdotisa celta, que invocaba a las diosas de la naturaleza, curaba enfermedades y en general predicaba y practicaba una sexualidad mucho más libre que la que impondría después el cristianismo.

Las leyendas celtas también están repletas de magos y brujas. En el ciclo de Finn, que se centra en la historia mitológica de Irlanda, aparece el hada del fuego Aillen, que durmió a los habitantes de la corte de Tara con su música, incendiando después el palacio hasta sus cimientos, sin que nadie fuera capaz de impedirlo. De esta tradición proviene también la figura del famoso mago Merlín, que fue modelo para los hechiceros de todo el Medievo. O la figura de Morgana, la hermana del rey Arturo y sacerdotisa de Ávalon, que fue retratada como una pérfida hechicera, pero también como una mujer sabia y como guardiana de los antiguos misterios.

En cuanto a las brujas, desarrollaron la forma en que actualmente se las imagina entre la Edad Media y la Moderna. Es la llamada **Edad de la Brujas**, cuando fueron más numerosas y tuvieron un mayor impacto social, especialmente en Europa y en las colonias americanas. Este momento de mayor resonancia no puede explicarse sin la influencia que la expansión del cristianismo ejerció sobre la brujería primitiva, a la que dotó de un significado y una posición social de mayor enfrentamiento con el pensamiento aceptado por el común de las gentes que poblaban la Europa de entonces.

El cristianismo trató siempre de presentar las religiones paganas como representaciones del mal. Los antiguos dioses se personificaban como demonios a los ojos del pueblo cristiano y las brujas, sacerdotisas y adoradoras de algunas de esas deidades, pasaron a ser consideradas servidoras del diablo. Ellas mismas, nacidas en el seno de una sociedad que las veía como tales, se convirtieron en adoradoras de Satanás, a cuyos ritos incorporaron. Lo que antes era práctica pública y admitida pasó a ser oculta y perseguida. Como consecuencia de ello, la legislación del Imperio romano, tras Constantino, tachó la práctica de la magia como idolátrica, llegando a condenar con la pena de muerte a cuantos celebraran sacrificios nocturnos e invocaciones a los demonios.

La astrología, la adivinación, la nigromancia, la elaboración de filtros y el uso de sortilegios y maleficios son algunas de las llamadas «artes mágicas» que se irán viendo en sucesivos capítulos. Al condenarlas, la brujería no solo quedaba fuera de la ley, sino que sus practicantes eran condenados a muerte en una sociedad que, en su mayor parte, creía en la magia y la hechicería, como demuestra la propia dureza de las condenas que se les imponían. La mayoría de las mujeres acusadas de brujería lo fueron por intereses personales de los acusadores. Con todo, el acusador debía apoyarse en la existencia de ciertos hechos que entonces se consideraban **las señales de brujería**. Así, se aseguraba que las hechiceras temían exageradamente al fuego porque en una vida anterior habían sido quemadas por brujas y todavía lo eran. Era también señal inequívoca de brujería un interés desmedido por lo mágico y las ciencias ocultas. Se daba por cierto que las brujas vestían de negro, morado o verde y su pelo era largo y negro. Solían, además, pintarse las uñas de negro y eran muy guapas o terriblemente feas, pero siempre muy blancas de tez. Se adornaban con joyas de plata y se perfumaban con incienso. Entonces, como ahora, se pensaba que había brujas malas y brujas buenas. Las buenas practicaban la magia blanca; las malas, la negra. Las hechiceras de magia blanca, que podían ser de cualquier raza, solo hacían hechizos beneficiosos, no cobraban por sus servicios, siempre se mostraban amigas de la gente y participaban activamente en todas las romerías y festividades populares, alegrando a los presentes con su carácter dicharachero. Las que realizaban magia negra, por el contrario, mostraban una enorme habilidad para localizar a las personas ofendidas o perjudicadas por un tercero y ofrecían su ayuda para llevar a cabo una venganza, pero siempre por dinero, ya que cobraban todos sus filtros y hechizos. Ellas mismas se delataban al ofrecer sus servicios a cuantos veían o creían ofendidos.

La superstición achaca a las brujas todo tipo de **poderes sobrenaturales**, entre los que destacaba el de volar, una característica que iba más allá de la Europa occidental: la Baba Yaga eslava volaba montada en un almirez y se dice que los hechiceros tibetanos tienen la capacidad de levitar. Existen **tres tipos de vuelo**. El primero de ellos consiste en volar con la ayuda de un objeto mágico. El motivo de las escobas o las simples varas de madera aparece ya a finales de Edad Media. El segundo tipo, semejante al de los hechiceros del Tíbet, otorga a las brujas el poder de volar por sí mismas. En general, se piensa que este tipo de vuelo no era físico, sino espiritual, como en el caso de los *benandanti*, de modo que quienes lo practicaban salían de su cuerpo en una suerte de viaje astral que les permitía llegar a cualquier parte del mundo en un instante. El tercer tipo de vuelo es el que pasa por la metamorfosis: la bruja tenía el poder de transformarse en un animal volador, como un búho o una urraca, y acudir bajo esa forma a donde quisiera. Un caso de adquisición de apariencia animal es el de Isobel Gowdie, un ama de casa escocesa acusada de brujería en 1662 que confesó su pecado sin necesidad de tortura y dejó como testimonio un hechizo que utilizaba para convertirse en liebre. Finalmente, existía un último concepto de vuelo, a medio camino entre el segundo y el tercer tipo, que otorgaba a las brujas la capacidad de salir de sus propios cuerpos y poseer el de un tercero, humano o animal, que utilizaban para volar. Así, el espíritu de la hechicera en cuestión se convertiría en jinete de aves como águilas o buitres. La superstición habla también de **un ungüento mágico** que preparaban las brujas para volar y que aplicaban tanto a sus escobas como a su piel desnuda. Existen varias recetas históricas para su preparación, pero todas ellas incluyen una base de grasa de animal a la que se añadían hierbas que se presuponían mágicas, como cicuta, belladona, acónito, beleño y en ocasiones amapola y otras sustancias alucinógenas. Todas estas plantas tienen efectos narcóticos muy poderosos e incluso algunas de ellas, como la cicuta, son directamente venenosas. Las brujas medievales y modernas se salvaban de la muerte porque no ingerían el producto, sino que se limitaban a aplicárselo sobre la piel, aunque recientes estudios han demostrado que los alcaloides que se obtienen de estas hierbas interactúan entre sí de un modo que suaviza su efecto. El resultado de aplicar estos filtros sobre la piel era entrar en un estado de embriaguez muy similar al trance, lo cual les permitía imaginar que volaban, que veían a Satanás o que tenían todo tipo de experiencias místicas y espirituales. Se cree que también los utilizaban en los aquelarres, lo que probablemente incrementaría su sensibilidad y produciría alucinaciones. Existen muchas otras supersticiones que acompañan a las brujas y en la actualidad su trabajo consiste en elaborar filtros y pociones, lanzar hechizos y confeccionar talismanes y amuletos.

El satanismo es un tipo especial de magia negra que parte de la existencia de un pacto con Satán por el que el brujo o la bruja venden su alma al demonio a cambio de poderes sobrenaturales y prosperidad material. Las supersticiones sobre el satanismo son extremadamente abundantes. La más famosa de ellas es la del número 666, que, según el Apocalipsis, es el número de la Bestia y se ha solido considerar una señal de presencia demoníaca. Ya en la Edad Media se creía que los lunares en zonas genitales eran marcas del *osculum infame* o «beso de Satán» y la existencia de un tercer pezón se veía también como una marca demoníaca. El pentáculo sagrado o estrella de cinco puntas es el símbolo satánico por excelencia, ya que se considera que puede utilizarse para invocar al demonio.

La creencia en las brujas como personas con poderes sobrenaturales y una inclinación hacia el mal ha existido desde siempre y sigue hoy presente en muchas sociedades. El célebre refrán gallego «no creo en las *meigas,* pero haberlas haylas» refleja esta superstición popular que en el pasado devino en auténticas masacres y cazas de brujas. En la actualidad, en neopaganismo, la wicca y otras corrientes esotéricas han hecho que muchas prácticas relacionadas con la brujería que habían caído en desuso hayan recobrado actualidad.

LOS OBJETOS

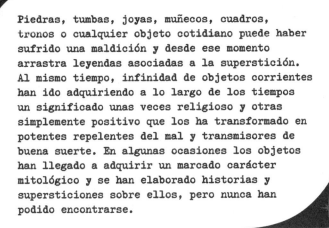

Piedras, tumbas, joyas, muñecos, cuadros, tronos o cualquier objeto cotidiano puede haber sufrido una maldición y desde ese momento arrastra leyendas asociadas a la superstición. Al mismo tiempo, infinidad de objetos corrientes han ido adquiriendo a lo largo de los tiempos un significado unas veces religioso y otras simplemente positivo que los ha transformado en potentes repelentes del mal y transmisores de buena suerte. En algunas ocasiones los objetos han llegado a adquirir un marcado carácter mitológico y se han elaborado historias y supersticiones sobre ellos, pero nunca han podido encontrarse.

Los objetos malditos más famosos de la historia

En la primera de las categorías anteriores se encuentran los objetos malditos que han ido apareciendo a lo largo de la historia y que, unas veces como piezas únicas y otras como una categoría, han alcanzado fama en una determinada cultura o pueblo por esconder potentes fuerzas negativas que atraían las desgracias. Un objeto maldito es una pieza inanimada que atrae cualquier tipo de daño hacia quien lo posee, desea o incluso toca después de haber recibido un maleficio por alguien con el suficiente poder como para llevarlo a cabo o que ha estado presente o ha sido parte fundamental de una gran tragedia de la que absorbió toda su energía negativa. Los objetos malditos son diferentes a los encantados o poseídos, porque en los segundos un ente maligno se ha hecho con el objeto, se guarece en él y lo ocupa. En cambio, los objetos malditos, según la tradición esotérica, son completamente inanimados.

Las piedras rúnicas nórdicas son una serie de rocas de gran tamaño encontradas en los campos de Dinamarca, Noruega y Suecia que contienen severas maldiciones inscritas en alfabeto rúnico. La más conocida de todas ella es la de Björketorp, que se encuentra en el campo en una región del sudeste de Suecia, junto al mar Báltico. Se trata de una pieza de más de cuatro metros de altura, tallada con forma de amplio bulbo en su base y una parte superior semejante a un cuello mucho más fino. La piedra tiene tallados varios textos en runas nórdicas. En su parte anterior contiene una única frase, que indica: «Yo predigo perdición», y en la parte posterior la siguiente maldición: «Yo, maestro de las runas, convoco aquí el poder de las runas. Incesantemente plagada de maldad, condenado a una muerte insidiosa aquel que rompa este monumento. Yo profetizo destrucción». El buen estado de conservación y la contundencia de la maldición han mantenido durante siglos a la gente alejada de esta piedra, que siempre ha sido tratada con cuidado generación tras generación ante el temor a que cumpla la maldición con la que fue creada. A escasos kilómetros se encontró en el año 1823 la piedra rúnica de Stentoften, rodeada de otras cinco piedras en forma de pentagrama y que contenía la misma inscripción. La piedra fue traslada al suelo consagrado de la iglesia de Sölvesborg para contener su fuerza maligna.

Las piedras han sido durante siglos el objeto favorito maldito para evitar que algo ocurriera y prevenir de una acción a quien fuera a realizarla. Una de las piedras malditas más famosas en la actualidad fue creada recién estrenado el siglo XXI en el Reino Unido, aunque su maldición se remonta cinco siglos atrás. Durante la Edad Media las peleas en la frontera entre Escocia e Inglaterra convirtieron aquel territorio en una zona sin ley en la que proliferaron todo tipo de maleantes y saqueadores que atacaban a los comerciantes, granjeros y propietarios de pequeñas tierras agrícolas en las zonas adyacentes. En el año 1525 el arzobispo de Glasgow decidió atajar de una manera un tanto inusual la situación y escribió una larga maldición de más de 1069 palabras que fue leída en todas las iglesias de la región. El texto maldecía a los saqueadores, cada parte de su cuerpo, les indicaba

que caerían sobre ellos todas las maldiciones existentes en la Biblia, que también eran detalladas en el escrito del prelado. La conocida como **Gran Maldición** también alcanzaba a las casas y posesiones de los delincuentes y se hacía extensiva a todos sus descendientes. En el año 2001 el artista Gordon Young fue el encargado para diseñar un monumento artístico que celebrara la llegada del nuevo milenio y que se situaría en Carlisle, en la frontera entre Inglaterra y Escocia. La pieza que diseñó y ejecutó fue una gran roca de granito redondeada de más de 14 toneladas de peso en la que grabó unas 383 palabras de la Gran Maldición de 1525 y que reposaba sobre un suelo con losas que llevaban grabadas los principales apellidos de los descendientes de los saqueadores, entre los que se encontraba el suyo propio. La pieza se inauguró para el público en el año 2003 y solo dos semanas después toda la región se vio afectada por una plaga de fiebre aftosa que acabó con más de la mitad de la cabaña, llevando a la ruina al potente tejido ganadero y cárnico de la zona. Apenas unos años después de la inauguración unas terribles inundaciones del río Eden causaron importantes daños en Carlisle. La opinión pública pronto empezó a hacer conjeturas y a relacionar todas estas calamidades con la obra artística de Young. Las autoridades locales intentaron buscar soluciones al problema, y aunque la preferida por los ciudadanos era el traslado de la obra, no se pudo realizar por motivos económicos. La solución que se tomó fue contrarrestar la maldición del objeto inscribiendo detrás de la pieza artística los versículos 8 y 9 de la carta de san Pablo a los filipenses a modo de contrahechizo.

Los libros fueron uno de los primeros objetos malditos en la antigüedad. Desde entonces, y durante siglos, se ha perpetuado la tradición de escribir una maldición al principio o al final de algunos de ellos. El más antiguo de los libros malditos que se conocen en la actualidad data del siglo vii a. C. y perteneció al rey asirio Asurbanipal (685-627 a. C.). En sus páginas se dice lo siguiente: «[...] A aquel que tome esta tablilla o escriba su nombre en ella junto a mi nombre que Ashur y Belit lo derroquen con ira y rabia, y que ellos destruyan su nombre para la posteridad en la Tierra». En este caso se trataba de una maldición para que ningún gobernante posterior hiciera destruir las tablillas en las que había quedado registrado el reinado del monarca y que su historia pudiera pasar a la posteridad. En la antigüedad era común que monarcas borraran todo rastro de algunos soberanos que los precedieron, eliminando su nombre de los palacios y templos, destruyendo o desfigurando sus imágenes, así como toda mención en las referencias históricas. Durante la Edad Media **las maldiciones de libros** se hicieron muy famosas debido al alto coste que tenía realizar artesanalmente cada uno

de ellos. El texto se solía incluir en el colofón y pedía que la justicia divina cayera sobre quien osara robarlo. Así, era común incluir palabras como estas: «Estimado amigo, no robes este libro, porque la horca puede ser tu fin. Y cuando tu mueras el Señor dirá: "¿Dónde está el libro que robaste?"».

La tradición de maldecir objetos con la intención de que nadie perturbe un determinado entorno se ha repetido en incontables ocasiones a lo largo de la historia. En esta categoría de objetos malditos se encuentra **la tumba de William Shakespeare** (1564-1616). Sus restos, junto con los de su mujer y su hija mayor, se encuentran en la iglesia de la Sagrada Trinidad junto al río Avon. Después de haber disfrutado de una vida de fama y éxito por sus magníficas obras teatrales y de gozar del amplio reconocimiento de sus contemporáneos, el escritor temió por el descanso eterno de sus restos mortales. Al parecer le horrorizaba la idea de que sus huesos fueran exhumados porque la iglesia fuera cambiada de lugar o que por fetichismo alguno de sus fanáticos seguidores quisiera hacerse con alguno de sus restos. El autor de tantos éxitos teatrales decidió componer un poema funerario que se inscribió en una placa sobre su tumba y que dice: «Estimado amigo, por el amor de Jesús abstente de cavar el polvo adjunto. Bendito aquel hombre que repare estas piedras y maldito sea aquel que mueva mis huesos». La maldición ha sido tomada muy en serio a lo largo de los siglos, por lo que hubo un gran revuelo social cuando en el año 2008 se iniciaron los trabajos de conservación y restauración de la tumba. Centenares de personas firmaron un manifiesto que pedía que se respetara la voluntad de Shakespeare para no poner en marcha su maldición de imprevisibles consecuencias.

El tesoro de los maoríes es otro de los conjuntos de objetos malditos cuyos efectos se han visto ya en el siglo xxi. En el año 2010 el Museo Nacional de Nueva Zelanda preparó una gran exposición de objetos y armas maoríes para difundir la cultura y el legado de este pueblo polinesio que llegó a aquellas islas hacia el siglo x. La exposición despertó el malestar y la protesta de un gran número de medios locales cuando se solicitó a las mujeres embarazadas o que estuvieran menstruando que no la visitaran. La dirección del centro adujo que se pedía este requisito para no romper las normas de la tradición maorí de los propietarios de las piezas que habían sido cedidas al museo. Tras una intensa polémica la prohibición se rebajó. Desde que finalizara la exposición se desataron en solo tres años una serie de desgracias sobre el museo. En un recuento de las piezas que se hizo en el año 2015 el museo vio que varias habían sido dañadas. En 2016 un problema con el sistema antiincendios inundó gran parte de las instalaciones y se estropeó un considerable número de piezas. A finales de ese mismo año un terremoto afectó al edificio y parte de su colección. Y en el año 2018 se descubrió que una de las joyas de la corona de la institución, la colección de huesos de ballena, estaba siendo deteriorada por un moho desconocido. Toda esta serie de acontecimientos afianzaron la superstición sobre la maldición de estos objetos.

Las armas han sido otra de las categorías de objetos malditos más reseñados a lo largo de la historia. Uno de los más famosos son **las espadas del gran herrero Sengo Muramasa**, que vivió en Japón en el siglo xvi. Sus espadas alcanzaron enorme fama por sus afiladas hojas, la fortaleza del metal con el que se fabricaban y el tamaño que alcanzaban. Un encuentro contra una espada de Muramasa era garantía de una muerte segura. La superstición de las espadas alcanzó su cenit cuando el sogún Ieyasu Tokugawa, líder de la dictadura militar que gobernaba Japón en aquel

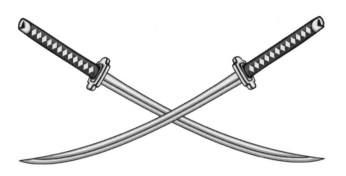

entonces, creyó que habían sido fabricadas fruto de una maldición contra su familia. La tradición cuenta que gran parte de sus allegados habían fallecido a manos de las imbatibles espadas: su abuelo, su padre y su propio hijo. El sogún decretó una prohibición total de las armas fabricadas por Muramasa, pero de ese modo lo que consiguió fue acrecentar la superstición sobre aquellos objetos. Y hoy en día todavía se encuentran espadas de Muramasa en colecciones particulares y museos de todo el mundo.

Algunos **objetos simples y comunes en el día a día** también pueden convertirse en malditos por decisión de una mente oscura. Este es el caso de la silla de Busby Stoop, una simple pieza de mobiliario doméstico que fue objeto de maldición por un asesino. Hoy en día la silla se encuentra expuesta en el Museo de Thirsk en North Yorkshire (Inglaterra) y su historia se remonta a 1702, cuando Thomas Busby fue detenido por la policía después de haber asesinado a su socio Daniel Auty de un golpe en la cabeza con un martillo. Busby fue condenado a muerte y su última voluntad antes de ser colgado fue disfrutar de una pinta de cerveza en su pub habitual. La gracia le fue concedida por el juez y disfrutó de su bebida favorita sentado en la silla y lugar que solía ocupar como cliente. Antes de marcharse del local pronunció una maldición: «Que una muerte repentina llegue a todo aquel que ose sentarse en mi silla». Desde aquel momento todos los habitantes del pueblo temieron que el objeto cumpliera la maldición de Busby y respetaron su última voluntad. Con el paso del tiempo y el cambio de propietarios del local la historia se fue perdiendo en la memoria colectiva y hacia el año 1894 comenzaron a ocurrir una serie de muertes relacionadas con visitantes al pub que se sucedieron hasta que en la década de 1970 el dueño del bar donó la silla al museo local.

En el imaginario popular, gracias a la literatura y el cine de terror, se encuentran multitud de referencias a objetos malditos relacionados con juegos infantiles, muñecos… Uno de los objetos reales más conocido es **el ajedrez maldito de Kentucky.** Se trata de un set de juego realizado en madera hacia 1830 en una plantación de esclavos del estado homónimo. Allí el potentado y cruel terrateniente Jeremiah Graham encomendó a uno de sus esclavos, llamado Remus, que le fabricara un juego de ajedrez de madera. El hombre lo realizó, pero el resultado no fue del gusto de su patrón, que, enfadado e iracundo, lo golpeó hasta la muerte. El resto de esclavos de la casa decidieron vengarse de su cruel patrón y pusieron sangre seca de lechuza en el juego mientras recitaban un conjuro. El ajedrez quedó maldito y los efectos del conjuro se cobraron en pocos años la vida

del primogénito de Graham y de un sobrino y un primo que vivían en la casa. La maldición perduró en la familia durante más de un siglo cobrándose la vida de casi una decena de personas, entre ellas, las de otros cuatro niños, hasta que la tataranieta política de Graham consultó con una de sus sirvientas cómo podía deshacerse la maldición. Entre ambas pudieron realizar un hechizo que aparentemente rompió la maldición. El ajedrez maldito se encuentra hoy depositado en la Sociedad Histórica de Kentucky y por superstición no es expuesto al público.

Las joyas malditas: el oscuro precio del poder

Entre los objetos malditos que han gozado de mayor fama a lo largo de los tiempos se encuentran las joyas que han sufrido una terrible maldición. Pertenecientes a importantes gobernantes y casas reales o testigos de asesinatos o amores imposibles, el poder de atracción de las joyas permanece hoy en día imperturbable.

El joyero de la reina María Antonieta de Francia (1755-1792) tiene el triste honor de haber albergado dos importantes piezas que han sido tachadas de malditas. La primera de ellas es el que se llegó a considerar el collar más caro de la historia. La joya fue un encargo del suegro de

Luis XV (1710-1774), a su orfebre de confianza, Charles-Auguste Boehmer, para su amante. El collar tardó varios años en ser ensamblado, pues se iba nutriendo de las piezas más importantes que llegaban a la corte y de las que se encaprichaba la cortesana. El collar iba a ser entregado al monarca cuando este falleció, y como el encargo era para la amante, el orfebre no pudo entregar el resultado a los nuevos monarcas. Boehmer temió no poder vender nunca la pieza por su altísimo valor. Habiendo conocido la existencia de la pieza, un matrimonio de estafadores profesionales idearon un plan para hacerse con el collar y convencieron al entonces cardenal de Estrasburgo, que quería introducirse en la corte y tener acceso directo a los reyes, que ellos eran íntimos amigos y confidentes de la nueva reina María Antonieta y que para congraciarse con la soberana debía comprar el collar y entregárselo a ellos, que se lo presentarían a la reina. Lo que ocurrió fue que, en cuanto recibieron la joya, los estafadores, que se hacían pasar por condes, desmontaron el collar y lo vendieron pieza a pieza. Cuando el engaño fue descubierto, tanto los estafadores como el prelado pasaron por la cárcel, y la maldición también se cernió sobre la reina, que al poco tiempo de disponer del collar también fue encarcelada.

La segunda joya maldita de María Antonieta es el famoso diamante Hope, una extraña pieza de color azul cuyo origen está datado en la India hace más de 600 años. La maldición de este diamante es más fatídica que la anterior, pues todos los que se acercaban a él con ánimo de poseerlo morían en extrañas circunstancias. El primer fallecido del que hay registro fue un aventurero llamado Tavernier, que fue el que lo adquirió en Oriente y lo llevó a la corte francesa. Al poco tiempo de comprarlo falleció de manera inexplicable. El diamante fue adquirido entonces por el monarca francés Luis XIV (1638-1715), que ordenó que fuera tallado al gusto de la época para regalárselo a su cortesana favorita, madame de Montespan (1640-1707), que tras lucir el diamante en una fiesta fue repudiada por el rey, perdiendo su favor y muriendo sola tiempo después. La siguiente víctima fue el embajador del sah de Persia en la corte francesa, que quiso ver la joya con la intención de adquirirla para el joyero real persa. Tras admirar el diamante el diplomático murió de gangrena unos pocos meses después. Luis XV, asustado por la maldición que parecía rodear al bello diamante azul, pidió que fuera guardado y nunca más se exhibiera. Tras el ascenso al trono de Luis XVI, su esposa, María Antonieta, que se encaprichaba de las mejores joyas, quiso lucirlo en público. Para sortear la maldición ideó un plan por el que no sería ella sola la que lo luciera, sino que también se lo prestaba a la princesa de Lamballe. Por desgracia parece que la maldición no pudo ser esquivada y ambas murieron durante la Revolución: la princesa perdió la vida a manos de la turba y la reina, decapitada en la plaza de la Bastilla en 1792.

La joya más famosa de la historia, que ha perdurado hasta la actualidad, es **el diamante Koh-i-noor,** una pieza que durante siglos ha ostentado el récord de ser el diamante más grande del mundo y cuyos orígenes y maldición se pierden en la India hace cerca de 1000 años. Las primeras referencias escritas sobre la piedra aparecen a finales del siglo xv en las memorias del Gran Mogol Babur. Allí se cuenta que la pieza había pertenecido a una serie de rajás después de haber sido extraída en el actual estado indio de Andhra Pradesh. La maldición que acompaña a esta pieza única aparece recogida en un proverbio de origen indio que profetiza que aquellos hombres que la posean alcanzarán la mayor de las glorias hasta hacerse dueños del mundo, pero que su vida sería desgraciada y conocerían infinidad de desdichas. El texto indica que **solo Dios y una mujer pueden portar el diamante** sin verse sometidos a su maldición. La codicia por los éxitos militares y la expansión de sus territorios llevó a un gran número de gobernantes a lucir la joya con gran orgullo.

Entre ellos, el segundo dueño del diamante, Sher Shah Suri (1486-1545), que murió quemado después de lucirlo por primera vez. La pieza pasó entonces a un noble mongol, que decidió guardarlo y no lucirlo nunca y disfrutó de una vida sin el efecto calamitoso de la maldición. En cambio, Shah Jahan (1592-1666), que construyó el Taj Mahal, decidió lucir la joya y fue víctima de un complot palaciego que lo depuso. Un nuevo propietario quiso escapar de la maldición y decidió trasladar la joya a un templo en Lahore. Al poco tiempo la ciudad sufrió los efectos de la maldición y fue invadida por el sah de Persia, que se llevó como botín el imponente diamante. Desgraciadamente no pudo disfrutar de la joya porque falleció en extrañas circunstancias al llegar a su país natal. La codiciada joya llegó después a manos del marajá Ranjit Singh (1780-1839), quien decidió desafiar a la superstición y lució la piedra cada día de su vida incrustada en un brazalete. Tras su muerte su imperio colapsó para caer poco después en manos de la corona británica. Desde entonces el diamante pasó a simbolizar la adhesión de la India al Imperio británico y tras ser expuesto al público en Londres fue llevado a tallar al gusto europeo para que fuera lucido como estrella de la corona imperial. Esta corona desde entonces solo ha sido portada por la reina Victoria (1819-1901) y más tarde por la reina Isabel II (1926-2022), habiendo ambas disfrutado de largos y prolíficos reinados que parecen dar un mayor sentido a la profecía de la maldición que salvaba de sus efectos a las mujeres. Se desconoce si los descendientes de la reina Isabel II se atreverán a desafiar a la superstición y portar la corona en la que el Koh-i-noor está engarzado.

Los muñecos del vudú, la magia para controlar a las personas

Los pequeños **muñecos**, tallas y figuritas de barro o trapo y paja han sido utilizados durante siglos en diferentes culturas como objetos malditos para practicar rituales esotéricos. En la Edad Media las brujas se valían de marionetas realizadas con trapos y rellenas de paja. En Estados Unidos la primera bruja condenada en los juicios de Salem del siglo XVII fue colgada acusada de poseer una muñeca de harapos y cerdas de cuerda. En Escocia fue común practicar un ritual para desmejorar la salud de un enemigo que consistía en crear figuras de barro que se disolvían al lanzarlas a un río.

Sin duda uno de los objetos malditos tipo muñeco más conocidos hoy en día, y que todavía es utilizado en rituales religiosos en varias regiones, son los muñecos de la **religión vudú**. Esta práctica originaria de África fue llevada a las Antillas Mayores y Menores del Caribe y a amplias zonas del sur de Estados Unidos por los esclavos africanos. Estas personas fueron trasladadas a la fuerza desde sus lugares de origen en la costa oeste de África para ser vendidas como esclavos, sin derechos, y con la obligación de trabajar de por vida en las enormes plantaciones de azúcar, cacao o algodón que tan altos réditos generaban a sus propietarios. En el Caribe y en el estado de Luisiana se establecieron los principales focos de esta religión, que, pese a su origen animista africano, pronto derivó en un sincretismo con las tradiciones que los esclavos encontraron en sus nuevos destinos y con el cristianismo que les fue impuesto por sus propietarios. En esencia, esta religión cree que existe una serie de espíritus *vodún* que siguen una jerarquía en cuya cúspide, tras su simbiosis con el catolicismo, se encuentra Dios. Los espíritus de los antepasados están presentes en el mundo de los vivos y a ellos se puede pedir su intercesión para buscar protección. Entre los espíritus hay algunos con un origen oscuro que sirven a intereses derivados de la magia negra. En este contexto religioso algunos de sus rituales se practican creando un muñeco que se asemeje en aspecto a aquel sobre el que se quiere actuar y que contenga algo suyo, que puede ser un pelo, una uña, una pertenencia muy personal... Con este fetiche se realiza un ritual para que el muñeco quede ligado al espíritu de la víctima. Desde ese momento cualquier cosa que se le haga al muñeco tendrá su reflejo en la persona a la que representa. Con esta práctica se cree que alguien puede infligir daño físico a otra persona, causarle enfermedades, provocar la ruptura de sus relaciones y hasta existe la superstición de que incluso podría controlar en su totalidad la mente y la voluntad de la víctima.

Amuletos, protección contra el mal y atracción de la buena suerte

Al igual que unos objetos pueden absorber el mal, otros pueden recibir el bien tras haber formado parte de un acontecimiento milagroso, haber pertenecido a alguien de reconocida bondad, haber sido creados mitológicamente por una deidad con intenciones positivas o haber surgido de la tradición de un pueblo como un símbolo de protección y defensa ante el mal. Esto objetos son llamados «amuletos» y se han encontrado presentes en la vida del hombre desde el inicio de los tiempos. En la actualidad existe un incontable número de amuletos que provienen de muy diferentes culturas, tradiciones y religiones, pero que gracias a la globalización son utilizados en cualquier lugar del mundo.

En el antiguo Egipto los amuletos eran utilizados tanto por los vivos como por los muertos. Los más antiguos de los que se han encontrado restos están datados hacia el año 4000 a. C. En esta civilización los amuletos tenían la forma de la deidad a la que se quería pedir amparo. Se realizaban pequeñas piezas para llevar engarzadas y colgadas en brazaletes o separadas para portar en viajes o en los bolsillos. La mayor parte de los amuletos se fabricaban en fayenza egipcia, una suerte de cerámica de cuarzo sinterizado, pero también los había de piedra, hueso, madera, y otros más lujosos de oro y piedras preciosas. Los más comunes eran el de Tueris para evitar un aborto y atraer la buena suerte durante el parto, el de Bes para otorgar protección de los niños y los hogares y el anj, que tiene forma de cruz con la parte superior a modo de óvalo, conocido como «la llave de la vida» y, por tanto, de la inmortalidad. El anj fue un amuleto que solo podían utilizar los faraones hasta que con la llegada del Imperio Nuevo se extendió su uso a todos los egipcios, que lo tomaron como símbolo de renacimiento y de unión entre Isis y Osiris. **El ojo de Horus** tiene su origen en la propia mitología egipcia, cuando fue utilizado para devolver la vida a Osiris. Desde entonces se popularizó y se representó tanto en pinturas como en piezas individuales y en casi todo tipo de materiales, pues se consideraba un potente amuleto contra el mal.

En la tradición judía existen dos símbolos que se han utilizado a lo largo de los tiempos como amuletos, ya sea en colgantes, en dibujos o en bordados. Uno de ellos es **el sello de Salomón,** un hexagrama formado por la conjunción de dos triángulos equiláteros que genera una estrella de seis puntas en su radio exterior. Durante la Edad Media y el Renacimiento tuvo gran predicamento entre los estudiosos de la magia y lo oculto, dando lugar a la creencia que era un amuleto de gran poder de protección contra el mal y que a los iniciados en sus secretos les podía otorgar dones, como el hablar con los animales o controlar a algunos demonios y bestias invisibles.

El sello de Salomón fue sufriendo una evolución con el paso de los siglos y en la actualidad es conocido como **la estrella de David** por el símbolo que forman los dos triángulos. El segundo amuleto judío que ha perdurado hasta hoy en día es el *chai*, formado por la conjunción de las letras *chet* y *yod* que conforman el significado «vivo». Estas dos letras se transformaron en un símbolo en sí mismas hacia el siglo XVIII y desde entonces es utilizado como amuleto colgado del cuello.

En la tradición romana se utilizaban también todo tipo de amuletos en la vida diaria. Se fabricaban con **los materiales** que habían sido tradicionalmente asociados con la deidad de la que se pretendía solicitar amparo: los que pedían protección a Júpiter se realizaban en calcedonia; los dirigidos a Marte, en jade rojo; los de Ceres, en jaspe verde, y los de Baco, en amatista. Muchos de ellos llevaban una inscripción simple pero efectiva: «Buena suerte al portador», lo que indicaba que se podían fabricar sin ser destinados para una persona concreta y que se vendían en los templos y sus aledaños de manera regular. Al igual que en el resto de civilizaciones, la protección de los menores, símbolo de la continuación de la vida y la propia familia, era una de las principales preocupaciones de los romanos. **Para los niños** se utilizaba la bula, un colgante en forma de medallón que incluía un saquito en el que a su vez se introducían algunos amuletos más pequeños y simbólicos para la familia. **La bula** era impuesta al pequeño cuando tenía nueve días y se retiraba al cumplir 16 años. A las niñas se les entregaba la *lúnula*, un amuleto en forma de luna plateada que se montaba en una cadena junto a otros adornos. El último de los amuletos infantiles utilizado por los romanos era **la *crepundia***, un conjunto de pequeños objetos que se ensartaban con una pieza de tela a modo de colgante.

Su principal característica es que debían hacer ruido cuando el niño jugara con ellos porque ese sonido espantaba a los malos espíritus. Los objetos que componían la *crepundia* eran variados, desde pequeñas reproducciones de la espada paterna a monedas o diminutas reproducciones de animales u objetos domésticos.

Los amuletos más preciados y famosos de la época clásica romana eran los conocidos como **pignora imperii** o prendas de dominación, un conjunto de siete objetos a los que se atribuía el poder de garantizar el dominio romano sobre el resto de los pueblos y la preminencia de su civilización: el cetro de Príamo, joya real de Troya que llegó Roma y se la considera símbolo de alianza; el velo de Iliona, una pieza de tela entregada a Helena de Troya con motivo de su boda; el Paladio, que es el tercero de los objetos que provenían de Troya, una estatua de madera de Atenea; las cenizas de Orestes, el hijo de Agamenón y Clitemnestra; los ancilia, un conjunto de 12 escudos ovalados de bronce que se guardaban en el templo de Marte; la cuadriga de terracota de Veyes, una escultura mandada realizar por el último de los reyes romanos, antes de la República, y que se colocó en el frontón del templo de Júpiter

Capitolino, y la piedra negra de Cibeles, de la que se dice que fue extraída de un meteorito encontrado en un santuario hitita de Anatolia y tras la conquista fue llevada a Roma y se colocó en la cabeza de la estatua de la diosa homónima. El velo de Iliona, el cetro de Príamo y las cenizas de Orestes se consideran objetos mitológicos de los que solo hay referencias en la literatura, pero los otros cuatro fueron expuestos durante siglos en sus respectivos templos. A estos siete elementos se unió la superstición en torno al fuego de Vesta.

Se trataba de una llama perpetua ubicada en el templo de la diosa y custodiada por las vestales, que la mantuvieron encendida día y noche durante siglos. Solo fue apagada en el año 395, cuando Teodosio (347-395), ya emperador cristiano, cerró el templo y mandó apagar el fuego sagrado, siendo una señal de la inminente caída del Imperio romano de Occidente y de su propia muerte, que se produjo solo unos meses después.

En China y Vietnam existen desde la antigüedad una serie de amuletos en forma de moneda llamados **Lei Ting**. Los más antiguos contenían un texto en escritura taoísta fuwen, reservada para los más elevados estudiosos, y con el tiempo fueron realizándose también con los sinogramas de su alfabeto. Cada uno de ellos contiene una alegoría en forma de súplica, generalmente al dios del trueno, para que acabe con los espíritus malignos, pero también se han encontrado diferentes textos en los que el famoso taoísta Lao-Tse (siglo vi a. C.) es el encargado de comandar la orden y ejecutar al demonio.

En **la tradición cristiana** el amuleto utilizado por excelencia en la protección contra el mal es la cruz, el mismo símbolo de la confesión religiosa. **La cruz** ha sido reproducida en todo tipo de formatos, en especial en aquellos que permiten su utilización diaria a modo de objeto personal, normalmente colgada al cuello o en una insignia. El agua bendita es otro de los amuletos habituales de los cristianos. Se encuentra en todos los templos y se utiliza para la purificación simbólica antes de comenzar los rituales, pero también puede emplearse para asperjar objetos, personas y lugares con la intención de ahuyentar el mal.

En el mundo cristiano existen una incontable cantidad de medallas, **símbolos y estampas asociadas con los santos o la Virgen María** que son utilizados como amuletos para conseguir una protección sobre un área concreta de la vida o la salud. Entre los más conocidos se encuentra la medalla de San Benito, un objeto redondo que presenta en el anverso una imagen del santo, iniciador de la vida monástica en Occidente, portando una cruz en su mano derecha y las reglas de su orden en la izquierda. La imagen está rodeada por la siguiente frase en latín: «A la hora de nuestra muerte seamos protegidos por su presencia». En el reverso aparece su cruz con varios acrónimos en latín: C.S.P.B. o «Cruz del santo padre Benito»; C.S.S.M.L. o «La santa cruz sea mi luz», y N.D.S.M.D., es decir, «No sea el dragón mi guía». Estos a su vez se encuentran rodeados en los bordes exteriores por otros acrónimos de frases contra el demonio, como V.R.S., «¡Retrocede, Satanás!»; N.S.M.V., «No me satisfacen las cosas banales»; S.M.Q.L., «Es malo lo que me ofreces»; I.V.B. por «Bebe tu mismo veneno», y PAX, es decir, «Paz». Esta medalla busca alejar el mal de aquel que la porte y cumpla una serie de requisitos aprobados por el papado. Otro de los amuletos cristianos surgidos en la Edad Media y que todavía tiene gran aceptación entre los cristianos es **el escapulario de Nuestra Señora del Monte Carmelo**, conocido en algunas regiones como «el escapulario del Carmen» por ser el hábito de la orden carmelita. Se trata de dos piezas de tela de color marrón unidas por un cordón o tela que se llevan pasadas por el cuello. Una cuelga sobre el pecho del portador y la otra por su espalda y suelen llevar bordadas en sus caras la imagen del Sagrado Corazón de Jesús y la de la Virgen María. Se trata de transmitir que se visten las ropas asociadas a esta orden religiosa. La tradición cristiana otorga a este amuleto una serie de supersticiones, de las cuales la más conocida es la promesa realizada por la Virgen, y refrendada en una bula papal apócrifa del siglo XIV, según la cual la madre de Jesús se compromete a que el sábado siguiente a la muerte del que porte el escapulario ella misma bajaría al purgatorio para rescatar su alma. En la tradición católica destaca también el rezo del Rosario, para lo que se emplea una sarta de cuentas unidas por una cruz que sirve de guía para esta oración. La tradición pía indica que su invención correspondió a una revelación de la Virgen María en una aparición a santo Domingo de Guzmán (1170-1221) en 1214. Durante siglos su devoción y rezo se ha ido extendiendo por todos los continentes y todavía hoy millones de personas lo rezan a diario para intentar conseguir alguno de los beneficios prometidos: «[...] un fortísimo escudo de defensa contra el infierno, destruirá los vicios, librará de los pecados [...]». La cura de enfermedades en la tradición cristiana se asocia a algunos milagros, pero también se practica el uso de algunas medallas en forma de amuleto y la oración a algunos santos para conseguir una mejoría de las indisposiciones. La creencia cristiana utiliza a san Acacio contra los dolores de cabeza, a santa Bárbara contra los golpes de fiebre, a san Blas como cura de enfermedades respiratorias y de garganta, a san Erasmo para los problemas intestinales...

El nazar es uno de los amuletos más conocidos desde la antigüedad. Originario de la región oriental del Mediterráneo, hoy es considerado el amuleto por excelencia contra el mal de ojo. Tiene una forma concéntrica de gotas aplastadas, del exterior hacia el interior, en diversas tonalidades de azul y de blanco. Se utiliza como colgante en pulseras, collares, lugares de la casa o como objeto pintado sobre las superficies que se quiera proteger. Basa su poder de protección en la antigua ley, común a muchos pueblos, del ojo por ojo.

El hamsa es un conocido amuleto en forma de mano originario de varias zonas del norte de África que se extendió pronto hacia Oriente Próximo. Es uno de los amuletos más extraños conocidos, pues tuvo su origen en varias religiones paganas, pero fue adoptado por los judíos con el nombre de «mano de Mirian», por los cristianos orientales, que la denominan «mano de la Virgen María», y por los musulmanes, que le adjudican el nombre de «mano de Fátima». Según responda a una u otra fe, tiene diferentes formas y decoración interior, pero de manera general se trata de una mano simétrica que en posición frontal coloca el dedo corazón en el centro, los dedos anular e índice de menor tamaño, pero iguales entre ambos, seguidos del pulgar y el índice en los extremos siendo iguales y ambos los de menor tamaño de toda la mano. En el centro de la palma se ubican los símbolos propios de cada religión, aunque es común la utilización del ojo de Dios. La razón por la que tres religiones diferentes lo utilicen en sus tradiciones se debe a que el nombre con el que se fue extendiendo su uso es el de mano de Dios. Los cartagineses ya lo utilizaban hacia el siglo IX a. C. La primera referencia judía a este objeto aparece en la decoración de algunas sinagogas en torno al siglo III a. C. En el islam se cree que protege del mal, previene de enfermedades y atrae la buena suerte debido a los cinco dedos, que simbolizan cada uno de los cinco pilares sobre los que se asienta esta religión: la profesión de fe, la oración cinco veces al día, la entrega de diezmos y limosnas, el ayuno durante el mes sagrado del Ramadán y la peregrinación al menos una vez en la vida a La Meca. Hoy en día tiene muy diferentes formas y se fabrica en todo tipo de formatos, tanto en broches y colgantes, pendientes y otros artículos de joyería como en artículos para la decoración del hogar, del lugar de trabajo o para el interior de los vehículos como protección frente a los accidentes.

Las herraduras de caballo son uno de los amuletos más conocidos contra el mal. Se deben situar sobre la puerta principal de la casa para evitar que los espíritus malignos accedan a ella. Deben estar fabricadas en hierro y las más codiciadas como amuletos son aquellas que tienen siete agujeros. El origen de este amuleto se pierde en la historia y se cree que tiene que ver tanto con la forma del objeto, parecido al arco iris que se adoraba en la tradición pagana, como al propio metal de hierro que los propios entes afines al mal relacionarían con los dioses y los espíritus protectores.

El escarabajo es otro de los amuletos que desde hace varios milenios ha acompañado a la tradición supersticiosa de la humanidad. Los antiguos egipcios relacionaban a los escarabajos con el dios Ra, la divinidad solar que era fuente de toda la vida. Para los egipcios los movimientos del escarabajo ocultándose en la arena  simbolizaban los que hacía el Sol en su recorrido por el cielo para ocultarse durante la noche. Los egipcios también pensaban que era un símbolo de inmortalidad debido a que el escarabajo se introducía en la arena durante un tiempo y luego aparecían decenas de nuevas reencarnaciones del animal en la superficie. Como amuleto se podía portar en cualquier formato: pequeñas piedras o inscripciones que lo representaran, como diseño de joyas e incluso los mismos caparazones de escarabajos muertos. El animal aparece representado en infinidad de ocasiones en el arte egipcio, y por estas obras y los hallazgos de algunas tumbas egipcias se sabe que el amuleto se portaba en vida y que tras el fallecimiento del dueño se colocaba en la cavidad torácica en el lugar del corazón o en la cavidad craneal para garantizar la inmortalidad.

Los ojibwa, nativos de Norteamérica, crearon un amuleto que hoy se conoce como **atrapasueños.** Está compuesto de un aro de madera de sauce, que tiene una red de hilo con cuentas en su interior y que se decora con diferentes objetos, que a su vez son pequeños amuletos, como semillas o plumas. Los atrapasueños se sitúan junto a la cama, en un lugar que reciban la luz del día. Se utilizan para impedir las pesadillas y alejar a los malos espíritus que las producen. La tradición dice que fueron creados para filtrar los sueños de las personas de modo que las pesadillas quedasen atrapadas en la red, se engancharan en sus cuentas y con la luz santificadora del día desaparecieran. Los sueños que se olvidan son los que quedan atrapados en las plumas y colgantes y poco a poco van cayendo hasta desaparecer. **Los pueblos nativos hopi y zuni** suelen portar una serie de amuletos de animales tallados en madera que se introducen en un saquito que se lleva colgado al cuello. **Cada animal tiene un significado concreto**: el oso da poder, fuerza y capacidad para analizar el entorno, el búfalo es símbolo de resistencia y un poderoso coraje en el terreno emocional, la mariposa simboliza la capacidad de transformación y de sobreponerse ante cada cambio, el pato hace referencia a la fuerza espiritual que otorgan los antepasados, el águila se utiliza como conexión con el cielo y el más allá, la rana atrae la abundancia y la fertilidad, la tortuga favorece una larga vida y la serpiente simboliza el poder del cambio constante que ayuda en el ciclo vida, muerte, renacimiento. En el sur del continente, en Bolivia, es muy famoso un amuleto denominado «ekeko». Tiene la forma de un pequeño ídolo humano vestido con ropas tradicionales de la región, con la boca abierta en una gran sonrisa, cargado de objetos y alimentos y lleva siempre descalzo uno de sus pies. Es un amuleto que proporciona bienestar y abundancia a los hogares. Se sitúa cerca de las ventanas y como ofrenda se le colocan en su boca cigarrillos encendidos que se dejan consumir lentamente. **En Asia**, con una amplia tradición supersticiosa, se producen cada año millones de amuletos con infinitas **representaciones de Buda**. Cada una de ellas está relacionada con un pasaje de su vida, el templo en el que se encuentran y el motivo protector y de atracción de la buena suerte para el que haya sido creado. **Tailandia es el país asiático en el que se utilizan más amuletos**. Existen hasta cinco categorías, pero la más interesante es la de los amuletos de los monjes, todavía vigente. Estas piezas pueden fabricarse de manera tradicional o en masa, llevan la imagen de Buda en alguna de sus miles de representaciones y tienen la peculiaridad de ser elegidas y bendecidas personalmente por un monje con un ritual en el que se les transmite parte de su energía positiva para atraer la suerte y evitar el mal. En este país existe toda una jerarquía de monjes según el monasterio que regentan y la fama que los precede. Todo monje puede bendecir amuletos, pero la población paga verdaderas fortunas por hacerse con alguno de los amuletos bendecidos por uno de los cinco monjes más importantes del país.

El afamado Luang Phor Khoon, que falleció en 2015 a los 91 años de edad, llegaba a recaudar en un solo año decenas de millones de dólares con la venta de sus amuletos. Otro importante amuleto asiático es el Maneki-neko japonés, conocido en China como Zhaocai Mao y en el resto del mundo como **gato de la fortuna**. Este objeto con forma de

gato bobtail con la pata izquierda levantada y una moneda en la pata derecha se encuentra en un lugar preminente de millones de negocios y restaurantes para atraer a los clientes y conjurar la prosperidad económica del lugar. El origen de este amuleto se remonta a una leyenda del siglo XVII que cuenta que existía en Tokio un templo semidestruido al que acudían pocos fieles y, por tanto, carecía de medios económicos para ser restaurado y presentar un aspecto digno. Pese a la pobreza en la que vivía el sacerdote del templo siempre compartía su escasa comida con aquellos que allí se acercaran. Una noche un importante señor feudal se vio sorprendido en su viaje por una tormenta y decidió refugiarse en un árbol junto al templo. En medio de la lluvia vio a las puertas del lugar sagrado a una gata blanca, marrón y negra que le hacía unas extrañas señas con su pata izquierda. Parecía que le invitaba a entrar en el templo. El señor feudal acudió a la llamada de la gata y justo cuando abandonó su refugio un rayo cayó sobre el árbol que lo cobijaba. El terrateniente lo consideró un claro signo del destino y trabó una fuerte amistad con el sacerdote, hizo importantes donaciones al templo y este recobró el esplendor perdido. Cuando la gata falleció, fue enterrada en el cementerio de animales del templo Gotokuji y se realizó en su honor la figurita que todavía hoy todo el mundo conoce.

Las reliquias cristianas, los objetos físicos que obran milagros

Entre los cristianos se impuso desde el mismo inicio de su fe una tendencia a considerar amuletos a los objetos relacionados con la vida de Jesús y los fieles que le siguieron, creencia que más adelante se extendió también a objetos especiales e incluso restos de aquellas personas que a lo largo de los siglos fueron reconocidas por su especial relación con la divinidad y veneradas como santos por los cristianos. Estos objetos reciben el nombre de **reliquias** y tienen su origen en el cuidado y devoción con el que los familiares y amigos recogían los cuerpos de los primeros cristianos que fueron torturados durante las persecuciones romanas. Estos restos eran trasladados a unos lugares secretos en los que se les daba una digna sepultura de acuerdo con la nueva religión. Con el tiempo las iglesias comenzaron a acoger las reliquias de los santos subsiguientes y desde entonces se han extendido a la práctica totalidad de los templos católicos del mundo.

Las reliquias pueden estar relacionadas con Jesús, los santos o la Virgen María. En el primer grupo se encuentran algunas de las más veneradas por los cristianos. El *Lignum Crucis* es el madero donde Jesús fue crucificado y sus astillas más famosas son las que se encuentran en la basílica de San Pedro de Roma y en el monasterio de Santo Toribio de Liébana, en España. La autenticidad de la lanza con la que el soldado romano Longinos atravesó el costado de Jesús, que se considera también reliquia, se la disputan la basílica de San Pedro de Roma y ciudades como Viena y la armenia Echmiadzin, entre otras. El cáliz utilizado durante la Última Cena también es un amuleto de gran simbolismo para lo esotérico y la superstición. En la actualidad varias copas reclaman el honor de ser la que Jesús bendijo antes de morir: el *Sacro Catino* de Génova, el Santo Cáliz de la catedral de Valencia y el de León, estos últimos en España. La corona de espinas se dividió en varias reliquias entre las espinas y la propia corona. Esta última se encuentra en la catedral de Notre Dame de París y las espinas, repartidas por lugares sagrados del mundo, entre ellos, el monasterio de la Santa Espina de Valladolid, en España. La mortaja y sudario de Jesús se encuentran repartidos entre Italia y España: en la catedral de Turín está depositada la Sábana Santa y en la de Oviedo, el sudario de su rostro.

Las reliquias de los santos abarcan un número tal de referencias que su catalogación es una tarea titánica. Desde la Edad Media, en especial desde las cruzadas a Tierra Santa, se produjo un verdadero fervor por las reliquias, que se utilizaban a modo de amuletos para proteger a una familia noble, una localidad, un templo o toda una región. Entre las reliquias más famosas que tienen asociada una superstición notable se encuentra **la sangre de San Jenaro de Nápoles** (202-305), un mártir y obispo cristiano del que se conserva parte de su sangre y que milagrosamente se licúa todos los años en la festividad que recuerda su muerte. Según la superstición, si la sangre del santo se licúa, la ciudad estará a salvo de la erupción del Vesubio.

EL FUTURO Y LA ADIVINACIÓN

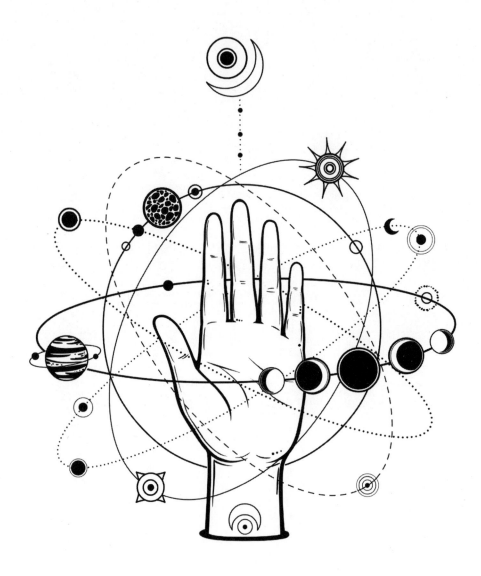

Saber qué ocurrirá el día de mañana ha sido una de las principales fuentes de preocupación del hombre desde el inicio de su existencia. El temor a lo desconocido y lo incontrolable se hace especialmente patente al intentar prever qué acontecerá en la vida de una persona, una familia, un pueblo o toda una nación. Esta necesidad vital por conocer el futuro para intentar adaptarse a él, celebrarlo o, si fuera negativo, cambiarlo y evitar que llegue a materializarse ha llevado a la humanidad a practicar muy diferentes técnicas y formas de adivinación. Los propios interesados y especialmente los chamanes, sacerdotes y sacerdotisas, expertos en las estrellas, estudiosos de lo desconocido e iluminados por algún tipo de don divino se han dedicado a lo largo de la historia a llevar a cabo infinidad de rituales con el objetivo de intentar vislumbrar una parte de ese futuro desconocido que tanto perturba el alma de los humanos.

La adivinación ya estaba presente en la prehistoria. Los chamanes lanzaban piedras y caracolas u observaban las estrellas y el halo de la Luna para determinar si la caza sería propicia durante esa jornada. Con el paso del tiempo y el desarrollo de las primeras civilizaciones surgieron métodos muchos más sofisticados de adivinación, algunos de los cuales continúan practicándose en la época contemporánea.

Quiromancia, el poder para descifrar el futuro en la palma de la mano

La quiromancia, es decir, la lectura de las líneas de la mano, fue uno de los sistemas de adivinación del futuro más utilizado las antiguas civilizaciones. Con diferentes tradiciones y rituales, la práctica de la quiromancia está documentada en las culturas mesopotámicas, tibetana, persa, india, china y mediterráneas. Esta práctica adivinatoria aparece también recogida en la Biblia en el libro de Job. Aristóteles también se interesó en ella al descubrir en el templo de Hermes un antiguo tratado de quiromancia. La técnica le produjo tal fascinación que llevó el manual ante Alejandro Magno, que también quedó asombrado con esta práctica y desde entonces hizo que un mago leyera la palma de la mano de sus principales generales para saber si le serían fieles y tendrían éxito en las misiones que les encomendara. La quiromancia volvió a atraer el interés de las gentes hacia el siglo xv con el comienzo de la práctica de la cartomancia del tarot y el ascenso de la brujería en Europa. Desde entonces, y en especial a partir de la fascinación por el espiritismo de finales del siglo xix, no ha dejado de estar presente en muchos lugares del mundo.

La quiromancia clásica se basa en la lectura de las líneas de la palma de la mano, de la posición que ocupan, de cómo y dónde se cruzan entre ellas y del tipo de montículos que hay en la mano. Se cree que con su estudio se pueden determinar los eventos que tendrán lugar en una vida y los cambios que esta sufrirá a lo largo del tiempo. Las principales líneas de la mano son: **la línea de la vida**, que nace entre el dedo pulgar y el dedo índice. **La línea de la cabeza**, que nace en el índice y se dirige hacia la muñeca cruzando la palma de la mano. **La línea del corazón**, que nace entre el dedo índice y el medio y cruza la palma en dirección a la muñeca hasta acercarse al dedo meñique. De manera genérica se cree que una línea del corazón larga es signo de una personalidad romántica, pero si esta fuera muy directa, sin apenas curvas, es señal de un amor racional y práctico. Si las líneas de la cabeza y de la vida no están conectadas, anuncia personalidad independiente y librepensadora. Cuando se detecta una línea de la vida doble, se cree que es síntoma de depresión, y si esta estuviera cortada, señala un fuerte cambio de vida en un determinado momento.

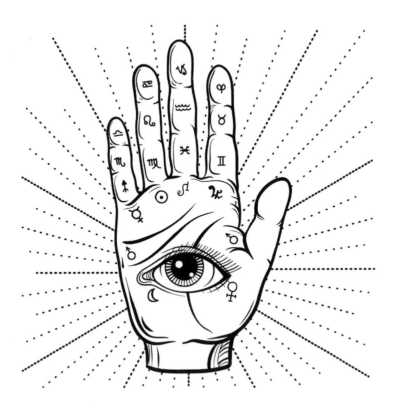

En la **lectura de la palma de la mano** también se tienen en cuenta los montículos que se encuentran debajo de los dedos y se analiza su tamaño, firmeza y el espacio que los separa. Dependiendo de estas tres variables y atendiendo a lo que significa cada uno se puede hacer una **radiografía de la personalidad**. Así, el montículo bajo el dedo índice es señal de orgullo, respeto y misticismo. El que se encuentra bajo el dedo corazón hace referencia a la tristeza, nostalgia y emotividad. El situado bajo el anular tiene relación con el talento artístico. El montículo del dedo meñique simboliza el coraje. Y el que se encuentra bajo el meñique, pero a mitad de la palma, la imaginación.

El montículo junto al dedo pulgar dará detalles sobre el amor. El tamaño de la palma de la mano y de los dedos también se tiene en cuenta a la hora de realizar una correcta interpretación. Una mano alargada es signo de una personalidad meticulosa y una pequeña está relacionada con la intuición. Las palmas anchas son muestra de una personalidad cálida, cercana y amable, y las palmas estrechas son símbolo de egoísmo. Si los dedos se encuentran ligeramente girados se cree que transmiten falta de confianza, si son largos y finos muestran un complejo temperamento artístico y, por último, si son puntiagudos son señal de sensualidad.

Oráculos: la respuesta de los dioses

Los oráculos son las respuestas que un dios da a un mortal por intercesión de otra persona apta para escuchar directamente a la deidad, prestarle su voz o discernir sus señales. Por extensión también se denomina «oráculo» al lugar donde se practica esta adivinación y, en ocasiones, hasta al propio intercesor.

Los primeros oráculos históricos de los que se tiene conocimiento se dieron en Oriente Próximo en la ciudad de Mari, en la actual Siria, durante el segundo milenio a. C., donde se conocían «unas mujeres por cuyos labios el dios habla». Las civilizaciones egipcia y griega fueron las principales impulsoras de los oráculos en el Mediterráneo. El primero de ellos fue el de Beocia dedicado a Themis. Más tarde surgió el famoso **oráculo de Apolo en Delfos**. Situado junto al monte Parnaso, tuvo gran repercusión hacia el siglo VIII a. C. La adivinación la realizaba una pitia o pitonisa, aunque hubo momentos de la historia en la que debido a la avalancha de consultas se mantenían en activo hasta tres de ellas. La elegida debía tener una vida irreprochable y comprometerse a vivir en el templo el resto de su vida, pues su nombramiento era vitalicio. El ritual de la adivinación se iniciaba lanzando agua fría sobre una cabra: si esta tiritaba era muestra de que el dios Apolo se encontraba dispuesto a hablar por medio de la pitia.

El que realizaba la consulta tenía que purificarse en las aguas de Delfos, pagar las tasas correspondientes y ofrecer un sacrificio animal en el altar del templo y presentarse ante la pitonisa, que se encontraba sentada sobre una columna con forma de trípode. Los reyes de los grandes pueblos del Mediterráneo tenían derecho de preferencia y no debían esperar las largas colas, de hasta meses, que se formaban para consultar con la pitia.

El **oráculo de Amón en Siwa**, en Egipto, fue fundado, según la tradición, en el año 1840 a. C. y rivalizó durante siglos con el de Apolo de Delfos. Allí acudieron reyes como Alejandro Magno, que tras conquistar la tierra de los faraones e instaurar su propia dinastía peregrinó hasta Siwa para consultar a los dioses si le otorgaban el reconocimiento como soberano de aquellas tierras. Al salir del oráculo dijo a los presentes que los dioses le habían reconocido hijo de Amón y de Zeus. La decadencia de estos dos oráculos y el resto de los existentes en el ámbito cultural griego clásico llegó con el ascenso de Roma y sus propios métodos de adivinación etruscos.

Los augurios romanos

Desde la fundación de Roma la adivinación fue realizada en su mayoría por el colegio de augures, una de las cuatro castas sacerdotales más reverenciadas de la época. Su cargo era vitalicio, vivían en los templos de la deidad a la que habían sido asignados y adquirieron un importante poder, puesto que tenían la capacidad de **descifrar aquellos signos enviados por los dioses** para mostrar su voluntad o enfado.

Cuando el augur declaraba que los auspicios eran desfavorables, toda la actividad política, administrativa o militar sobre la que se hubiera consultado quedaba inmediatamente detenida. De esta forma, se podían suspender elecciones, dilatar el nombramiento de una persona para un cargo o paralizar una acción militar hasta que los auspicios fueran favorables.

Los augures realizaban su adivinación atendiendo a diferentes tipos de señales o rituales: **las señales del cielo**, como los rayos, debían ser observadas mirando al sur y si el relámpago caía hacia la izquierda, la derecha de Júpiter, que estaba en el cielo, el augurio era favorable. También descifraban el graznido de ciertas aves y en especial **el vuelo de los grandes pájaros**, como el águila, símbolo del imperio, o los halcones. Otra forma de adivinación consistía en observar la posición en la que se encontraban los reptiles y mamíferos que habitaban la zona más sagrada de algunos templos. Con respecto a **los animales**, los augures se hicieron expertos en leer las entrañas de algunos de pequeño tamaño.

Los augures, además de interpretar los auspicios, debían intentar **descifrar el significado de los prodigios**, que eran aquellos hechos no habituales, extraños o imprevistos, como terremotos y grandes lluvias, o menos catastróficos pero igualmente importantes, como la rotura de una determinada estatua en un templo, la pérdida de algún libro de adivinación o el descubrimiento de cierto animal no apto para estar dentro de un lugar sagrado. Casi todos estos prodigios eran interpretados de manera negativa y como señal de futuras catástrofes naturales, derrotas militares, guerras civiles o muerte de algún gobernante. Una de las profecías más famosas y acertadas realizadas por un augur fue la que llevó a cabo Spurina en el año 44 a. C., cuando advirtió a Julio César (100-44 a. C.) de su asesinato. Aquel día el augur observó una serie de hechos que le perturbaron. Al comienzo de la jornada advirtió una pelea de pájaros sobre los terrenos del Foro, por lo que consultó el hígado de un toro que había sido sacrificado y lo encontró totalmente deformado. Ante estas señales advirtió a Julio César de que un mal se avecinaba y no podía celebrarse la reunión programada en el Senado. El dictador rehusó tomar ninguna precaución y no vio motivo para cancelar la sesión. Poco tiempo después murió asesinado en las escaleras del cónclave senatorial.

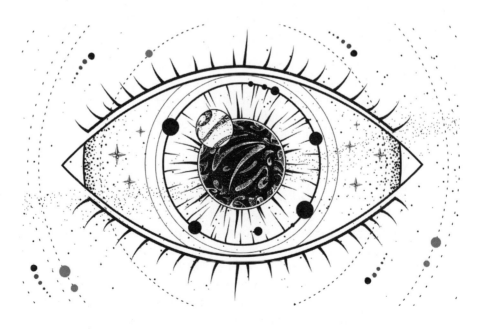

Los profetas, elegidos por los dioses para dar a conocer el futuro

Los profetas han sido a lo largo de la historia otra **fuente de adivinación y conocimiento del futuro**. Estas personas son elegidas por una divinidad para comunicarse con el resto de la humanidad. A diferencia de los oráculos a los que acuden los hombres para intentar ponerse en contacto con el dios correspondiente, los profetas llevan el camino contrario y son seleccionados por la divinidad para anunciar un mensaje, una advertencia, un conjunto de normas o cualquier noticia del futuro que el resto de seres humanos no han solicitado. Los profetas han existido en gran parte de las culturas y religiones.

En Roma tienen su origen en la época de su último rey, Lucio Tarquinio (¿?-495 a. C.), tras el cual fue proclamada la República. Ante él se presentó la profetisa conocida como **sibila de Cumas**, que le ofreció un juego de nueve libros que contenían centenares de profecías de todo tipo para el porvenir de Roma a cambio de una altísima cantidad de dinero. El rey se negó pensando que podría urdir algún plan para hacerse con ellos a un precio más barato. La sibila destruyó tres de los volúmenes y le volvió a presentar al rey los seis restantes exigiendo el mismo precio que en su primer encuentro. El rey de nuevo se negó y la sibila procedió a destruir otros tres libros antes de solicitar por los tres que restaban la misma cantidad inicial. El rey, atemorizado, accedió y pagó el desmesurado precio, pero solo por los tres últimos textos en lugar de por los nueve que le había ofrecido en un principio. Los volúmenes fueron llevados al templo de Júpiter. Estaban escritos en griego y sobre hoja de palmera y más tarde fueron copiados en papiro. Allí eran consultados cuando la ciudad se encontraba frente a algún gran problema, una invasión o un hecho que ponía en cuestión su propia existencia. La República creó un colegio de diez sacerdotes, que eran los que custodiaban los libros y los que buscaban en ellos en qué ocasiones podían aplicarse sus profecías. En el año 83 a. C. el fuego destruyó los tres ejemplares y una comisión senatorial envió delegaciones a rastrear toda Grecia en busca de alguna copia o libro adicional de los volúmenes sibilinos. Los nuevos libros encontrados fueron duplicados y se encerraron en dos arcas. Los libros fueron destruidos finalmente en el año 405 por un general romano que temía que una de las profecías se refiriera a él.

En las principales religiones monoteístas también han existido una serie de profetas de mayor o menor importancia que han revelado a la humanidad los teóricos designios divinos. Varios de ellos son comunes para el judaísmo, el cristianismo y el islam. Los judíos cuentan en su tradición con más de 40 profetas, entre los que destacan Moisés, Miriam, Josué, Débora, Samuel, David, Isaías, Jeremías, Ezequiel y Daniel. Ellos transmitieron mensajes de Dios tan importantes para la religión hebrea como las Tablas de la Ley, el futuro de la Tierra Prometida, numerosas guerras e invasiones a las que se verían sometidos, el destino de alguno de sus reyes, el futuro del imponente Templo de Jerusalén o la llegada de un Mesías que les redimiría como pueblo. Los cristianos al aceptar el Antiguo Testamento cuentan entre sus filas con los mismos profetas bíblicos que los judíos, a los que añadieron Baruc y apenas media docena más en el Nuevo Testamento. El más importante, que está considerado como el último de la Antigua Alianza, es Juan el Bautista, que anunció la llegada de Jesús como el Mesías y el inicio de su vida pública. El islam es la más moderna de las religiones que enraíza con la tradición judeocristiana de los primeros libros de la Biblia. De ella se reconocen cerca de **25 profetas del Antiguo Testamento**, a los que se añaden Juan el Bautista y el mismo Jesús de Nazaret. El mayor profeta del islam es Mahoma, fundador de la religión y profeta máximo de Dios que vino a entregar a los hombres el Corán y a fundar una comunidad de fieles que lo pusieran en práctica. Durante el segundo milenio destacaron en Europa dos profetas, no reconocidos como tal por ninguna religión, que elaboraron una serie de escritos, no exentos de polémica, en los que profetizaron con gran acierto eventos del futuro que se han ido cumpliendo a lo largo de los años. Se trata de san Malaquías y Michel Nostradamus.

San Malaquías (1094-1148) fue arzobispo de la localidad irlandesa de Armagh. A él se atribuyen dos volúmenes en los que compiló una serie de profecías acerca del papado y también sobre su propia tierra natal. La profecía de los papas fue publicada en el año 1595 supuestamente tras aparecer el manuscrito que estaba perdido. En ella se recogen en orden una serie de lemas, pequeñas frases en latín, que definen a cada uno de **los papas que ocuparían el trono de San Pedro** desde san Malaquías hasta el fin del propio papado varios siglos después. Las profecías son perfectamente claras para describir a los papas que hubo desde san Malaquías hasta la publicación del libro en el siglo XVI, por lo que se piensa que pudo escribirlas alguien de ese siglo y no san Malaquías. Después de 1595 se vuelven más vagas y confusas, pero aun así la coincidencia con muchos de los papas es asombrosa. La profecía 104 es *Religio depopulata*, que significa «religión devastada» y corresponde a Benedicto XV (1854-1922), bajo cuyo mandato tuvo lugar la Primera Guerra Mundial. La 107 indica *Pastor et nauta*, que se traduce por «pastor y navegante» y hace referencia a Juan XXIII (1881-1963), que cuando fue elegido sumo pontífice era el patriarca de Venecia, la ciudad que durante siglos fue símbolo de la navegación y el comercio. La 108 reza *Flos florum*, que se traduce por «flor de las flores» y corresponde a Pablo VI (1897-1978), cuyo escudo familiar tenía en un lugar preminente la flor de lis, conocida como «la flor de las flores». La 113 es la última de las profecías atribuidas a san Malaquías y anuncia una suerte de apocalipsis que tendría lugar durante el papado que siga a Francisco I (1936): «Pedro el romano que apacentará a las ovejas en muchas tribulaciones, tras lo cual la ciudad de las siete colinas será destruida y el Juez Terrible juzgará a su pueblo. Fin».

Michel Nostradamus (1503-1566) fue un boticario francés, astrólogo y adivino que compiló una serie de visiones sobre el futuro en un libro de 1555 llamado *Las profecías*. En ese volumen relata en 942 cuartetas, escritas en estilo poético, **acontecimientos que tendrían lugar años y siglos después**, desde el gran incendio de Londres de 1666 a la Revolución francesa o el ascenso de Napoleón, al que dedicó la siguiente cuarteta: «Un emperador que nacerá cerca de Italia. Que será vendido muy caro al imperio. Dirán con cuántas gentes se alía. Que les parecerá menos príncipe

que carnicero». Sus defensores han querido ver también en alguna de las cuartetas de su obra alusiones directas a las guerras mundiales, la explosión de la bomba atómica en Hiroshima y Nagasaki o la llegada de Hitler al poder, que describió así: «De lo más profundo del Occidente de Europa, de gente pobre un niño nacerá, que por su lengua seducirá a las masas, su fama en el reino de Oriente más crecerá». La fama llevó a Nostradamus a las principales cortes europeas y se granjeó la amistad y el patronazgo de figuras como Catalina de Médici (1519-1589), reina de Francia por matrimonio.

El *I ching*, el futuro escrito en un libro de más de 3000 años de antigüedad

En China la búsqueda del conocimiento sobre qué deparará el futuro se realiza con un texto denominado *I ching*, que tiene más de 3000 años de historia. Llamado también ***Libro de las mutaciones***, tiene un origen mitológico que se remonta al año 2400 a. C. Hacia el año 1100 a. C., al inicio del reinado de la dinastía Zhou, se añadieron nuevos textos al libro. Y finalmente hacia el año 500 a. C. Confucio y sus discípulos completaron el texto que todavía hoy se utiliza para practicar la adivinación. El **ritual de consulta** se realiza con un juego de tres monedas chinas redondas con un agujero cuadrado en el centro, cuyas caras tienen un valor preasignado. La cara de cada moneda con más texto es el lado yang o positivo, que a efectos de la cuenta vale 3, y el lado con menos texto es el valor yin o negativo, que sería 2. Así, al lanzar las tres monedas se va a obtener una puntuación entre 6 y 9 puntos. La tirada se lleva a cabo seis veces y con las puntuaciones que salen se dibujan una serie de líneas predefinidas. Con el dibujo obtenido siguiendo la secuencia creada en la ampliación del libro bajo la dinastía Zhou y sus valores se consultan los significados asociados a esa combinación. La adivinación del *I ching* no cuenta hechos concretos e inamovibles del futuro, sino que suponen una orientación para que la persona, guiada por el conocimiento obtenido durante el ritual, tome una decisión vital que esté acorde con esta filosofía y, por tanto, le sea más fácil llevarla a buen término, en lugar de empeñarse en tomar otras decisiones cuyo futuro es más complicado de hacer realidad. **Las monedas del *I ching*** han de ser siempre las mismas y se deben guardar en un saquito que se deposita en cualquier lugar de la casa siempre y cuando permanezcan a mayor altura que los hombros del propietario.

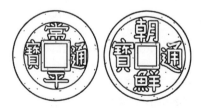
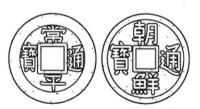

Omikuji, la lotería adivinatoria de Japón

En Japón el método de adivinación más popular es el omikuji, una suerte de **lotería supersticiosa** que se reparte en los templos budistas y los santuarios sintoístas del imperio del sol naciente. Se trata de una tradición que se remonta al siglo x. **El ritual se inicia** ofreciendo un simbólico donativo al templo para después tomar un pequeño papel de una urna, en la actualidad de máquinas expendedoras, que contiene información sobre la suerte que se tendrá en una docena de ámbitos de la vida. El papelito contiene información sobre el tipo de suerte, que está graduada en 12 categorías, desde la excelente buena suerte a la maldición o gran mala suerte. Estas adivinaciones se **aplican a los ámbitos de la vida**: deseos personales, una persona que se está esperando, objetos perdidos, viajes, negocios, estudios, mercado y finanzas, disputas familiares, amor de pareja, mudanzas, fertilidad, enfermedades, compromiso matrimonial. Así, si la suerte va a ser propicia, el papel animará a realizar un viaje, a cambiar de casa o a estar con los ojos abiertos porque la persona cuya aparición se llevaba tiempo esperando llegará en breve. En los casos de extrema mala suerte es habitual que el papel se doble y se ate en un pino del propio templo para que esta no alcance a la persona, sino que quede sujeta en el árbol. Cuando el omikuji es de muy buena suerte, se suele llevar encima, en la cartera o en el bolso.

La adivinación yoruba, el ritual santero de los caracoles

La religión yoruba, originaria de África Occidental, ha dado lugar a un famoso sistema de adivinación basado en un ritual realizado con conchas de caracoles. Los esclavos originarios de África fueron llevados a la región del Caribe para cultivar las enormes plantaciones de los colonos europeos. Allí llegaron con su religión yoruba, que pronto se transformó en diferentes adaptaciones sincréticas, como la santería, que surgió de la fusión de las creencias africanas con las tradiciones y santos de la religión católica.
La santería practica tres tipos de adivinación basada en las deidades yorubas. Uno es el oráculo de Biagué, cuyo ritual se realiza con un coco. Otro es el

oráculo de Ifá, que solo puede ser llevado a cabo por sacerdotes que hayan estudiado en profundidad los misterios de la deidad Orunmila y que consiste en una suerte de **registro de 256 caracteres ideográficos** con los que se puede predecir el futuro basado en la experiencia acumulada y escrita por los sacerdotes durante siglos. El último sistema, el más reconocido de la santería, es el oráculo de Diloggun, que se realiza con caracoles. **El ritual** es llevado a cabo por un santero y para ello se necesita una ota o piedrecita, una cascarilla, un iku, que es la falange de un muerto, una semilla, un caracol mayor, una moneda de curso legal de alta denominación, una esterilla y 16 caracoles. El santero inicia el ritual tomando los caracoles en su mano e invocando a los orichas y a los ancestros. Luego, tras frotar los caracoles y soplarlos, los lanza sobre la esterilla y anota la posición de cada caracol. La tirada se repite una vez más y los resultados se leen en pares de la primera y la segunda tirada, dando lugar a 16 combinaciones dobles de las que se extrae la información sobre el futuro.

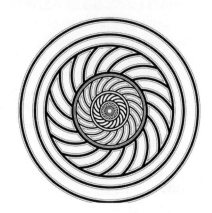

Cartomancia, el conocimiento de las cartas del tarot

La cartomancia es, hoy en día, una de las formas más habituales de adivinación en todo el mundo. **Su origen** se remonta a la Europa del siglo xiv, cuando se inventaron los juegos de cartas y las diferentes versiones de la baraja. Al poco tiempo de popularizarse como juego de mesa comenzó su uso también como método de adivinación. La cartomancia se extendió especialmente desde la fiebre espiritista del siglo xix, en el que las ciudades se llenaron de echadores de cartas que por unas pocas monedas aseguraban adivinar el futuro de quien les consultara. La forma más extendida de adivinación con cartas se practica desde el siglo xviii con la **baraja del tarot**. Fue el ocultista Jean-Baptiste Alliette (1738-1791) el que ordenó, sistematizó y dio coherencia a la adivinación realizada con esta baraja. El tarotista francés escribió en 1783 un libro en el que explicaba los pasos del ritual, la base esotérica que daba significado al tarot y que «tabulaba sistemáticamente todos los posibles significados que cada carta podía tener». Alliette también creó la primera sociedad cartomántica de la historia. La baraja del tarot se compone de **78 cartas** divididas en dos categorías: **los arcanos mayores y los menores**. Cada carta tiene un significado en sí misma. Por ejemplo, el mago se relaciona con la enfermedad, la sacerdotisa, con una duda, el carro, con disensión, el ermitaño, con la traición, el ahorcado, con la prudencia y la muerte, con la mortalidad y el vacío. Pero este significado único de cada carta se pone en relación con la postura, boca arriba o boca abajo, en la que haya salido con la tirada, así como con el resto de cartas que la preceden y anteceden y con la pregunta a la que busca respuesta la persona que acude al echador de cartas. La conjunción de todos los significados y conocimientos adquiridos por los cartomantes puede hacer una lectura que abarque desde eventos pasados a situaciones presentes y acciones del futuro.

Horóscopo, la superstición que proviene de los astros

El horóscopo es otro de los sistemas de adivinación utilizados en la actualidad que goza de gran seguimiento en todo el mundo. El sistema astrológico que sostiene la creencia en el horóscopo tiene su base predictiva en la posición en la que se encontraban las estrellas en el momento del nacimiento. Los nombres del horóscopo se corresponden con los **12 signos del zodiaco**, pero pese a estar estrechamente ligados estos representan cosas diferentes en uno y otro sistema. El horóscopo da una idea de la personalidad de los nacidos bajo un determinado signo y realizando cálculos astrológicos puede **predecir el futuro** tanto para un signo determinado, indicando especialmente si un día determinado es propicio o no para realizar algunas acciones, como para una persona concreta sobre la que se tienen en cuenta más detalles derivados de la posición de los astros el día de su nacimiento y la posición que tendrán en la franja de tiempo sobre la que se quiere realizar la consulta. De manera general, el horóscopo aporta datos acerca de la personalidad emocional, mental y la conducta de las personas.

Aries tiene como símbolo el carnero. Emocionalmente se les presenta como apasionados, de extremos en los que pueden optar por el todo o por la nada. Su actitud mental es entusiasta, pionera a la hora de iniciar acciones de todo tipo, lo que se traduce en una conducta confiada, valiente y enérgica. **Tauro** está representado por el toro y se considera que emocionalmente son personas conservadoras, celosas y pausadas a la hora de iniciar una relación. Su mente es muy calmada, tendente a la practicidad y la prudencia. Aplican en sus vidas conductas sólidas, repetitivas a largo plazo, pero muy efectivas y posesivas. **Géminis** tiene como símbolo los gemelos y se considera que responden a un perfil emocional de personas imaginativas, juveniles y amigables. Poseen una actitud mental ingeniosa, comunicativa y curiosa. Practican unas conductas flexibles y progresistas, con gran apertura de miras. **Cáncer** tiene como símbolo al cangrejo. Son personas emocionalmente románticas, íntimas y bondadosas. Su actitud mental tiende a la reflexión. Su conducta es humana, compasiva y tímida. **Leo** responde al símbolo del león y emocionalmente se asocia con personas francas, nobles y muy vitales. En lo mental tienen un perfil de líder audaz con capacidad para enfrentarse a retos de gran envergadura. Para ello ponen en práctica una conducta sincera, algo arrogante, pero que gracias a su buen corazón tiñen de nobleza. **Virgo** es representado por una virgen. Sus características emocionales son la amabilidad y la discreción y son serviciales. Mentalmente son personas analíticas, muy organizadas y con gran sentido común. Su conducta es laboriosa, muy práctica y detallista. **Libra** tiene como símbolo a la balanza.

¿A qué signo perteneces según tu fecha de nacimiento?

Aries (21 de marzo a 19 de abril)

Tauro (20 de abril a 20 de mayo)

Géminis (21 de mayo a 20 de junio)

Cáncer (21 de junio a 22 de julio)

Leo (23 de julio a 22 de agosto)

Virgo (23 de agosto a 22 de septiembre)

Libra (23 de septiembre a 22 de octubre)

Escorpio (23 de octubre a 21 de noviembre)

Sagitario (22 de noviembre a 21 de diciembre)

Capricornio (22 de diciembre a 19 de enero)

Acuario (20 de enero a 18 de febrero)

Piscis (19 de febrero a 20 de marzo)

En lo emocional son personas amantes de la belleza, simpáticas y delicadas. Tienen una actitud mental cooperadora, facilitadora de las relaciones humanas siempre en busca del equilibrio y la armonía. Aplican en sus vidas conductas muy diplomáticas con un tono agradable y tolerante. **Escorpio** se representa con un escorpión. Los nacidos bajo este signo tienden a ser emocionalmente radicales en el sentido de una entrega total a la causa o actividad que les apasiona en cada momento. Para ello son mentalmente sagaces, centrados y entregados. Sus objetivos los consiguen gracias a conductas transformadoras basadas en el trabajo y la concentración. **Sagitario** aparece representado con el mítico centauro. Emocionalmente se ha relacionado con personas benévolas, leales y paternales. Mentalmente tienden a ser liberales, organizados y con un gran sentido de la ecuanimidad. Su conducta es sociable, digna, alegre e idealista. **Capricornio** tiene como símbolo al animal mitológico formado por la cabra y el pez. Sus emociones suelen ser profundas, pacientes, pausadas y de gran fidelidad. Mentalmente tienden a ser cerebrales, pausados, conservadores y responsables. Su conducta es incansable para aplicar una estricta lógica de una manera silenciosa y poco protagónica. **Acuario** se representa con el aguador. Su principal característica emocional es la de ser personas tolerantes, gentiles y tendentes al amor platónico. Su disposición mental les define como vanguardistas, independientes y con un gran punto autodidacta. En cuanto a las conductas que pone en práctica, destacan la gran capacidad de comunicación, actitudes revolucionarias y transformadoras de su entorno y un punto de desprendimiento de lo material que los lleva a fijarse más en los ideales. **Piscis** es el último signo y se representa con los peces. Emocionalmente los nacidos bajo este signo son románticos, elevados espiritualmente y con gran capacidad de sacrificio. En cuanto a su mentalidad es soñadora, tendente a admirar lo artístico de cada cosa y con un punto de introspección. Se valen de conductas basadas en la simpatía, la generosidad, la humanidad y la hospitalidad.

EL SER HUMANO Y LAS FASES DE LA VIDA

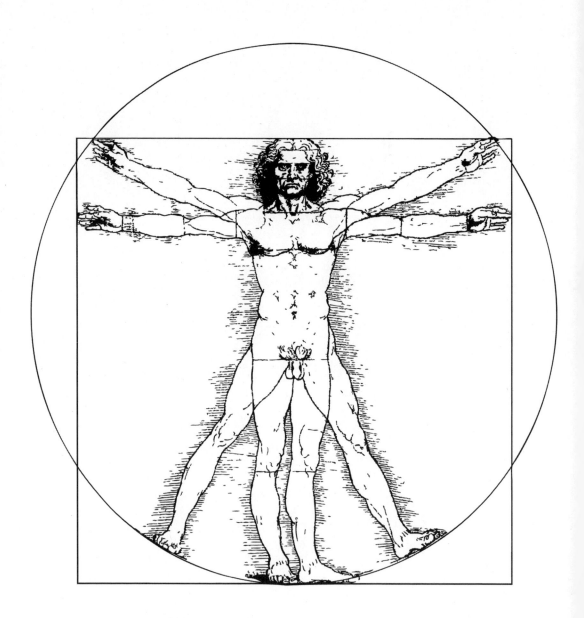

Cada individuo es único e irrepetible y para que ocurra el milagro de su existencia se han producido una serie de hechos, algunos todavía inexplicables, que dan lugar a la excepcionalidad de cada ser humano. Desde la apariencia física hasta las diferentes etapas de la vida, la superstición acompaña a cada individuo para tratar de conocer, explicar, evitar, resolver o modificar algunos de sus aspectos vitales. De la misma manera el nacimiento, el paso a la edad adulta, la búsqueda de pareja, el matrimonio, la vejez y la muerte son algunas de las inexorables fases que, de una u otra manera, han marcado la vida de millones de personas a lo largo de la historia. La superstición también ha acompañado estos momentos creando tradiciones y rituales que buscaban en ocasiones que la tarea llegara a buen puerto y en otras que la fatalidad o la mala suerte no dieran al traste con momentos tan importantes.

Las supersticiones sobre el cuerpo humano y el aspecto físico

Las supersticiones sobre las partes del cuerpo han sido una forma más de reacción del ser humano ante el desconocimiento sobre el porqué ocurría una determinada cosa. Ante esta situación se le presuponía una causa que tenía que ver con un miembro del cuerpo, una sensación o una característica física concreta. Durante siglos estas creencias, generalmente inofensivas, eran utilizadas también para intentar diagnosticar, evitar o curar las enfermedades y los síndromes más extendidos.

Las **marcas de nacimiento** son una de esas supersticiones mixtas en las que su sentido positivo o negativo varía enormemente de una cultura a otra. En la Europa cristiana se relacionaban con el demonio. Se pensaba que la madre había tenido alguna interacción con el mal durante el embarazo, ya hubiera sido de manera voluntaria o porque hubiera recaído sobre ella alguna maldición. Para **evitar las manchas en el bebé** por efectos demoníacos se recomendaba a la madre espolvorear pimienta negra sobre su vientre. En algunas culturas todavía se aconseja a las madres lamer la mancha del recién nacido durante las primeras semanas de vida. Pero las marcas también son consideradas en algunas regiones como signo de bendición divina. Así, por ejemplo, en algunos lugares de América se las llama «besos de ángel» y se cree que traen buena suerte. En Estados Unidos cuando un bebé nace con dos marcas gemelas se considera que es señal de que será una persona muy viajera y que tendrá su vida dividida entre dos continentes.

Las verrugas son otra particularidad de la piel humana de las que hoy se conocen sus tipos y las causas que las producen. Pero durante mucho tiempo, y en especial en los siglos XVI-XVIII del mundo anglosajón, las verrugas fueron una clara **señal de brujería**. Aquellas mujeres que las portaban eran señaladas como adoradoras del diablo y practicantes de magia negra. Esta moda trajo consigo una verdadera obsesión por eliminar las verrugas, al menos de lugares en los que la ropa no pudiera ocultarlas. De esta manera durante siglos se crearon una ingente cantidad de remedios destinados a que no salieran y, en su caso, a hacerlas desaparecer. Para **evitar que las verrugas**

aparecieran nunca se debía tomar un sapo con las manos.
También había que evitar meter las manos en agua en la que
su hubieran hervido huevos. Entre las supersticiones más
conocidas para deshacerse de ellas estaba enterrar en el jardín
una bolsa que contuviera tantas piedras como verrugas se
querían eliminar. Otra medida indicaba aprovechar un funeral
para frotar la verruga contra el féretro del difunto y de este
modo a los nueve días desaparecería. En Inglaterra se corta
en dos una manzana, se frotan ambas partes sobre la verruga
y seguidamente se planta la manzana; la superstición indica
que en la misma medida en que crezca la nueva planta irán
desapareciendo las verrugas.

En la piel también hay **los lunares**, a los que la superstición
otorga uno u otro significado, dependiendo del lugar del
cuerpo en el que se encuentren. En general, los que están
en la parte izquierda del cuerpo significan mala suerte y los
de la derecha, buena fortuna. Una excepción a esta norma
se da en los lunares que se encuentran en el pecho izquierdo
de una mujer, que son considerados de buenos auspicios a
la hora de encontrar el amor. La superstición cree que la zona
del cuerpo en la que haya lunares también permite **adivinar
el tipo de personalidad** del portador: los que se encuentran
en los dedos de los pies denotan gusto por las artes y la
belleza. Los de los pies, melancolía. Los que se hallan en el
codo son signo de ambición desmedida. Si se encontraran
en la pantorrilla son señal de una personalidad resolutiva y
optimista. A los que poseen lunares en los genitales se les
considera lujuriosos. Si están en la cadera son muestra de
inteligencia. Los del estómago se relacionan con el amor de
por vida. Los encontrados en el centro del pecho revelan una
personalidad amigable. Los de la espalda, muy comunes en
las pieles claras, son señal de cautela y timidez. Los que
aparecen en los brazos se relacionan con la felicidad en el
trabajo. Si se hallaran en el codo simbolizan el amor por los
viajes y los talentos innatos de la persona. Los lunares de la
mano muestran felicidad y confianza en uno mismo. Los de

los dedos son señal de ansiedad. Y los que se ven en el cuello son símbolo de buena suerte y de una personalidad generosa y amigable. Los lunares de la cara también pueden ser interpretados por la superstición dependiendo de su ubicación en el rostro. Así, los que se encuentran en la mejilla significan buena suerte y una personalidad abierta y divertida. Los que se hallan en la barbilla son símbolo de que la persona es merecedora de confianza, practica la generosidad y probablemente tendrá una acomodada posición económica. Los lunares de la nariz son señal de éxito en los negocios. Si se encuentran en la boca podrían indicar que la persona es elocuente, encantadora y con capacidad de liderazgo.

Las manos son una de las partes del cuerpo que más se utilizan en el día a día y con las que se llevan a cabo la mayor parte de las acciones. La mano derecha se ha considerado relacionada con los dioses y la izquierda, con el demonio o las fuerzas malignas. Debido a esta superstición la mano derecha es la que se utiliza en la mayor parte de las culturas con el objetivo de realizar un juramento solemne. **La superstición** cree que las personas zurdas tienen buena suerte y que las ambidiestras no son confiables. A la hora dar la mano para saludar, además de las costumbres protocolarias de cada cultura, hay que tener en cuenta una serie de supersticiones: si dos personas se dan la mano en un mismo encuentro dos veces por error, deben repetir la acción una tercera vez para evitar la mala suerte. No se debe dar la mano si se ha de cruzar el brazo sobre una mesa o por encima de una tercera persona. La superstición indica que la mano que se debe ofrecer es la derecha para transmitir confianza y buena suerte. Las manos también han sido a lo largo de la historia un símbolo de poder místico, político y curativo. Las manos de los reyes y líderes religiosos se besan en numerosas ceremonias como reconocimiento de su alta posición y su capacidad para disponer de la suerte material o espiritual del resto de personas.

En la mayor parte de religiones **los milagros** se han realizado con las manos como medio de transmisión de la energía curativa hacia el beneficiado. Por esta razón también existe la superstición de que los saludos con la mano deben ser cortos y firmes, pues si alguien mantiene las manos cruzadas con otra persona puede ser símbolo de que quiere absorber su poder y quitarle la buena suerte.

Las uñas y el pelo han sido fuente de todo tipo de supersticiones debido a la creencia de que se encontraban entre las partes del cuerpo más susceptibles de recibir conjuros y ser parte de ellos. Una **gran variedad de hechizos** se valía de pelo o trozos de uña de las víctimas para fabricar una poción o tomar parte en rituales maléficos. Por esta razón durante siglos las uñas recién cortadas se lanzaban al fuego que hubiera encendido en la casa para evitar que otras personas las utilizaran con fines mágicos. Desde la antigüedad y hasta el siglo xv se mantuvo la superstición de que **el día propicio para cortar las uñas** era el martes y si el aseo se realizaba en viernes o domingo traería mala suerte. En Inglaterra existe una canción que recoge la superstición acerca de la relación existente entre el día de la semana en el que se corte el pelo y qué se espera con ello: los lunes para atraer la salud, los martes para la riqueza, los miércoles para que lleguen buenas noticias, los jueves para comprar ropa nueva, los viernes traerán lamento, los sábados para que llegue el verdadero amor y los domingos solo acarrearán mala suerte durante toda la siguiente semana.

El pelo rojo se ha relacionado con la mala suerte debido a las cruentas incursiones vikingas y de otros pueblos nórdicos que tuvieron lugar en Europa en la Edad Media. El avistamiento de un pelirrojo solía ser señal de que un pequeño ejército de estos pueblos llegaba a una localidad o puerto, y con ellos venían también en la mayor parte de las ocasiones la muerte, la destrucción, el saqueo y el secuestro de mujeres y niños. Hoy en día se indica que ver a una persona pelirroja antes de iniciar un proyecto o un reto e incluso al comenzar el año traerá mala suerte. La superstición también ha ofrecido explicaciones a por qué aparece el pelo rojo tanto en el cabello como en la barba u otras partes del cuerpo. En algunas ocasiones se consideraba que era debido a la infidelidad de la propia esposa, otras señalaban que ocurrían por haber mantenido relaciones sexuales durante el periodo menstrual de la mujer...

El estornudo es una acción que tiene lugar en las vías respiratorias del cuerpo debido a diferentes estímulos externos y/o enfermedades. Este gesto tan común ha sido fuente de incontables supersticiones que, aunque varían ligeramente entre culturas y regiones, tienen la misma base común de preocupación por la salud física y espiritual de quien estornuda. En el mundo anglosajón se responde al estornudo con la expresión *God bless you*, que se traduce por «Dios te bendiga». En el ámbito cultural latino se dice «Jesús» o «salud». En el Canadá francófono se contesta «a tus deseos», mientras en Brasil, Portugal y otros lugares de habla portuguesa se dice *santinho*, que significa «santito». En Oriente Medio es común escuchar *alhumdulilah*, es decir, «alabado sea». En el centro de Asia, en países como Kirguistán, Nepal o Bangladesh emplean una expresión común en sus distintas lenguas que se traduce por «larga vida». En Mongolia no tienen adaptada ninguna costumbre de sus vecinos y la expresión que utilizan significa «que Dios te perdone». En India, China, Corea o Japón no existe una respuesta tradicional asentada, si bien en determinados círculos sociales se ha adoptado el *Bless you* anglosajón. En China sí que mantienen una superstición relacionada con el estornudo, pero tiene que ver con el significado que se da al número de estornudos seguidos que alguien realice: si se trata de uno es señal de que alguien extraña a quien está estornudando, en el caso de dos es porque un tercero está criticando y en el de tres se dice que es cuando en realidad se está enfermo. La **superstición sobre el estornudo** proviene de la antigüedad, cuando se creía que un demonio salía por la boca, mientras que otros pensaban que era la misma alma de la persona que estornudaba. Pero la mayor parte de la superstición ha estado relacionada con grandes plagas o enfermedades respiratorias. La peste de la Edad Media llevó a que con cada estornudo se contestara con una frase religiosa, como «Dios te bendiga», o con «salud» como deseo de mejoría.

Desgraciadamente, todavía hoy algunas supersticiones sobre enfermedades, síndromes poco comunes o partes del cuerpo provocan una inadmisible discriminación y cosificación, que deriva en casos de trata de seres humanos, secuestros y, en ocasiones, asesinato. En esta última categoría el caso más paradigmático es el de **los albinos**. Hoy en día estas personas están diagnosticadas con un síndrome que consiste en la falta

de pigmentación del cuerpo que provoca que la piel, el pelo y otras zonas se muestren extremadamente claras y tengan una mayor sensibilidad a la exposición solar. En el continente africano los albinos llevan sufriendo persecución desde hace siglos. Esta tiene un doble carácter. Por una parte, se piensa que son personas que han sido maldecidas por los dioses y deben ser apartadas de las comunidades para no atraer a los malos espíritus ni las calamidades asociadas con la mala suerte. Por esta razón viven en zonas remotas, apartadas de su comunidad de origen. Pero, por otra parte, en varias regiones africanas existe la creencia contraria, es decir, que los albinos han tenido una conexión especial con los dioses que les hace tener poderes mágicos muy valiosos. Entre las creencias supersticiosas que desgraciadamente todavía hoy se dan destaca la de que las personas con enfermedades de consideración, como el VIH, pueden curarse milagrosamente si tienen relaciones sexuales con una mujer albina. La ONU ha advertido que en pleno siglo XXI, en diferentes países de África, los albinos sufren persecución, secuestros y asesinatos al estar extendida la creencia de que su sangre y cualquier parte de su cuerpo son el mejor amuleto que existe para atraer la buena suerte, la salud y una gran fortuna. Cada año se registran casos de secuestro de menores albinos que son descuartizados para vender sus restos en el oscuro mercado de la brujería tradicional a cambio de enormes sumas de dinero.

El nacimiento, la cara oculta del milagro de la vida

El nacimiento de un nuevo descendiente es la base de la continuidad del ser humano como especie. Por esta razón la práctica totalidad de pueblos, culturas y religiones han dado una gran importancia a la fertilidad masculina y femenina y al éxito de la concepción. Desde el Paleolítico **el ser humano ha creado rituales para favorecer la fertilidad** y ha adorado a divinidades que la representaban. De esa época datan las primeras estatuas dedicadas a este fin. Se trata de pequeñas figuras de piedra que representan toscamente a mujeres en las que destacan por su desproporción el tamaño del vientre y de los senos en clara alusión al estado de buena esperanza que se quería atraer. Desde el inicio de la historia la fecundidad de la mujer estuvo ligada a la propia fecundidad de la tierra y sus ciclos, por lo que la diosa madre fue una deidad que aunaba ambos conceptos: Isis en Egipto, Cibeles en Grecia y Rea para los fenicios ejemplificaban este papel.

En **Egipto** desarrollaron un método para **conocer si la mujer se encontraba embarazada**. Para ello orinaba sobre una mezcla de trigo, cebada, arena y dátiles y en el caso de que las semillas germinaran era signo de encontrarse en cinta. También pensaban que si solo crecía la cebada el bebé sería niña y si lo hacía únicamente el trigo sería niño. En las culturas griegas y romanas los ritos de fertilidad estaban directamente relacionados con el culto a las deidades que los representaban, pero también a una serie de supersticiones, no desencaminadas, que pretendían que los futuros padres tuvieran una alimentación equilibrada, no estuvieran obesos y mantuvieran un ritmo constante, pero no excesivo, de relaciones sexuales.

Durante la **Edad Media** europea la culpa de la infertilidad en una pareja recayó en la práctica totalidad de las ocasiones en la mujer. Para **solventar la infertilidad** se hacía comer a las mujeres entrañas de animales como la liebre, darse baños bajo la luz de la luna llena o colocar una perla bajo el jergón en el que dormían los esposos. Una vez conseguida la concepción, los esfuerzos por **llevar un buen embarazo** recaían en la acumulación de amuletos y en un inabarcable número de pequeñas supersticiones...

Si durante estos meses fallecía alguien conocido de la madre, esta no debía asistir al funeral porque corría el riesgo de que las almas del difunto y del *nasciturus* fueran intercambiadas. Para evitar las marcas de nacimiento no se debía permitir que ningún roedor tocase el vientre de la madre. Una antigua superstición inglesa pide no hablar abiertamente del bebé, y mucho menos decir su nombre, antes del nacimiento, puesto que atraería a los espíritus y podrían interferir en el curso del embarazo. En la mayor parte del mundo los antojos culinarios de la embarazada han de ser atendidos a la mayor brevedad para evitar que el bebé nazca con manchas que imiten el alimento que la madre deseaba y no pudo tomar.

Llegado a término el embarazo, el nacimiento es el momento más crítico por el que la madre y el bebé han de pasar. Durante siglos las infecciones, la carencia de medios y otras cuestiones debidas al escaso desarrollo de la medicina se tradujeron en una alta mortalidad infantil y de la madre en el momento del parto. Por esta razón existen una gran **variedad de superticiones y remedios para sobrellevar estas horas del alumbramiento** de un nuevo ser. En culturas tan diferentes como la India, la de la isla de Java o la anglosajona, llegado el momento del parto, deben abrirse todos los cajones, las puertas y las ventanas del lugar en el que esté la parturienta para facilitar la llegada del bebé. En ese momento todavía hoy se utilizan varios rituales para asegurar un parto sano y evitar un exceso de dolor a la madre, entre los que destacan colocar unas monedas de plata entre las sábanas, situar a la izquierda de la madre, en una mesita, unos nidos vacíos de avispas y que la parturienta porte sal en su mano izquierda. La posición de la cama y la madre en el parto también se creía que influía a la hora de facilitar la llegada del bebé. Por eso durante siglos se ha colocado la cabeza de la madre hacia el norte y las extremidades inferiores hacia el sur.

Existen también algunas **supersticiones sobre los días más y menos favorables para el nacimiento**. Se creía que los niños nacidos en domingo serían inmunes a la brujería y nunca morirían colgados ni ahogados. Los nacidos en Halloween podrían tener una especial conexión con los espíritus y una fácil comunicación con el más allá. En la Edad Media se pensaba que los nacidos el día 25 de diciembre solo vivirían hasta alcanzar la misma edad que Jesús, 33 años. La superstición sobre el nacimiento también se extendía a las horas del día. Si el nacido llegaba al mundo a las tres, seis, nueve o doce horas se consideraba de mala suerte, aunque el bebé desarrollaría una alta capacidad para percibir el mundo de lo sobrenatural. En general, la suerte acompañaba a los nacidos durante el día y rehuía a los que llegaban durante la noche. Si el parto ocurría a la puesta de sol, el bebé sería un adulto vago y ocioso.

También existen una serie de **supersticiones sobre la higiene y vestimenta del recién nacido**. En algunas culturas se cree que no se deben cortar las uñas ni el pelo de los niños durante el primer año porque se les restaría fuerza para deshacerse de los malos espíritus durante la noche. No se debe lavar la mano derecha del bebé durante los tres primeros días de vida para no quitarle su buena suerte. El agua del baño de los bebés debe verterse sobre un árbol o una planta para que el niño crezca sano. La primera vez que se vista a un bebé ha de hacerse con ropa usada y debe comenzarse por los pies y terminar por la cabeza. Hasta comienzos del siglo xx en algunas culturas se vestía a todos los bebés como niñas, se dejaba que el pelo creciera y se les realizaban tirabuzones…, basándose en la absurda creencia de que las niñas eran un trofeo menos apetecible para las brujas, espíritus y demonios que podían perturbar los primeros meses de vida de un bebé.

Uno de los mejores **regalos para realizar a un bebé** es el de una pequeña joya que contenga la gema que de acuerdo con la superstición corresponda al mes en el que nació y le sirva de amuleto para potenciar las características propias de los llegados al mundo en esa fecha. Los nacidos en enero utilizan el granate para afianzar su apego a la verdad y la constancia. La gema que se asocia con febrero es la amatista, símbolo de sinceridad y sobriedad en la forma de vivir. En marzo el heliotropo aporta coraje y fuerza mental. Abril es el mes de los diamantes, que simbolizan la inocencia y la luz interior. Mayo está asociado con las esmeraldas y su éxito en materia amorosa. Junio cuenta con dos opciones: el ágata para la salud y la longevidad y la perla, que simboliza la pureza. Julio también se puede

reflejar con dos tipos de gemas: el rubí, que es señal de coraje, y la cornalina, que simboliza la amistad. Los nacidos en agosto pueden utilizar el ónix como muestra de felicidad conyugal. En septiembre, el zafiro, que está relacionado con el amor. En octubre, el ópalo, que simboliza la esperanza. Los nacidos en noviembre tienden a utilizar el topacio para mostrar su personalidad fiel. Y la gema de diciembre es la turquesa, que simboliza la prosperidad.

Los ritos de paso, la superstición de un nuevo reto

Los ritos de paso son diferentes en cada cultura, pero tienen en común que suponen un **cambio en la consideración de las personas** a ojos de sí mismas y de la sociedad. En esta categoría vital entran ritos como la pérdida de la dentición de leche con la que el infante pasa a ser un niño, las ceremonias religiosas o sociales asociadas a una determinada edad alrededor de la pubertad, la propia mayoría de edad, la manera de celebrar el cumpleaños o los hitos propios a los que da valor cada grupo social.

Al perder los **dientes de leche** los infantes pasan a un nuevo periodo de su vida, que se alargará hasta la adolescencia, en el que son considerados niños e inician una formación reglada formal para introducirse en la sociedad. En multitud de culturas existe la tradición de que un ente de fantasía tome esas piezas durante la noche y deje, a cambio, un regalo para el pequeño. En el mundo latino este ser es el Ratoncito Pérez; en el mundo anglosajón es el Hada de los Dientes. Ambos responden a una larga tradición que ha unido la dentición a roedores y seres mágicos. En la Edad Media cuando un niño perdía los dientes de leche, estos se dejaban en el exterior de la casa para que fueran roídos por ratas o ratones y si así ocurría se consideraba un signo de buena suerte y de excelente salud. La tradición del Hada de los Dientes se enraíza en la mitología nórdica en la que se hacía un *tannfé*, que se podría traducir como «cuota de los dientes», según la cual se daba un pequeño regalo al niño con la llegada del primer diente de adulto. La tradición continuó desarrollándose en Europa durante la Edad Moderna y se extendió a otros continentes. La fábula del Ratoncito Pérez español surgió en el siglo XIX y fue escrita para el rey niño Alfonso XIII (1886-1954) por un cura jesuita por encargo de su madre, la regente María Cristina (1858-1929), que quería así dar un soporte infantil a las tradiciones existentes que agradara a su hijo.

El rito de paso más celebrado en todas las sociedades es la **llegada a la vida adulta**. Este varía enormemente de una cultura o religión a otra, y muchos de ellos se celebraban antiguamente en unas edades cercanas al momento en el que la procreación resultaba viable que no se acomodan a la realidad social de hoy en día.

En la **antigua Roma** este paso a la vida adulta de los varones se realizaba con el **cambio simbólico de la ropa** que debían vestir. No había una edad fija para este paso, el padre de familia decidía de acuerdo a la madurez del chico y solía tener lugar entre los 14 a los 16 años. Cada 17 de marzo, durante la fiesta de *Liberalia*, tenía lugar un ritual por el que el joven dejaba de utilizar la toga *praetexta* de la niñez, de color morado, y recibía la toga *virilis*, que era blanca y sin ningún adorno. En ese momento también se le retiraba al chico la bula, el amuleto que había llevado durante toda su infancia colgado al cuello, y se realizaba el primer afeitado de su barba, cuyo vello se conservaba y se consagraba a los lares de la familia en el altar de cada casa.

En la **tradición judía** este paso se celebra con los rituales *Bar* y *Bat Mitzvá* al que se someten los jóvenes de ambos sexos entre los 12 y los 13 años y que consiste en demostrar su firme compromiso con la fe hebrea demostrando ante la comunidad que han memorizado y recitan textos de la Torá. En la fiesta posterior a la ceremonia es costumbre regalar dinero como símbolo de la riqueza que se desea para el recién llegado a la vida adulta.

Entre **los inuit** el rito de paso consiste en cazar con los padres. Así se iniciaban en este arte que les ha dado sustento alimenticio durante siglos. En la actualidad lo realizan niños y niñas de entre 11 y 12 años, que pasan por un ritual mágico con el chamán de la localidad para abrir una vía de comunicación entre ellos y los espíritus de los animales, una conexión que garantizará el éxito en la caza. La salida implica desplazarse a varios kilómetros a pie, en la nieve, hasta un lejano campamento y demostrar que se pueden soportar las extremas condiciones de vida a las que el pueblo inuit ha estado sujeto desde su nacimiento.

Los pueblos indígenas del Amazonas tienen también un elaborado rito de paso a la edad adulta. Los varones de la tribu sateré-mawé debe someterse a un **ritual de resistencia** que consiste en salir a cazar las temidas hormigas blancas de la selva. Con ellas se realiza un guante en el que el aguijón del animal queda hacia la parte interior de la prenda. Los jóvenes deben ponerse el guante y resistir la picadura de los rabiosos insectos al menos durante 10 minutos. El ritual se repite en 20 ocasiones, un número que es simbólico para la tribu, durante los siguientes meses hasta conseguir que el joven no grite ni llore al recibir el picotazo de los aguijones. En ese momento se le considera resistente a todos los animales y espíritus que habitan en la selva amazónica.

Las tribus masáis de Tanzania y Kenia han desarrollado un elaborado ritual para certificar el paso de los varones a la vida adulta. En este pueblo **la**

ceremonia se realiza en una edad no establecida **entre los 10 y los 20 años**. El ritual comienza tomando una bebida realizada a base de alcohol, leche y sangre de vaca. A la mañana siguiente los muchachos son circuncidados y bendecidos por el chamán. La buena suerte para los siguientes 10 años de vida la ganan aquellos que son capaces de soportar la operación sin emitir un solo quejido y pueden pasar a ser guerreros.

En **Japón** la mayoría de edad se celebra desde hace 1200 años en la **festividad del Seijin-no-Hi**, en la que los chicos, y ahora también las chicas, acuden vestidos con sus mejores galas tradicionales a una ceremonia en el ayuntamiento de su prefectura en la que reciben el beneplácito de la comunidad para ingresar en la sociedad como adultos. El ritual tiene lugar el segundo lunes de enero de cada año y los participantes reciben regalos en forma de dinero para atraer el bienestar material en su nueva vida y talismanes que les puedan proteger durante los siguientes años.

En **España** el rito más popular de paso a la edad adulta ha sido el de la celebración de los quintos. Esta fiesta surgió en el siglo XV, cuando en el reino de Castilla se impuso la obligación de servir en el ejército al llegar a la edad establecida a uno de cada cinco varones de cada localidad. Cuando se conocían los jóvenes que habían sido seleccionados, se celebraba un ritual que se convertía en una fiesta para toda la localidad. En España coexisten decenas de tradiciones sobre **el rito de los quintos**. Una de las más famosas es la de la tala del árbol en Castilla, que consistía en talar un árbol sin desbrozarlo y trasladarlo al centro de la plaza del pueblo para que las solteras de la localidad acudieran a él a dar flores a los quintos como señal de buena suerte en su nueva tarea. Desde el fin del servicio militar masculino obligatorio en España a finales del siglo XX la tradición de los quintos ha sufrido importantes cambios: por una parte, ha decaído en la mayoría de las poblaciones, pero, por otra, se ha transformado en una celebración que ahora une a chicos y chicas que cumplen 18 años, la mayoría de edad legal en España, un año durante el cual revisitan los rituales y tradiciones más antiguas de su región. En **América** un gran número de comunidades latinas celebran la **fiesta de 15 años** como un rito de paso a la edad adulta. Esta tradición tiene su origen en los pueblos aztecas y mayas que tenían una serie de rituales para introducir en la sociedad a las jóvenes de 15 años y prepararlas para el matrimonio.

Pareja, amor y felicidad conyugal, un objetivo común e incontables rituales

Encontrar pareja y desposarse es uno de los mayores retos personales a los que se han enfrentado hombres y mujeres a lo largo de la historia. Conocer a la persona adecuada, ganar su amor, hacerlo oficial con un ritual, tener una vida acomodada y feliz, plantearse el tener hijos..., todos y cada uno de estos pasos relacionados con el matrimonio han dado lugar a una gran cantidad de supersticiones.

Estar en una disposición de búsqueda activa es la mejor de las actitudes para encontrar a esa persona especial que mucha gente anhela, pero existen hoy en día algunas **señales, símbolos y rituales** que desde la tradición y la superstición se cree que ayudan a conseguir el objetivo deseado. Una de estas supersticiones tiene que ver con el uso de perlas como joyas y data de la antigua Grecia. En la mitología helena las perlas blancas eran las lágrimas de Afrodita, la diosa del amor, y si una persona soltera las recibía como regalo era señal de que de quien se había enamorado no era la persona indicada. Pero quien recibía las perlas como regalo podía romper la mala suerte asociada a esta joya si, a cambio, entregaba una cantidad de dinero a quien se las había ofrecido. Así, las perlas no eran un regalo, sino que habían sido adquiridas y, por lo tanto, no había ofensa a los dioses. En la cultura helénica regalar perlas negras era símbolo de la llegada del amor y de un gran número de pretendientes entre los cuales se podría elegir a la pareja soñada.

Cada cultura o pueblo tiene, de una manera u otra, algún tipo de **ritual supersticioso para encontrar pareja** o poder casarse. En las **islas Fiyi** los hombres deben dar caza a un cachalote para entregar su colmillo al jefe de la tribu y que así este les permita cortejar a la mujer de la que están enamorados. En **Tanzania** son las mujeres las que demuestran su interés por un hombre robándole alguna de sus pertenencias del día a día, como zapatos o sus herramientas de trabajo. Si el hombre corresponde los sentimientos de la mujer, pedirá su mano, se casará con ella y… recuperará sus pertenencias. Entre los miembros de los fulani de **Senegal** la búsqueda de pareja se realiza en un ritual que dura siete días. Durante esa semana los hombres realizan pruebas físicas y bailes rituales tradicionales. Son las mujeres las que, siguiendo el orden jerárquico de la tribu, van eligiendo a su posible futuro esposo y ven si el amor entre ambos es correspondido. En **Armenia** todavía se practica la tradición de que las mujeres solteras que quieran encontrar marido coman todas las noches una suerte de pan salado. Cada jornada, entre sueños, tendrán sed por la sal del bizcocho y quien se les aparezca en esos sueños sirviéndoles agua será la persona correcta para contraer matrimonio.

En la **tradición cristiana** el encargado de hacer milagros para encontrar pareja es **san Antonio de Padua (**1195-1231). Natural de una familia adinerada de Lisboa, terminó sus días en la ciudad italiana que le da su nombre convertido en un sacerdote franciscano dedicado a la atención de los pobres y los enfermos. San Antonio es considerado el patrón de los amores imposibles porque según la tradición se apareció a un joven que estaba en una iglesia de Roma y que no quería casarse con su novia. El santo le dijo que debía llevar a buen puerto el matrimonio y el joven quedó tan impactado por la experiencia que inmediatamente acudió a casa de su novia para formalizar el casamiento. En la actualidad existen **dos rituales** supersticiosos relacionados con este santo. El primero de ellos consiste en colocar una imagen de san Antonio dada la vuelta junto a una flor fresca blanca y una vela. Cada día 13, fecha en la que murió el santo, se le ha de dedicar una oración que reza así: «Dios todopoderoso y eterno: glorificaste a tu fiel confeso Antonio con el don constante de hacer milagros. Concédeme este amor que te pido confiando en la intercesión de tu amado siervo. Te lo ruego en el nombre de Jesucristo Nuestro Señor. Amén». El segundo ritual se celebra especialmente en la ciudad de Madrid y surgió de una tradición popular de las costureras que acudían cada año a la ermita dedicada a san Antonio en el parque de la Florida de la capital de España. Allí llevaban como regalo 13 de sus alfileres, que se depositaban en una pila de piedra. Luego las jóvenes se acercaban a esa pila y, tras realizar una oración, posaban su mano sobre todos los alfileres acumulados. El número de alfileres que se les quedaran pegados a la mano cuando la sacaran sería el mismo que el de pretendientes que tendrían durante el siguiente año. Para que el ritual tuviera efecto había que llevarse a casa los alfileres y guardarlos.

El **anuncio del compromiso** tiene también una serie de tradiciones y supersticiones. Hoy en día se cree que lo importante es elegir para **el anillo de boda** una piedra que sea símbolo de felicidad y prosperidad. Las que mejores augurios traen para un matrimonio son los diamantes, los zafiros, las esmeraldas y los rubíes; también se puede optar por la gema que corresponda con el mes del nacimiento de cada contrayente. Según

la superstición, se deben evitar las perlas, que son símbolo de lágrimas, y el ópalo, a no ser que esta fuera la gema del mes de nacimiento. **El día del anuncio** del compromiso también es importante desde un punto de vista supersticioso porque ya es señal del futuro que tendrá la nueva pareja.

Si es en lunes es señal de una vida azarosa y llena de aventuras. Si se realizara en martes es símbolo de alegría. Los miércoles anuncian armonía. Los jueves son indicativos de que los deseos que ambos contrayentes tienen en común se cumplirán por completo.

Los viernes, por el contrario, son señal de que la pareja tendrá que trabajar intensamente para alcanzar sus objetivos. Los sábados traerán a los comprometidos una vida llena de placeres. No es recomendable hacer el anuncio en domingo.

Los griegos tenían una serie de supersticiones sobre cuándo debía realizarse el **ritual del matrimonio**. El momento preferido era durante el mes de *gamelión*, entre enero y febrero, pues estaba dedicado a la diosa Hera. Los romanos también consideraban unas fechas propicias y otras nada recomendables para llevar a cabo este ritual. La fecha que gozaba de mejor fama era la de la segunda mitad del mes de junio, pues era el momento de las fiestas del solsticio de verano y toda la naturaleza se encontraba en plena explosión de fecundidad y belleza. Entre las fechas desaconsejadas estaban cualquier día del mes de mayo, que era el dedicado a los difuntos. Tampoco era propicio casarse los días 13 y 21 de febrero debido a las fiestas de *Parentalia* ni cerca de los idus de marzo. Otras fechas que había que evitar eran el 24 de agosto, el 5 de octubre y el 8 de noviembre porque tenía lugar en Roma la apertura de la fosa que existía en el Circo Máximo que se creía que comunicaba con el inframundo.

En **el día de la boda** cada una de las cosas que ocurren tiene una importancia para **la tradición y la superstición**. La misma mañana del enlace la novia debe dar de comer a los animales de compañía para ganar su respeto y cariño para la nueva vida familiar. El tiempo que haga durante ese día también puede considerarse una señal de cómo será el matrimonio de los contrayentes. La nieve y la lluvia son consideradas símbolos de gran suerte para los nuevos esposos. Pero muchos prometidos no quieren exponerse a las incomodidades logísticas que puede traer un día de lluvia y por eso realizan **rituales para garantizarse un día seco y soleado**. Entre los más conocidos se encuentra la tradición que data de la Edad Media que requiere que la novia —hoy en día la cumplen ambos contrayentes— lleve una docena de huevos a un convento dedicado a santa Clara de Asís (1194-1253) porque, entre otros patronazgos, la santa italiana se asocia con el buen tiempo.

El vestido de novia es uno de los secretos mejor guardados en cada boda. Se cree que si la novia lo viste antes del matrimonio o si el otro contrayente lo ve es señal de mala suerte. El color del vestido de novia ha ido cambiando a lo largo de los siglos. El vestido en tonos blancos que actualmente es mayoritario fue puesto de moda por la reina Victoria en su boda en 1840, pero no fue hasta mediados del siglo xx cuando se popularizó. Hoy en día las novias utilizan todo tipo de colores, pero todavía persiste la superstición inglesa que dice *Married in green, ashamed to be seen*, que indica que los casados de verde sentirán vergüenza de ser vistos por los demás. **El tejido** con el que se confecciona el vestido también está sujeto a superstición: la seda es el más utilizado hoy en día porque es el que se considera más auspicioso. El satén trae mala suerte y el terciopelo es señal de que el matrimonio no gozará de buena estabilidad económica. **El velo** de la novia es una pieza fundamental en el ritual de algunas culturas y tiene su origen en la antigua Roma. Simboliza castidad y modestia, pero también sirve para evitar que ningún espíritu moleste a la contrayente. Con esta misma intención surgió la tradición de vestir a todas las damas de honor de la misma forma y combinadas con la novia: así se confundía a los espíritus y se evitaba que causaran algún daño durante la celebración. Las prendas que la novia debe llevar el día de su boda se complementan con otra **superstición victoriana para atraer la buena suerte**: algo viejo, algo nuevo, algo azul y algo prestado. Algo viejo debe ser una prenda antigua que le entregue a la novia una mujer ya casada. Algo nuevo simboliza el bienestar y prosperidad de los recién casados y suele ser regalado por parte de los amigos de la pareja. Algo azul suele ser una pequeña pieza de lencería, lazo o aplique que representa la pureza del amor de los novios y la confianza mutua que se tienen. Algo prestado suele tratarse de un objeto que la familia de la novia le permite usar durante la boda, pero para asegurar la buena suerte de los recién casados deberá devolverlo a sus dueños antes de iniciar el viaje de novios o su vida en común.

En la **religión hebrea** la celebración del matrimonio también se compone de una sucesión de ritos tradicionales encaminados a atraer la buena suerte sobre los contrayentes y a mostrar de manera simbólica las tradiciones de esta fe. **El ritual matrimonial** empieza una semana antes de la fecha del enlace, momento desde el cual los novios no pueden verse. El día de la celebración da comienzo cuando ambos, cada uno por su parte, saludan a los respectivos invitados. Las madres de los contrayentes rompen unos platos para simbolizar que aquello que se ha destruido no puede volver a ser lo mismo ni recomponerse con facilidad. Los novios pueden casarse en cualquier lugar que elijan, no es necesario que sea un sitio religioso, pero siempre ha de realizarse bajo la jupá, un palio de cuatro varas bajo el cual tendrá lugar el rito principal. La jupá representa la casa tradicional judía de Abrahán y Sara. Durante la ceremonia varios rituales, como las bendiciones o las vueltas a la jupá, se realizan siete veces, porque este número simboliza los días en los que Dios creó el mundo.

El ramo de novia tiene un doble sentido supersticioso. Por un lado, se ha asentado en la mayor parte del mundo la tradición, nacida en Francia, de lanzar las flores nupciales hacia las solteras que asistan a la fiesta matrimonial. Se cree que la que se haga con el ramo será la siguiente en casarse. Por otro, está la tradición, que se pierde en la antigüedad, por la que las novias portaban flores que mostraban sus deseos sobre el matrimonio y hierbas aromáticas para protegerse de los malos espíritus. Desde que en la época victoriana se hizo popular un libro sobre **las flores, sus colores y significados** los nuevos contrayentes elijen con suma atención la composición del ramo para atraer la buena suerte y deslizarse mensajes en clave sobre su futuro como esposos. Las peonias blancas, rojas y rosas son símbolo de buena suerte y un matrimonio sin contratiempos. Las rosas blancas representan la inocencia y el compromiso para toda la vida, mientras las amarillas son señal de una relación atormentada por los celos. La lavanda, con su aroma, atrae la sensualidad y el deseo carnal entre los novios. Los girasoles representan admiración mutua y las calas, con su forma de copa, auguran un matrimonio jovial. Las hortensias simbolizan la feminidad.

El **mundo anglosajón** tiene varias supersticiones matrimoniales propias. En esta cultura uno de los contrayentes toma el apellido del otro y existe la superstición de que es señal de mala suerte que la inicial del apellido de soltero y la de casado coincidan. También es signo de extrema mala suerte si a uno de los contrayentes se le cae el anillo durante la ceremonia antes de intercambiarlo con el de su pareja. Si esto ocurriera, solo la persona que oficie la ceremonia puede recogerlo, nunca los novios ni sus familiares.

La tarta de bodas es otro de los elementos de la celebración del matrimonio cuyas supersticiones son comunes en un gran número de culturas. Tiene su origen en muy diferentes tradiciones. En China está relacionada con la voluntad de atraer la buena suerte a todos los que asisten a una boda. En Inglaterra la tarta es la sucesora de los panes de la novia, unos pequeños bollos que cada invitado llevaba a la fiesta de celebración del matrimonio y que se colocaban uno encima de otro frente a los novios. Cuanto más alta llegara a ser la torre formada por los panes, más próspero sería el matrimonio. Hoy en día en la mayor parte del mundo la tarta ha de estar compuesta de los más exquisitos ingredientes para simbolizar la nueva vida en común. La novia no debe haber participado en su elaboración ni haberla probado antes del día de la boda. La tarta debe cortarse a la vez por ambos contrayentes y se ha de ofrecer a todos los invitados; aquel que la rechace estará tentando a la mala suerte. En algunas regiones los esposos guardan una porción de la tarta hasta el nacimiento del primer hijo para poder mostrársela como símbolo durante su bautizo.

La noche de bodas también tiene una superstición concreta que asusta a muchos esposos, puesto que se cree que aquel que se duerma más tarde en la noche de bodas será el más longevo de los dos miembros de la pareja.

El ocaso de la vida, el tránsito al más allá

La vejez y la llegada del momento de la muerte son una las realidades más inexorables a las que el ser humano tiene que hacer frente desde su propio nacimiento. La etapa final de la vida y el momento de la desaparición de este mundo han sido siempre tratados con miedo, reverencia y grandes dosis de superstición para intentar alargar la vida y alejar el momento de la muerte.

La primera de las grandes civilizaciones que orientó toda su existencia hacia la muerte como paso a otra vida fue el antiguo Egipto. El aquí y el ahora estaban considerados como un simple preámbulo, una introducción previa a lo verdaderamente importante: el más allá. No en vano la inmensa mayoría de los monumentos que han perdurado de esta civilización son de carácter religioso o funerario, casi nunca edificios relacionados con la vida cotidiana. Esta obsesión por la muerte quedaba también reflejada en las supersticiones. Quizá **la creencia funeraria más conocida de los antiguos egipcios** sea la necesidad de conservar el cuerpo del difunto intacto para poder acceder a la eternidad. Esta superstición los llevó a momificar los cadáveres de hombres, mujeres, niños e incluso animales domésticos para garantizar su correcto acceso al más allá. Los egipcios creían que el ser humano estaba compuesto de **cinco elementos**: el cuerpo, el nombre, la sombra, el ka (semejante al alma o al espíritu) y el ba (una suerte de huella de la divinidad). Los cinco elementos debían conservarse en perfecto estado si el difunto quería ser bienvenido en el Reino de Osiris, nombre con el que se conocía al más allá. Si uno de ellos faltaba o era destruido, el muerto desaparecía para siempre. Por este motivo, tras la muerte de un faraón era frecuente que sus enemigos atacaran su momia e intentaran profanarla o destruirla, creyendo que así privaban al monarca de su existencia póstuma. Del mismo modo, los sacerdotes y familiares de un faraón fallecido podían recurrir a esconder la momia o cambiarla de sitio para protegerla de sus enemigos.

Para asegurar que los cinco elementos que componen al ser humano volvieran a unirse tras la muerte, existía un ritual conocido como «la apertura de boca», que se tratará con más detalle en el capítulo dedicado a los ritos y la observancia. Siglos después de que la civilización egipcia desapareciera, las momias pasaron a protagonizar supersticiones muy diferentes. En la Edad Media se creía que el polvo de momia, que se obtenía al moler los vendajes de los antiguos egipcios, poseía poderes afrodisíacos. Por esta razón los restos mortales de muchos de ellos han desaparecido para siempre. Ya en la Edad Moderna y Contemporánea se extendió la superstición de la **maldición de la momia**, que partía de la idea de que los antiguos faraones habían dejado poderosas maldiciones que castigarían a los que osaran perturbar su último reposo. El ejemplo más famoso de maldición fue el de Tutankamón, que supuestamente acabó con la vida de más de 20 personas tras el descubrimiento de su tumba por parte de Howard Carter en el año 1922.

Los antiguos egipcios también creían que el difunto podía llevar consigo objetos personales, comida y bebida al más allá. Por este motivo, una de

sus **supersticiones más habituales** era enterrar a los seres queridos con las cosas más importantes que le hubieran pertenecido y con aquellas que le hubieran causado gran placer durante su vida. Existen ejemplos de niños que fueron enterrados con sus juguetes para que pudieran seguir divirtiéndose con ellos después de muertos, como es el caso del faraón niño Tutankamón, en cuya tumba se encontró incluso un perro de juguete con la mandíbula articulada. También existía la costumbre de visitar las tumbas de los fallecidos una vez al año, el día de la Gran Fiesta del Valle, para llevarles ofrendas de comida, bebida, perfumes y otros productos cotidianos que pudieran necesitar para su vida de ultratumba. Una variedad especial de estos objetos que acompañaban a los antiguos egipcios eran los ushebtis, pequeñas estatuillas de distintas medidas con forma humana. Según la superstición, estas figurillas tenían la capacidad de cobrar vida en el más allá para transformarse en sirvientes del difunto. Los faraones podían ser enterrados con cientos de ushebtis, que se encargarían de todas las necesidades del rey difunto, pero incluso las personas más humildes eran enviadas al sepulcro con al menos alguna de estas pequeñas estatuas.

Los griegos también tenían un **completo ritual** para hacer que el tránsito entre el mundo de los vivos y el de los muertos fuera lo más llevadero posible. Su mitología indicaba que la frontera entre la tierra y el Hades, el mundo de las sombras, estaba delimitada por el Estigia, río del odio; el Flegetonte, río del fuego; el Lete, río del olvido; el Aqueronte, río de la aflicción, y el Cocito, río de las lamentaciones. Todos ellos confluían en una gran ciénaga por la que las almas vagaban sin poder llegar a tierra. En el río Aqueronte vivía **Caronte**, el barquero de Hades, que por un módico precio transportaba las almas de los recién fallecidos hasta el inframundo, donde serían juzgadas por los hechos que hubieran realizado en vida. Los que no pagaran a Caronte tendrían que esperar un siglo penando en la orilla hasta que el barquero los transportara gratis o arriesgarse a cruzar el río y la ciénaga sufriendo todo tipo de desgracias. Para facilitar el paso y abonar el precio del viaje a Caronte, los griegos con posibilidades económicas colocaban una valiosa moneda bajo la lengua del difunto.

Los romanos tenían la creencia de que al difunto había que ayudarle a **salir del mundo de los vivos** para llegar al de los muertos. Por ello los ritos funerarios tenían una doble función: la de acompañar al difunto para que no quedara atrapado vagando por el mundo mortal y la de volver a purificar a sus familiares, puesto que después de un fallecimiento todas las personas cercanas por lazos familiares al difunto quedaban marcadas como nefastas, con extrema mala suerte y sin el favor de los dioses, por lo que los rituales eran esenciales para volver a la vida normal, lo que más adelante se desarrollaría como el luto tal y como hoy se conoce.

A lo largo de la historia la superstición ha tratado de que aquellos que fallecían tuvieran una buena muerte, una buena partida en paz, camino del lugar donde, según sus creencias, pensaran que debía habitar desde entonces. La muerte puede ser anunciada a las personas por medio de los sueños. La superstición cree que cuando alguien tiene un sueño —no ha de ser obligatoriamente una pesadilla— en el que se le caen los dientes es señal de que alguien muy cercano va a fallecer pronto.

La **tradición cristiana** lleva practicando el **ritual de la extremaunción** desde el inicio de la Edad Media. Su objetivo era invocar al Espíritu Santo para que ayudase a la persona que se encontraba entre la vida y la muerte a transitar a la otra vida en paz, armonía y acompañada. Para los cristianos este rito fue instituido por Jesús, pero sus fuentes lo sitúan en tiempos anteriores: la tradición judía y la manera de preparar a los muertos que se llevaba a cabo en Egipto y Mesopotamia. Tras siglos de historia a mediados del siglo xx el Concilio Vaticano II modificó el ritual, cambió su nombre y amplió su significado. Desde esa fecha se denomina «unción de los enfermos» y busca reconfortar a las personas mayores y a aquellos que tengan graves enfermedades, aunque no se encuentren en un extremo peligro de muerte. Para **el ritual se utilizan unos óleos**, unos aceites aromáticos que son bendecidos anualmente por el obispo de cada diócesis durante la misa de Jueves Santo. El rito es muy sencillo y en él el sacerdote moja su dedo en los óleos y realiza la señal de la cruz en la frente y las manos del enfermo diciendo: «Por esta santa unción, y por su bondadosa misericordia, te ayude el Señor con la gracia del Espíritu Santo. Para que, libre de tus pecados, te conceda la salvación y te conforte en tu enfermedad. Amén». El ritual se acompaña, en la medida de las posibilidades, con el sacramento de la confesión. De este modo el enfermo, según la creencia cristiana, queda preparado para la muerte al haber confesado sus pecados y haber reclamado la compañía del Espíritu Santo porque de lo que se trata es de evitar una posible condena que impida el acceso a la resurrección y la presencia divina.

Todavía **hoy se conservan tradiciones y supersticiones** asociadas a la muerte, como la de que en cuanto se confirma el fallecimiento de una persona se deben cerrar sus ojos para que el difunto no tenga miedo y para que nadie de entre los vivos pueda mirarle fijamente e impedir su viaje.

Con esta misma intención el cadáver se debe situar en la cama como si la persona se encontrara todavía viva y descansando, con la cabeza en la parte superior y los pies en la parte inferior de la cama. Esta parte inferior no debe ser bloqueada y ningún familiar debe situarse ahí durante el duelo, sino a los lados de la cama, el ataúd o el catafalco. Los espejos, según la superstición, también tienen la capacidad de retener el alma del recién fallecido, por lo que deben cubrirse con un velo negro. En cuanto a las **fechas de la muerte**, no es que haya una que se elija con especial acierto, sino que ocurre, pero las que tienen lugar en la noche de Halloween son las más peligrosas debido a que las almas de otros fallecidos pueden confundir al recién incorporado a este grupo cuando trate de encontrar la puerta hacia el más allá que se abre todos los años en esa fecha. A su vez, la tradición cristiana indica que aquellos fallecidos durante la noche del 24 de diciembre no tendrán que ir al purgatorio y se dirigirán directamente al cielo, cuyas puertas están abiertas para que nazca Jesús y los ángeles le adoren.

Los **ritos funerarios** de cada cultura y religión son muy diferentes en sus formas, pero en general todos buscan velar al fallecido en su casa o en un lugar señalado para la ocasión, evitar que su alma transite a un sitio incorrecto y que un cortejo formado por familia y amistades lleven los restos mortales del finado de la manera que se tenga por costumbre hasta un punto donde será embalsamado, inhumado o incinerado.

En los funerales existen incontables supersticiones relativas tanto al fallecido y su tránsito como a las personas que acuden a estas ceremonias a dar el último adiós a un ser querido. La tradición pide que todas las personas que asisten a un funeral no hablen mal de la muerte, sino que utilicen expresiones que todavía hoy están en uso, como «qué Dios le bendiga», «que su alma descanse en paz», «pobre…», indicando el nombre del finado. Esta tradición se basa en una superstición romana, y puede que anterior, que creía que hablar mal de la muerte en el momento en que ha venido a llevarse a una persona puede hacer que se enfade y decida, en represalia, tomar la vida de alguno más de los que asisten al funeral. Otra superstición relacionada con el funeral es la de que se debe tocar el cuerpo del fallecido a modo de cierre de ciclo vital y de despedida. De esta manera se evitará que el espíritu del muerto se aparezca en sueños o moleste a la persona durante el resto de su vida. Otra superstición cree que después de acudir a un funeral y haber visitado el cementerio para las exequias no se debe volver a casa, sino que se ha de detenerse antes en varios sitios y llevar a cabo algunas acciones para distraer a los malos espíritus que pudieran haber decidido seguir a la persona hasta su casa y llevar la oscuridad, las maldiciones y la mala suerte hasta el hogar de un vivo.

En el mundo anglosajón y en muchas culturas alrededor del mundo después del funeral se sirve un refrigerio que vuelve a reunir a familiares, amigos y conocidos del fallecido. Esta tradición tiene su origen en una superstición de la Edad Media llamada «los comepecados». Se creía que se podía acelerar la llegada al cielo del difunto si se tomaba comida que hubiera pertenecido, hubiera sido pagada o estuviera en la casa del fallecido. Los pecados de la persona que debía partir al más allá se transferían, por medio de los alimentos, a aquellos que los comieran, aligerando así la carga del purgatorio y pudiendo incluso esquivar esta estación intermedia antes de llegar al cielo. Como había poca gente dispuesta a asumir los pecados de otros, se creó un grupo de personas que, previo pago de una buena cantidad, se dedicaban a tomar alimentos en los funerales para, literalmente, comerse los pecados del fallecido. Desde entonces se ha mantenido la tradición de servir comida en los funerales.

Alrededor del mundo todavía se mantienen **tradiciones funerarias muy particulares** que ilustran de un modo muy claro la gran variedad de supersticiones que existen con respecto a la muerte.

En el **Altiplano andino** se considera que toda persona tiene siete almas diferentes, que en el momento del deceso van a lugares distintos.

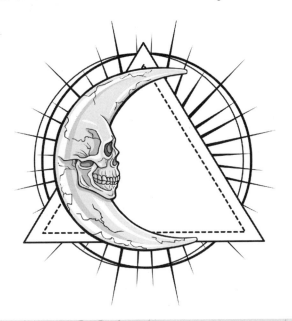

Entre ellas hay una que se queda en el cráneo del difunto y cuya especial habilidad es la de poder visitar en los sueños a los vivos para protegerlos del mal y la mala suerte. Por esta razón en muchas casas de Bolivia todavía se puede ver el cráneo de familiares fallecidos expuestos en vitrinas o en un lugar prominente del hogar. El día 9 de noviembre es la festividad de las Ñatitas o cráneos y se les honra cubriéndolos con sombreros tradicionales y flores.

Los parsis de **la India** son un grupo religioso descendiente de los persas que huyeron de los árabes hacia el siglo x y que conservan la religión de Zoroastro, una de las más antiguas del mundo. Su principal eje de creencias se basa en el respeto a los cuatro elementos: agua, tierra, fuego y aire. Para no contaminar a los cuatro elementos, no lanzan los cuerpos al agua, como en la religión hindú, ni los inhuman en la tierra, ni los queman al fuego contaminando el aire. Los parsis depositan el cadáver en lo alto de una estructura circular denominada «torre del silencio», donde la carne del difunto es devorada por aves carroñeras y sus huesos terminan deshechos por la acción del sol y la climatología.

En **Guinea Ecuatorial** la tribu bubi de la isla de Bioko celebra dos rituales diferentes para los funerales. En ellos se funden las tradiciones ancestrales africanas y sus creencias católicas actuales. Por una parte, existen unos ritos determinados, centrados en la pena, el llanto y el largo luto para despedir a aquellas personas que fallecieron antes de cumplir los 80 años. Por otra parte, si el fallecido ha superado esta edad, el ritual se transforma en una fiesta de celebración, en la iglesia se escuchan cantos de alegría y el féretro es transportado a hombros por los familiares mientras bailan. Esta diferencia se basa en la superstición de que las almas de aquellos tan longevos que han tenido una vida completa deben ser acompañadas al cielo con cánticos para que Dios los escuche y los acoja sin dilación. Si después de tener una larga vida no se pudiera celebrar ningún logro, sería causa de extrema mala suerte y el alma del fallecido podría ser rechazada en el cielo y quedar atrapada en el mundo de los vivos.

En la **tradición balinesa** se cree que los fallecidos han de ser cremados ante sus familiares. La superstición dice que, dependiendo del tamaño de las llamas y el chisporroteo surgido de la pira funeraria del difunto, se puede saber si el alma está consiguiendo liberarse de su coraza física y está ascendiendo al cielo. Si las lenguas de fuego son altas y las chispas sonoras, es señal de ascensión al más allá.

En **Madagascar** existe la creencia de que los fallecidos no solo habitan en otro mundo, sino que tienen la posibilidad de visitar tantas veces como quieran el de los vivos para ayudar a sus seres queridos. Cada siete años se celebra la fiesta de la Famadihana, una ocasión en la que se acude a los lugares de enterramiento para abrir la tumba de los familiares difuntos con el fin de girar sus huesos. En el rito se rocían los restos con perfume y licores y se cambian de posición para asegurarse de que permanecen allí y mostrarles su respeto. Si la familia no cumpliera con este ritual, el fallecido podría disgustarse y abandonar definitivamente el mundo de los vivos y dejar de cuidar, proteger y bendecir desde el más allá a sus descendientes.

En **Ghana** existe la tradición de enterrar a los fallecidos en ataúdes con formas y decoraciones que tienen que ver con la profesión del difunto. Esta superstición sirve para mostrar a la divinidad que había sido una persona de provecho en la vida y que estaba a las órdenes de Dios para continuar siendo productivo en la nueva vida y evitar quedar castigado por tiempo indefinido en el purgatorio. Con el tiempo la tradición ha evolucionado a que los ataúdes ya representan lujosos vehículos, armas o lingotes de metales preciosos debido a la superstición de que así llegarán al cielo con esos bienes que, quizá, no se corresponden con la realidad que han vivido durante su tránsito terrenal.

En **China** cada decimoquinto día del séptimo mes del calendario lunar se celebra el festival de los Fantasmas Hambrientos que busca honrar a los muertos y agasajarles para que desde el más allá realicen todo tipo de intercesiones para garantizar la buena suerte y la prosperidad de los vivos. En esa fecha, y durante varios días, se construyen pequeños altares domésticos en el exterior de las casas con fotografías y recuerdos de los fallecidos, a los que se les presenta comida y se realizan ofrendas quemando billetes para «comprar» su atención y que permanezcan garantizando la buena suerte de los que todavía continúan vivos.

Las **filosofías de la Nueva Era** también han desarrollado sus supersticiones y ritos a la hora de enfrentarse a la inexorable llegada de la muerte. En países como el Reino Unido o Estados Unidos ya han comenzado a autorizarse cementerios verdes en medio del bosque. Son lugares acotados, de grandes dimensiones, de arboleda natural en donde se pretende que el cuerpo del difunto se disuelva de manera natural y el resto de la naturaleza lo reabsorba cumpliendo así con su creencia de un ciclo vital circular.

LOS COLORES

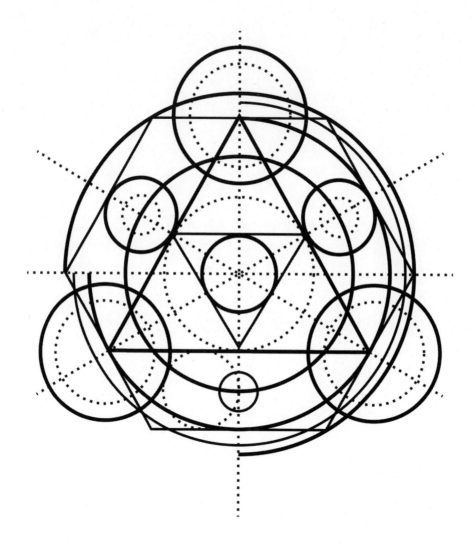

El color, para la ciencia, es la impresión que un tono de luz concreto produce en los órganos visuales. Es una de las cualidades que el hombre percibe en todo ser, objeto o cosa de la naturaleza. Los colores se han asociado desde el principio de los tiempos a aquello en lo que eran observados por el ser humano y han ido desarrollando un simbolismo, que con el paso del tiempo se ha transformado en muchos casos en superstición. Los colores adquirieron significados por múltiples motivos, algunos tan sencillos como su relación con aquello que representan; por ejemplo, el rojo asociado a la sangre. También por cuestiones culturales, como la cantidad de cosas que hubiera de un determinado color en una cultura o región geográfica. La escasez de tintes de una variedad ha llevado, con el paso del tiempo, a dar a ese color un significado asociado con la divinidad o lo regio y en el caso contrario, con lo común, lo sencillo.

El simbolismo de los colores

El simbolismo, significado y tradiciones supersticiosas sobre los colores han variado a lo largo de la historia, de las culturas y de los pueblos durante milenios. Los chinos al inicio de su imperio ya identificaron determinados colores con los puntos cardinales, asociando a otros pueblos con estos colores. Aristóteles dedicó uno de sus estudios a los colores básicos y los asoció con los elementos básicos de la naturaleza: agua, fuego, tierra y aire. Plinio el Viejo hace referencia a esta cuestión en su obra sobre historia natural y llega a la conclusión de que los colores tienen una fuerza propia que radica en su composición y en las mezclas que producen y que tienen efecto sobre el ser humano y su armonía. En la Edad Media los alquimistas europeos asociaron los colores a los elementos químicos con los que trabajaban: verde para los ácidos, blanco para el mercurio y rojo para el azufre, entre otros. Todos estos significados y usos que se iban dando al color conseguían al mismo tiempo fijar en la mente humana una serie de conexiones simbólicas.

El color blanco simboliza pureza, inocencia, virginidad, esperanza y santidad en la mayor parte de las culturas. Desde la tradición judeocristiana el blanco se asocia con la paloma que anunció a Noé que ya podía abandonar el Arca e iniciar una nueva etapa, libre de pecado, del hombre en el planeta. El Espíritu Santo también se representa con una paloma blanca, símbolo que más tarde se identificó con la paz que pone fin a los conflictos bélicos. El cristianismo también representa a Jesús, tras su resurrección, vistiendo solo ropas blancas. Para los mexicas y los aztecas era el color de Quetzalcóatl, su principal divinidad. En Asia, especialmente en China, el color blanco está unido a los funerales y el duelo desde un punto de vista positivo. Esto se debe a que se espera que los fallecidos accedan a un lugar mejor y por eso lo despiden con el color más puro. La flor blanca más utilizada en las exequias en China es el crisantemo, pero no debe regalarse nunca fuera de este contexto porque es símbolo de muerte y mala suerte. El blanco también en esta cultura es sinónimo de simplicidad, sin elaborar o falto de desarrollo. Por esta razón las empresas y comercios tienden a no utilizar el blanco en su decoración porque es símbolo de un negocio que no ha dado frutos y que no está prosperando. En su vertiente psicológica el blanco, al igual que el negro, es un color absoluto que simboliza el todo o nada. Es signo de calma interior, de conformidad con una vida plena que está discurriendo con felicidad y normalidad, de una manera sencilla y transparente. El blanco también tiene connotaciones supersticiosas negativas hoy en día, y cuando se observa un gato, perro o caballo blanco, se debe escupir al suelo para evitar la mala suerte.

El negro es el color que se ha asociado con la oscuridad, la muerte, la falta de vida y lo oculto en la mayor parte de las culturas y religiones debido a que es sinónimo de falta de luz y, por lo tanto, de incapacidad de entendimiento de lo que ocurre por parte del hombre. Solo las fuerzas divinas, benignas o malignas, pueden discernir lo que ocurre en la oscuridad y que escapa al entendimiento humano. El negro ya era utilizado en el arte del

Paleolítico. En la Grecia clásica era uno de los cuatro colores primarios y en Egipto se asoció rápidamente con el inframundo y el dios Anubis. En Roma dio el paso de convertirse en el color del luto y lo negativo. Los habitantes del Lacio marcaban en su calendario los días nefastos con piedras de color negro. En la cultura china el negro es un color de características neutras, asociado al cielo oscuro del norte y la región occidental, de donde provienen los emperadores. El negro es símbolo de poder, inmortalidad y conocimiento por encima de los mortales. Así, en las artes marciales se comienza utilizando un cinturón blanco, que indica escaso conocimiento, y se finaliza con el cinturón negro, símbolo de preparación, profundidad y conocimiento elevado de una materia. En psicología el negro está asociado al luto, pero también a la tristeza, la soledad y a las personas que son introvertidas u ocultan alguna parte de su vida o sus sentimientos.

La dualidad blanco y negro ha estado presente en el pensamiento del ser humano desde el inicio de su existencia. Está ligada a la más atávica relación entre la luz y la oscuridad, el bien y el mal y ha impregnado la mayor parte de culturas y pueblos a lo largo de la historia. En muchas ocasiones resulta imposible separar un significado, y su asociación con un comportamiento supersticioso, del otro porque van íntimamente ligados. Ya en el relato de la creación de la tradición judeocristiana se explica que Dios separó la luz de las sombras y desde entonces todos los mitos de divinidades celestiales frente a las del inframundo han utilizado esta contraposición de luz y sombras. **La cosmología china** tiene en el concepto del yin y el yang la máxima expresión de esta definición de opuestos interconectados de la que está compuesto el mundo hasta su máxima expresión supersticiosa, que es la buena y la mala suerte.

El rojo representa de manera general la vida, la salud, el vigor, la guerra, la rabia, el amor, el poder, la alta religiosidad…, todo ello con el nexo común de la pasión y la fuerza para entregarse a una tarea. El rojo es el color de la sangre que representa la esencia de la vida. Por ello ha sido muy utilizado como símbolo mágico tanto para repeler a malos espíritus como por parte de los practicantes de determinados tipos de magia para realizar sus hechizos. El rojo también es considerado el color de la pasión, la seducción y el amor; todavía hoy un corazón rojo es utilizado como símbolo universal del amor. Pero también tiene una connotación negativa asociada a la ira, a la llamada a la alarma y a ser reflejo de la enfermedad. En psicología el rojo define a las personas como entusiastas, optimistas, vitales, apasionadas, cuya tendencia a la competitividad las puede llevar a ser más impulsivas que planificadoras. En Asia el rojo simboliza la felicidad, el éxito y la fortuna. Es el color preferido y el más utilizado en las celebraciones y en la vida diaria para atraer el bienestar y la buena suerte. Es utilizado en objetos, en decoraciones y en la ropa. En varios países asiáticos es el color preferido de las bodas y ambos contrayentes deben vestir de rojo para atraer sobre ellos la doble felicidad.

El azul ha estado relacionado con lo divino desde las primeras civilizaciones debido a su semejanza con el cielo. Los egipcios lo consideraban el color de la templanza y la elevación espiritual, por lo que era el asignado al sumo sacerdote. En la mitología griega era el color de la capa de Zeus como emperador de los dioses celestiales. En la tradición cristiana también se relacionó con el cielo, con las personas elevadas hasta ese lugar por su santidad, y en especial con la pureza y la virginidad, por lo que es el color principal con el que se representa a la Virgen María. Los mexicas y los aztecas lo relacionaban con Huitzilopochtli, el dios del Sol. Para el pueblo mapuche es el color que simboliza el mundo espiritual en el que habitan los ancestros. Desde un punto de vista psicológico simboliza la armonía, lealtad, fidelidad y calma. Todavía se utiliza para vestir durante los primeros meses de vida a los bebés niños. Esta tradición tiene su origen en la Edad Media, cuando se creía que los malos espíritus odiaban el color azul por significar el cielo, donde vivía Dios, y la pureza del alma de los bienaventurados. Por lo tanto, al ver los ropajes de ese color los espíritus se ahuyentarían. En Corea algunas tonalidades oscuras de azul son las que se utilizan para el tiempo de duelo. En Estados Unidos el color azul también puede representar soledad y un estado de ánimo de tristeza.

El amarillo es uno de los colores que tiene un significado más variado entre las diferentes culturas y pueblos. Representa, por una parte, el Sol, el calor y la nobleza. En otros contextos es el color del engaño, la frivolidad y la mala suerte. En el antiguo Egipto el amarillo se utilizaba para las representaciones del Sol y de la eternidad. Los primitivos cristianos utilizaron este color como símbolo del papado y de las llaves que san Pedro recibió de Jesús, y hoy todavía forma parte de la bandera del Estado de la Ciudad del Vaticano. En China el color amarillo simboliza el poder y la realeza. También es el color que corresponde al punto cardinal «centro», que da nombre al país, 中国, y que se traduce literalmente por «Reino Medio». Durante siglos los emperadores se vistieron con este color que estuvo vetado al resto de los súbditos y solo se utilizaba en la decoración de los templos y los palacios imperiales, en especial en la Ciudad Prohibida, que era considerada el centro geográfico de todo el planeta. En la actualidad también significa atención y precaución. Desde un punto de vista psicológico el amarillo representa la sociabilidad, la creatividad y también el caos y la falta de planificación.

La superstición indica que **el verde** es el color de la esperanza, de la sanación y de la sabiduría que deriva en un buen juicio. En el antiguo Egipto este color simbolizaba la buena salud y el renacimiento vital. Con verde se representaba el papiro y la cara de Osiris. El filósofo griego Aristóteles situó el verde entre el negro de la tierra y el blanco del cielo, otorgándole el significado del color de los hombres. Para los romanos era el color asociado con Venus y su vertiente de fecundidad de la tierra. Es también el color del islam debido a que era el símbolo de la dinastía Fatimí que gobernó el norte de África entre los siglos x y xii. Desde hace siglos en el mundo anglosajón se considera un color de buena suerte al estar relacionado con el símbolo del trébol de cuatro hojas. El color verde continúa hoy ligado a la salud, a los centros hospitalarios y a la farmacia. Desde el punto de vista psicológico es símbolo de equilibrio entre pasiones y obligaciones, de cuidado de los otros y de búsqueda de la sanación.

En la tradición occidental **el color púrpura** está ligado a la realeza, el poder y lo sagrado debido a lo costoso que resultaba fabricar el tinte de manera natural. La mitología achaca el descubrimiento de este color al dios fenicio Melkart, cuyo perro mordió un caracol de la púrpura mientras paseaban por la playa. Desde entonces su uso se extendió por todo el Mediterráneo gracias a las colonias comerciales fenicias. Poco a poco se convirtió en un color que solo podían permitirse los monarcas, lo que afianzó la idea de que era el color del poder. La superstición romana creía que cuando se encontraba una planta, un animal o una mancha de color púrpura en alguno de los templos principales de la ciudad era señal de que pronto nacería un nuevo miembro de la familia imperial y que traería un nuevo reinado con excelentes auspicios. Esta creencia llevó a las emperatrices del Imperio romano de Oriente a construir una sala de partos en el palacio imperial completamente púrpura, tanto en tejidos como en paredes y muebles, para cumplir con la superstición que auguraría bienestar para el imperio. En China el color púrpura no fue de los más apreciados durante los primeros siglos de historia del imperio. No era uno de los cinco colores básicos y, por lo tanto, no tenía ninguna connotación sagrada. Se empezó a utilizar por rangos menores de la corte entre los siglos VIII al V a. C. y tras la conversión de la corte al taoísmo empezó a ser considerado un color símbolo de la nobleza celestial, de los míticos inmortales que desde el cielo se relacionaban con el emperador para dirigir al pueblo. En el año 1391 el púrpura quedó oficialmente prohibido para toda persona que no perteneciera a la familia imperial.

El púrpura también tiene una importante relación con la tradición religiosa judeocristiana. El color es uno de los tres tintes que los textos del Pentateuco señalan como obligatorio a la hora de decorar, fabricar los elementos decorativos y realizar los ritos más sagrados. En el cristianismo es desde hace siglos el color utilizado por los príncipes de la Iglesia católica, los cardenales, y era el color de las vestimentas del papa hasta el siglo XV. Hoy en día, en Brasil y Tailandia, este color está relacionado con los funerales y se considera de mala suerte llevarlo en otras ocasiones. Desde un punto de vista psicológico se asocia con independencia, fortaleza mental, gran capacidad de trabajo y un cierto halo de misterio.

La astrología del color: un tono personal

En la actualidad una superstición con un gran número de seguidores es la **colorstrology** o astrología del color. Esta superstición aúna numerología, astrología y la gama de colores definidos en el Pantone dando lugar a que cada persona pueda tener **un color propio**, exacto en tonalidad, de acuerdo al momento exacto de su nacimiento, que puede ayudarle a atraer la suerte en aquellos momentos vitales que la necesite.

También se puede obtener **el color más propicio de los recién nacidos**: para los nacidos en enero se indica el color caramelo y las tonalidades ocres de arraigo con la tierra, lo material y productivo. Febrero se asocia con el morado de la flor lila, que estrecha los lazos de amistad y las relaciones sociales. Marzo con el color agua que favorece la imaginación y la meditación. Abril recomienda el color cayena, para encontrar esa fuerza adicional necesaria para nuevos proyectos y cambios del rumbo de la vida. Con mayo se asocia el color verde pasto, que simboliza la bonanza económica y la estabilidad financiera. Junio tiene en el color dorado una ayuda para desbloquear proyectos, especialmente artísticos. En julio el color coral ayuda a sobrellevar las emociones negativas y atraer una vida más positiva. Agosto tiene el naranja, la tonalidad solar del atardecer, que aporta energía y entusiasmo. En septiembre tienen en el azul mar el color que les ayuda a navegar entre la influencia de Mercurio y de Venus. Para los nacidos en octubre el color azul claro, que atraerá la buena suerte sobre las relaciones afectivas y de amistad. Noviembre es el color rojo vino, que puede mejorar el deseo sexual y las relaciones de pareja. A los nacidos en diciembre se les liga al azul pagoda, que atrae la suerte para los viajes y enfrentar nuevos retos personales.

La tradición china tiene una **superstición para el color de ropa** que se debe vestir cada día de la semana para atraer la buena suerte. Los lunes, colores blancos, nacarados o grisáceos con el fin de mejorar la fecundidad. Los martes los tonos intensos de rojo, naranja y rosa influyen positivamente en el trabajo. Los miércoles los tonos morados, como lila o magenta, atraen la calma y serenidad de espíritu. Los jueves todas las tonalidades de azul atraen la suerte en un cambio laboral o un gran proyecto. Los viernes los amarillos y los rosas dan creatividad. El sábado el negro afianza las relaciones de amistad y familiares. El domingo el dorado atrae la vitalidad y la fuerza del Sol sobre la salud.

LOS LUGARES

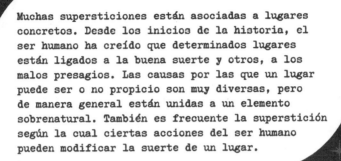

Muchas supersticiones están asociadas a lugares concretos. Desde los inicios de la historia, el ser humano ha creído que determinados lugares están ligados a la buena suerte y otros, a los malos presagios. Las causas por las que un lugar puede ser o no propicio son muy diversas, pero de manera general están unidas a un elemento sobrenatural. También es frecuente la superstición según la cual ciertas acciones del ser humano pueden modificar la suerte de un lugar.

La geomancia, el secreto de la adivinación de los comerciantes árabes

La geomancia es un método de adivinación, inventado en la Edad Media, que interpreta marcas en el suelo y otros fenómenos físicos para predecir el futuro. Por extensión, se denomina «geomancia» a todo tipo de supersticiones relacionadas con la tierra y elementos naturales como el agua, el viento, el fuego o las montañas. La geomancia como disciplina adivinatoria tiene su origen en la cultura árabe y llegó a Europa a través de las caravanas comerciales, especialmente en los reinos árabes de la península ibérica. Isidoro de Sevilla incluyó la geomancia entre las artes adivinatorias prohibidas junto a otras, como la hidromancia, la piromancia o la nigromancia. La práctica de la geomancia en Occidente decayó con la llegada del método científico, pero experimentó un resurgir en el siglo xix y principios del xx con el auge del ocultismo. La base de la geomancia es que el espacio físico, el entorno, tiene una influencia directa sobre el ser humano.

El feng shui, el código milenario chino para construir edificios y atraer la buena suerte

El feng shui es una antigua disciplina china de raíces taoístas que busca armonizar la vida humana con el espacio físico. Su punto de partida es **la existencia del *qi*, una energía universal** invisible que existe en la naturaleza y que tiene una influencia directa sobre la suerte del ser humano. El feng shui trabaja con las adecuadas combinaciones de los principios activo y pasivo (yin y yang), de los cinco elementos (fuego, agua, madera, metal y tierra) y de los llamados «guardianes celestiales»: el Dragón, el Tigre, la Tortuga, el Fénix y la Serpiente, cinco animales que representan las cinco constelaciones que dividían el cielo en cinco sectores. Los cinco guardianes se disponen en forma de cruz: la Tortuga atrás, el Fénix delante, el Dragón a la izquierda, el Tigre a la derecha y la Serpiente en el centro.

Utilizando estos elementos combinados con otros principios que tienen su origen en el *I Ching* o *Libro de las Mutaciones*, el practicante del feng shui puede **realizar una serie de cálculos** para descubrir cuál es la ubicación y disposición idónea para una casa. En un principio, el feng shui solo se empleaba para diseñar palacios y residencias imperiales, aunque con el tiempo la disciplina fue extendiéndose y adornándose con cada vez más elementos supersticiosos.

La localización perfecta para un hogar es aquella que tenga la Tortuga ubicada hacia el lado del que provienen los vientos más intensos y el Fénix hacia un potente elemento agua, ya sea un río, un estanque o incluso el mar. También es importante encontrar el lugar donde se manifiesta el Dragón, que, por ejemplo, puede ser el lugar donde se acumula la niebla de la mañana, que representa su aliento. Los antiguos practicantes del feng shui identificaban a estos animales por medio de complejos cálculos, pero en la actualidad es frecuente observar esculturas o tallas de piedra que representan a estos cinco guardianes celestiales para asegurar su presencia.

Los principios básicos del feng shui han producido algunas **supersticiones que son de general aplicación en China y en gran parte del continente asiático**. Así, se considera que dormir frente a un espejo atrae la mala suerte, ya que el *qi* se refleja en vez de fluir libremente. Otra aplicación práctica del feng shui consiste en identificar los ocho puntos cardinales con las ocho principales aspiraciones vitales del ser humano: riqueza, salud, amor, etc. Al organizar la casa, la superstición dicta que hay que colocar objetos relacionados con la aspiración que corresponde con cada punto cardinal para así atraer la buena suerte en ese campo. Según el feng shui, el desorden físico también atrae la mala suerte al no permitir que el *qi* fluya de forma natural a través de la casa. Este pensamiento se encuentra detrás de teorías modernas sobre el orden, como la filosofía de la japonesa Marie Kondo.

Según el feng shui, **el lugar donde se duerme** es especialmente importante debido a las horas que se pasan en el interior. Para crear un dormitorio perfecto según esta superstición hay que tener en cuenta la posición de la cama, los colores de las paredes, la posición de los muebles, los materiales de decoración, la importancia de los puntos cardinales e incluso la presencia de plantas en la habitación. Es muy importante que se pueda ver la puerta de entrada desde la cama, aunque no ha de estar directamente enfrente. La cabecera de la cama no debe estar debajo de una ventana para que no se escape el *qi*, sino que es preferible que la cabecera toque una pared. Hay que intentar maximizar la exposición al sol, de donde proviene el mejor *qi*, por lo que las ventanas deben estar al lado de la cama. Por último, se desaconseja tener plantas en el dormitorio, ya que absorben el *qi*.

Otra superstición relativa al feng shui se refiere a **la forma de barrer la casa**: ha de hacerse desde fuera hacia dentro. La suciedad y el polvo deben llevarse hacia el centro de la casa y después al exterior a través de la puerta trasera, nunca de la delantera. Así se ahuyenta la mala suerte, sacándola del hogar, y se asegura espacio suficiente para recibir la buena suerte.

Muchos edificios clásicos de la antigua China fueron diseñados siguiendo los dictados del feng shui. La Ciudad Prohibida, el Palacio de Verano o el Templo del Cielo de Pekín, entre otros ejemplos, fueron ubicados en lugares que contenían la mezcla adecuada de los cinco elementos, incluidas montañas y cursos de agua. En épocas mucho más modernas, lugares tan dispares como el parque de atracciones Disneyland de Hong Kong, la Opera House de Sídney o la Pirámide del Louvre han utilizado técnicas del feng shui para su diseño y construcción.

En los años sesenta del siglo xx, la disciplina china del feng shui inspiró la teoría de **las «líneas ley»**, supuestos canales energéticos que cruzan la

Tierra uniendo nodos de energía donde se ubican monumentos o lugares de carácter sagrado. Así, los creyentes en esta superstición han identificado una serie de lugares, como Stonehenge en el Reino Unido, la pirámide de Keops en Egipto o la catedral de Chartres en Francia, y los unen mediante una serie de líneas imaginarias que sugieren un alineamiento planificado.

La teoría de las «líneas ley» se vincula también con la supuesta existencia de los **triángulos paranormales**, en torno a los cuales existen numerosas supersticiones. El más famoso de todos es **el triángulo de las Bermudas**, cuyos vértices se encuentran en la ciudad de Miami y en las islas de Puerto Rico y Bermudas. El término fue propuesto en 1950 por varios escritores que denunciaron la presunta peligrosidad de la zona, aunque el área ya venía siendo conocida desde siglos atrás como el cementerio del Atlántico. En la actualidad, sigue vigente la superstición de que en esta área pueden ocurrir fenómenos extraños, como la desaparición repentina de barcos. Existen otros triángulos de la misma naturaleza en otros lugares del mundo, como **el mar del Diablo** en Japón o **el triángulo de Pag** en Croacia.

Lugares sagrados, donde el bien atrae a los peregrinos

Más allá de la geomancia y sus distintas ramificaciones, **la superstición más antigua** es aquella que diferencia entre lugares sagrados y lugares malditos. Los lugares sagrados suelen tener su origen en algún tipo de encuentro con la divinidad por ser la residencia de algún dios o espíritu o por haber sido el escenario de una aparición milagrosa. En la religión romana existían unos dioses llamados **«lares» que protegían determinados espacios físicos**. Los romanos también creían en otro tipo de dioses, como las ninfas, que habitaban en ríos o en manantiales proporcionándoles una dimensión mágica. La superstición actual consistente en arrojar una moneda a fuentes o cursos de agua se remonta a la antigua costumbre de hacer donativos a las ninfas. Otras culturas también han rendido culto a espíritus de naturaleza más o menos benigna que habitan en rocas, ríos, playas u otros espacios naturales. También es posible que un lugar sin características mágicas previas se sacralice por medio de una bendición: es lo que ocurre con las actuales iglesias y con los templos de la mayoría de las religiones, así como otros lugares, como los cementerios.

En casi todas las culturas existen ejemplos de **montañas sagradas**, cuyo origen se remonta a la creencia de que en la cima se está más cerca del cielo y, por tanto, de la divinidad. En la Grecia clásica, el monte sagrado por excelencia era el Olimpo, morada de los dioses y escenario de la guerra entre titanes y olímpicos. En China existen cuatro montañas sagradas budistas, cada una de ellas asociada con un *bodhisattva*, una encarnación anterior de Buda, y cinco montañas sagradas taoístas. A todas ellas se realizan peregrinaciones. También se han erigido templos, ya que se considera que en sus cimas los monjes están más alejados del mundo terrenal y, por tanto, más próximos a la iluminación. Asimismo, es frecuente la superstición de realizar ofrendas a los espíritus y dioses, de

carácter benéfico, que moran en las montañas. En la civilización judeocristiana es preciso señalar el Monte Sinaí, donde Moisés recibió las Tablas de la Ley, que fueron guardadas en el Arca de la Alianza.

Un lugar puede ser sagrado para una o varias religiones de forma tanto simultánea como consecutiva. Destinos cristianos de peregrinación como el **santuario de Covadonga** o la basílica de Santiago de Compostela ya revestían carácter sagrado para los primitivos habitantes de la península ibérica con anterioridad a la llegada del cristianismo. Además de su situación estratégica en los Picos de Europa, Covadonga había sido un lugar de culto desde mucho antes de la llegada de don Pelayo. La leyenda cuenta que un ermitaño había revelado al primer rey de Asturias los secretos de la cueva y la salida secreta por la gruta de Orandi. Antiguamente se atribuían a la cueva propiedades mágicas y se utilizaba para el culto a la divinidad femenina, más tarde convertida en la Virgen María: el nombre de Covadonga (es decir, «Cueva de la Señora») hace referencia a ello. En las *Crónicas Alfonsinas* se relaciona esta cueva con Enna, diosa de origen celta también conocida como Anna o Danna, que quedó asociada con la madre de la Virgen, santa Ana. El río de las Mestas, que pasa por debajo de Covadonga, es considerado también sagrado.

El riachuelo cae en una cascada y forma un remanso, llamado Pozón, que acaba en una fuente milagrosa que brota de la roca. Reza la leyenda que quien beba de esta agua encontrará el amor. Aún hoy, la superstición dicta que los peregrinos de Covadonga que beban de la fuente se casarán en menos de un año.

El Camino de Santiago es una de las rutas de peregrinación más famosas del mundo y tampoco se encuentra exento de supersticiones. Según la Iglesia católica, todo cristiano que realice la peregrinación a Santiago de Compostela en año santo, atraviese la Puerta de los Perdones, confiese y oiga misa obtendrá una indulgencia plenaria, que consiste en el perdón absoluto de todos los pecados. Sin embargo, **la superstición indica también formas de obtener esta indulgencia**. Nicola Albani, que peregrinó a Santiago de Compostela en 1743, explica en sus memorias que cerca del coro de la catedral «hay una pequeña columnilla de bronce, donde dicen que está el bordón que fue utilizado por el apóstol Santiago, y en dicha columnilla hay un pequeño agujero, justo para que puedan entrar las cuatro puntas de los dedos de la mano, y metiendo los dedos y tocándolo se ganan muchas indulgencias». Otros sitios donde es posible ganar indulgencias son la capilla de Nuestra Señora de la Piedad, la capilla de las ánimas del Purgatorio o la capilla de la Inmaculada Concepción. Para cumplir con la superstición del lugar es obligado darle el conocido abrazo al Apóstol, para lo cual a menudo hay que esperar colas de varias horas. Aunque no hay ningún dogma eclesiástico que lo indique, la superstición dice que el auténtico perdón solo se alcanza si se cumple con este ritual. El croque al maestro Mateo es probablemente una de las supersticiones más curiosas de este lugar sagrado. El maestro Mateo, artífice del Pórtico de la Gloria, se esculpió a sí mismo al pie del parteluz central, de rodillas y mirando hacia el altar mayor. Su mirada serena y su cabello ensortijado llamaron la atención a los peregrinos desde tiempos muy antiguos, llegando a confundirlo con un santo. Así nació la superstición del «santo dos Croques», que consiste en darse cabezazos contra el duro granito de la imagen para que la inteligencia del supuesto santo se transmita al visitante, ya que la palabra croque significa «golpe que se da en la cabeza o con ella». Otra superstición que muchos visitantes abrazan con total devoción es la de la imposición de dedos. El Pórtico de la Gloria está dividido en dos por un parteluz en forma de árbol. En su basamento aparecen varios monstruos, fuerzas infernales contenidas por un hombre forzudo, identificado con el griego Heracles o el Sansón bíblico. Los peregrinos han pasado sus dedos por este fuste durante siglos convirtiéndolo en todo un rito. La superstición dicta que, al hacerlo, se obtiene protección contra los demonios malignos.

También en **América Latina** muchas apariciones de la Virgen María se produjeron en lugares que ya servían de centros de culto para las civilizaciones precolombinas. Es el caso del culto a la **Virgen de Guadalupe** en México, que tiene su origen remoto en un santuario prehispánico dedicado a la diosa Tonantzin. Hacia el año 1525, el santuario fue convertido por los frailes en una ermita dedicada a la Virgen María. Los frailes colocaron en ella una pintura de la Virgen como Inmaculada Concepción, realizada por un indio de nombre Marcos, a la que pronto se atribuyeron poderes milagrosos. Especialmente en torno al 12 de diciembre, día de la Inmaculada Concepción, los fieles llevan a cabo multitud de prácticas supersticiosas, como caminar de rodillas hasta la imagen de la Virgen para pedir favores.

En **el islam** también existen una serie de lugares sagrados, como **la mezquita de Al-Aqsa** en Jerusalén, desde la que Mahoma ascendió al cielo, y otros relacionados con hitos de la vida del profeta árabe. Pero la ciudad más importante para los fieles de esta religión es **La Meca**. En la ciudad natal de Mahoma se encuentra la Gran Mezquita que contiene la piedra de la Kaaba y es el lugar más sagrado del islam. A esta mezquita se debe acudir al menos una vez en la vida en peregrinación. El hach es la obligación religiosa que tienen todos los musulmanes de acudir a esta ciudad en el último mes del calendario islámico y cumplir una serie de rituales que tienen una duración de entre cinco y seis días. Entre **los ritos más importantes** que se realizan se encuentra la procesión en la que las personas convergen en la mezquita y caminan en sentido contrario a las agujas del reloj, dando siete vueltas alrededor de la piedra sagrada de la Kaaba, para después dirigirse al pozo de Zamzam y más tarde al Monte Arafat, donde se realiza una vigilia tras la cual se acude a las llanuras a realizar una simbólica lapidación del diablo lanzando piedras a tres pilares. Tras sacrificar un animal las mujeres peregrinas deben cortarse las puntas del cabello y los hombres tienen que afeitarse. Estos rituales son realizados anualmente por más de 3 000 000 de personas.

Existe una enorme variedad de **supersticiones asociadas con los lugares sagrados**. Quizá la más frecuente sea la de realizar ofrendas, como es el caso de las monedas que ya se ha mencionado o regalos en forma de alimentos, amuletos o incluso de animales y personas. Existen pruebas arqueológicas de que en lugares sagrados como Stonehenge se realizaron sacrificios humanos. Una segunda superstición consiste en la peregrinación al lugar sagrado, que atrae fortuna y buenos augurios para el que la lleva a cabo. Un último grupo sería el de la prohibición de acceso a determinados sitios sagrados para los no iniciados. En el antiguo Egipto, solo los faraones o los sumos sacerdotes de más alto rango podían acceder al sanctasanctórum de los templos, donde se hallaba la estatua sagrada del dios.

Lugares malditos, donde lo oculto guarda sus secretos

Los lugares malditos son la imagen en negativo de lo anterior. Su existencia suele estar asociada a la presencia de una divinidad o **espíritu malicioso**, o a que en esa localización concreta haya **ocurrido algo de naturaleza maligna**. El laberinto del Minotauro es un ejemplo clásico de lugar maldito porque estaba habitado por una criatura sobrenatural, el Minotauro, que exigía el sacrificio de jóvenes vírgenes como pago por su benevolencia.

En la antigüedad era frecuente tratar de identificar la entrada a los infiernos, que solía ubicarse en lugares particularmente hostiles para el ser humano, como volcanes, desiertos o arrecifes escarpados. En la antigua China se creía que ciertas categorías de demonios, así como los fantasmas hambrientos, habitaban algunos lugares y era necesario llevarles ofrendas de comida y bebida para aplacar su ira y evitar el infortunio. Los celtas y otras culturas europeas pensaban que había espíritus naturales más o menos malignos que habitaban en determinados lugares y exigían sacrificios de los humanos que vivían cerca. Este es el precedente de las leyendas medievales sobre dragones que se ocultaban en cuevas, a menudo protegiendo un fabuloso tesoro, y que también solían exigir el sacrificio de jóvenes vírgenes para no desatar su ira contra la aldea más próxima. En la cultura árabe existen los *jin*, genios de naturaleza normalmente traviesa que asolan un lugar y causan desgracias al que lo visita. La superstición más frecuente para luchar contra un *jin* consiste en protegerse con hojas del Corán.

Un tipo muy especial de montaña son **los volcanes**, a menudo considerados lugares malditos. Los antiguos romanos creían que **la entrada al Averno** estaba ubicada en los Campos Flégreos, una cadena montañosa rica en actividad volcánica. En Nicaragua está el volcán Masaya, que los nativos consideraban la entrada al infierno. Cuando los misioneros españoles llegaron al lugar en el siglo XVI, bajaron hasta las profundidades del volcán para ver la lava y declararon cierta la superstición de que allí se hallaba la puerta al infierno. Los frailes colocaron una enorme cruz al borde del cráter, la Cruz de Bobadilla, como superstición para mantener alejados a los demonios. Otra antigua leyenda sitúa la puerta a los infiernos en el Monasterio de El Escorial, donde el rey Felipe II (1527-1598) habría hecho construir el lugar para mantener a raya al demonio, que, según las supersticiones locales, aparecía de cuando en cuando «echando chispas».

La forma más frecuente en que la superstición relativa a los lugares malditos ha llegado hasta la actualidad es la creencia en **las casas encantadas**. Históricamente, como la mayor parte de la gente moría en sus casas, estas se convertían en lugares naturales para ser visitadas por fantasmas. En la mayor parte de los casos, las muertes que han ocurrido en casas encantadas tienen elementos fuera de lo corriente: asesinatos, suicidios, posesiones demoníacas o sucesos similares. Algunas casas se consideran encantadas por el solar en que han sido construidas; por ejemplo, sobre un antiguo cementerio o en un lugar sagrado abandonado o profanado. En muchas ocasiones, una casa adquiría el carácter de encantada tras ser abandonada por sus habitantes con la idea de que, si un lugar no está ocupado por los seres humanos, otro tipo de seres se apoderarán de su espacio.

Uno de los **primeros registros históricos** que hablan de una casa encantada se remonta al siglo III a. C. El autor romano Plauto (c. 254-184 a. C.) escribió la obra *Mostellaria*, a menudo traducida como *La casa encantada*, donde el protagonista finge que su casa está habitada por un fantasma para escapar de la ira de su padre. Plinio el Joven escribió sobre el fantasma de un anciano de barba blanca que vagaba por su residencia en Atenas arrastrando pesadas cadenas. Las historias de fantasmas continuaron durante la Edad Media, pero alcanzaron su mayor desarrollo a partir del siglo xvii y, especialmente, con el Romanticismo. Es en ese momento cuando aparecen la mayor parte de las supersticiones relacionadas con las casas encantadas.

Con frecuencia, la leyenda que subyace a una casa encantada está relacionada con **un difunto cuyo eterno descanso no está asegurado**, motivo por el cual atormenta a los vivos. La superstición asegura que el fantasma suele desear que se descubran las auténticas circunstancias de su muerte, que se castigue al culpable (o a sus descendientes), o bien que sus restos mortales sean encontrados para poder reposar en un lugar sagrado.

Además de fantasmas de seres humanos que han fallecido, las casas encantadas pueden estar habitadas por otro tipo de criaturas paranormales. **En Escocia** existe la superstición de **la Señora de Verde** (*The Green Lady*), que en ocasiones puede tomar la forma de un ángel protector, pero que también puede ser un espíritu vengativo. **En Irlanda** está muy extendida la creencia en **las *banshees***, espíritus femeninos de naturaleza maligna cuyo grito augura la muerte de un miembro de la familia. **La Llorona mexicana** es el espíritu de una mujer que pena por la muerte de sus hijos, a menudo identificada con la histórica Malinche (1500-c. 1529). En México, como ya se ha visto, hay que destacar también la tradición del Día de los Muertos, cuando la superstición asegura que los difuntos pueden visitar el mundo de los vivos, aunque solo si sus descendientes han colocado la ofrenda en la casa familiar, en los altares descritos en el capítulo del ser humano y las fases de la vida.

En Japón existe la superstición de crear **obakeyashiki** («casas de fantasmas») en el mes de agosto, que es cuando los espíritus ancestrales pueden visitar la Tierra, para que habiten en ellas y su helada temperatura ayude a combatir el calor estival del lugar. En China la creencia en los espíritus de los antepasados, ligados a la casa familiar, está muy arraigada, hasta el punto de que al construir el parque de atracciones Disneyland en la ciudad de Shanghái se decidió que no contara con la famosa atracción de la Casa Encantada, ya que se consideraba irrespetuosa con las creencias locales.

Un tipo especial de espíritu que, según la superstición, puede habitar en las casas encantadas es **el *poltergeist***. Se trata de un fantasma que produce ruidos estremecedores, mueve o rompe cosas dentro de la vivienda y produce olores fétidos, así como pequeños fuegos y fenómenos eléctricos. En algunos casos se asegura que puede llegar a atacar a los seres vivos. Las historias de *poltergeist* comenzaron a popularizarse a partir del siglo XVII. En su libro *Descubriendo el mundo invisible de Satán*, George Sinclair (1630-1696) describió un fenómeno *poltergeist* conocido como «el demonio de Glenluce», que tuvo lugar en la casa de un tejedor llamado Gilbert Campbell en 1654. Campbell se negó a dar limosna a un mendigo llamado Alexander Agnew, que prometió vengarse causando un terrible daño a la familia. Durante los dos siguientes años, fenómenos paranormales de todo tipo ocurrieron en la residencia de los Campbell, incluyendo voces demoníacas, silbidos y objetos que se movían solos. Los relatos de este tipo de espíritus continuaron durante los siglos siguientes, a menudo relacionados con actos de brujería, pactos con el demonio o adoración a deidades malignas. La forma por excelencia **para ahuyentar a los *poltergeist*** consiste en realizar un exorcismo. Como la Iglesia católica es extremadamente reacia a aceptar la existencia de una posesión demoníaca, ya sea en una persona o en un lugar, y, por tanto, a autorizar el exorcismo, a menudo las víctimas recurren a remedios tradicionales dictados por la superstición, como quemar ramas de romero, rociar agua bendita o incluso colgar ristras de ajos en las paredes.

Los cementerios, un lugar de encuentro entre vivos y muertos

Las supersticiones de los cementerios son muy diferentes entre unas y otras culturas del mundo. Una de las más antiguas tradiciones tiene que ver con **la orientación con que se entierra al difunto**. Ya en el antiguo Egipto, los sarcófagos se colocaban de una forma específica teniendo en cuenta la salida y la puesta de sol. En los países islámicos suele considerarse la posición de La Meca y en el mundo cristiano se considera que el difunto debe mirar hacia el este, hacia el punto en que sale el sol para estar de cara en el momento del Juicio Final.

La superstición indica que en ninguna circunstancia se debe pisar una tumba y en caso de hacerlo por error es necesario pronunciar tres veces una disculpa al difunto que yace enterrado en ella. Tampoco se debe acudir a un cementerio con zapatos nuevos, han de haber sido usados antes para mostrar humildad y no desatar la ira de los que allí buscan su eterno descanso. Otra de las supersticiones relacionadas con los cementerios hace referencia a los olores. El aroma a rosas alrededor de una tumba significa que el difunto era una persona especialmente bondadosa. Por el contrario, un olor fétido o sulfuroso podría indicar la presencia de un espíritu maligno o de un alma entregada al diablo.

A **la tierra de las tumbas** se le ha atribuido desde siempre un poder especial. Un poco de tierra de la sepultura del padre o de la madre puede considerarse una protección contra la mala suerte y las desgracias. Según la superstición, la tierra de la tumba de un médico sirve para curar enfermedades, la de un rico atrae la fortuna económica y la de la fosa de un criminal puede utilizarse en hechizos para dañar a un enemigo. Se debe pronunciar una oración de agradecimiento al propietario de la tumba para que la tierra recogida sea efectiva.

Robar en las tumbas siempre se ha considerado un acto especialmente blasfemo que puede acarrear numerosas maldiciones y una extrema mala suerte. Las personas que roban en las tumbas han sufrido un estigma particular desde tiempos de los antiguos egipcios y romanos.

Los cruces de caminos y las fuerzas malignas

Otro lugar a menudo relacionado con la superstición es el cruce de caminos, que tuvo desde la antigüedad una fama temible. Los griegos creían que Hécate, diosa relacionada con la muerte, solía aparecerse acompañada de una jauría de perros. **Para prevenir estos encuentros,** en los cruces se construían altares en los que se dejaban ofrendas que servían para alejar a Hécate y atraer, en cambio, protección divina. Este es el origen de que en muchos países cristianos aún hoy se instalen pequeñas capillas, cruces o ermitas en los cruces de caminos. En Roma, a finales de diciembre, los cabezas de familia ponían pelotas de lana y muñecos de trapo en los altares de los cruceros, según el número de esclavos y hombres libres que hubiera en la familia, para mantener alejada la mala suerte. En la Edad Media se creía que los cruces de caminos eran punto de reunión de brujas, magos y almas condenadas que esperaban al demonio para celebrar tratos con él. Allí se enterraba a los suicidas y a los criminales ajusticiados. Aún hoy, en ciertos lugares de Europa y América Latina, es frecuente encontrar pequeñas ofrendas en los cruces relacionadas con curaciones y hechizos de distinta índole.

Legend tripping, una moda adolescente para conjurar la buena suerte

Hoy en día se ha desarrollado una nueva superstición relacionada con los lugares embrujados, que en inglés recibe el nombre de *legend tripping*, es decir, «hacer viajes de leyenda». Se trata de una práctica adolescente que consiste en acudir en grupo a un lugar con fama misteriosa, ya sea una casa abandonada o encantada, un cementerio, un cruce de caminos o una cueva considerada maldita. Allí realizan **prácticas espiritistas**, como la invocación de espíritus, con el propósito de atraer la buena suerte para un examen o un asunto amoroso o para tratar de conocer el futuro.

LOS RITOS Y LA OBSERVANCIA

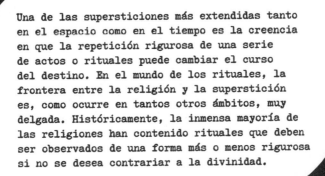

Una de las supersticiones más extendidas tanto en el espacio como en el tiempo es la creencia en que la repetición rigurosa de una serie de actos o rituales puede cambiar el curso del destino. En el mundo de los rituales, la frontera entre la religión y la superstición es, como ocurre en tantos otros ámbitos, muy delgada. Históricamente, la inmensa mayoría de las religiones han contenido rituales que deben ser observados de una forma más o menos rigurosa si no se desea contrariar a la divinidad.

El rito de la apertura de boca, divinizar lo humano

Uno de **los rituales más antiguos** que se conoce es la ceremonia de apertura de boca que llevaban a cabo los antiguos egipcios. Esta ceremonia podía realizarse bien con estatuas que representaban a los dioses o al propio faraón, bien sobre la momia de un difunto. En ambos casos, el objetivo fundamental era que la figura o cadáver adquiriese las facultades de comer, beber, hablar y oír. En el caso de las estatuas divinas, la ceremonia de apertura de boca era una suerte de **consagración** que hacía que el dios estuviese mágicamente presente en la figura. En cuanto a las momias, este ritual permitía a los difuntos volver a alimentarse y poder emplear sus sentidos en el más allá.

El ritual de apertura de boca podía durar varios días y para su perfecta ejecución se utilizaban distintos objetos, como una especie de azuela ceremonial, un cuchillo de sílex con forma de cola de pez, otro cuchillo con forma de cabeza de serpiente o incluso la pata de un ternero sacrificado. Con estos utensilios, el sacerdote oficiante debía tocar los ojos, los oídos y la boca de la momia o estatua para devolverle la vida. Se quemaban incienso u otras sustancias aromáticas, su empleaban aceites y se recitaban conjuros y hechizos que aseguraban que la magia funeraria surtiera su efecto.

El *Libro de los Muertos* contiene un pasaje que versa explícitamente sobre la ceremonia de apertura de boca, apelando a la magia del dios de la sabiduría, Ptah. El Salmo 51 de la Biblia, conocido como *Miserere*, parece estar inspirado directamente en el hechizo del *Libro de las Muertos*, cuyo versículo más obvio de esta conexión es el siguiente: «Señor, abre mis labios», y después se refiere a la restauración de los huesos rotos y al lavado ritual con hierbas aromáticas. El conocimiento de este ritual estaba reservado a unos pocos sacerdotes, que tenían el privilegio de llevar a cabo la ceremonia que devolvía a la vida a los muertos y permitía que los dioses se encarnaran en sus estatuas. Existían otros cultos más o menos secretos en Egipto, cuyos miembros tenían el monopolio sobre la ejecución de una determinada ceremonia. Algunos ejemplos son el culto femenino a Isis —sus sacerdotisas llevaban a cabo rituales de magia curativa— y el culto funerario a Anubis.

Los «misterios», los ritos secretos de las sociedades secretas

Rituales mágicos como el de la apertura de boca evolucionaron en el mundo antiguo hasta convertirse en los llamados «misterios»: prácticas o ritos secretos a cuyo conocimiento solo tenían acceso los iniciados. Desde un punto de vista antropológico, el acceso a un conocimiento secreto por medio de una iniciación o rito de paso es una característica común a la mayoría de las culturas del planeta. En el mundo griego surgieron los llamados «**cultos místéricos**», a los cuales solo se permitía acceder a unos pocos iniciados. **El más antiguo** culto mistérico en Grecia fue el que estaba formado por los

misterios de Eleusis, que celebraban el descenso al inframundo de la diosa Perséfone. Según el mito, Perséfone, hija de Deméter, fue secuestrada por Hades, el dios de los infiernos. Su madre, que era la diosa de la agricultura, se dedicó durante meses a buscar a Perséfone, descuidando sus deberes con la naturaleza y las cosechas y provocando así el primer invierno. Perséfone logró volver junto a su madre, pero como había comido unas semillas que le había ofrecido Hades, se vería obligada a regresar al infierno todos los años durante tres meses, que coincidirían con el invierno. Los misterios de Eleusis celebraban el regreso de Perséfone a la tierra y, con ella, el retorno a la vida.

Había dos **tipos de misterios**: los mayores y los menores. Los más importantes eran los mayores, que se celebraban al comienzo del año griego, en torno a septiembre, y duraban nueve días. **El primer ritual** consistía en trasladar una serie de objetos sagrados desde Eleusis hasta el Eleusinion, un templo situado en la acrópolis de Atenas. A continuación, el hierofante declaraba el inicio de los ritos, que incluían sacrificios animales a Deméter y a Perséfone, procesiones, ayunos y banquetes. Al terminar estas ceremonias preliminares, las personas que iban a ser iniciadas entraban en un recinto sagrado llamado «Telesterion», donde se les enseñaban las reliquias sagradas de Deméter y se llevaban a cabo **los ritos más secretos**, que posiblemente implicaban el empleo de sustancias psicotrópicas. Los iniciados obtenían visiones mágicas que les conferían un conocimiento sobrenatural que, en última instancia, les permitía conjurar a los hados para asegurarse la buena suerte.

Otros cultos mistéricos de la antigüedad fueron **los misterios dionisíacos y órficos**, que celebraban el descenso a los infiernos de los dioses Dionisio y Orfeo. Al igual que en el caso de Eleusis, solo los iniciados tenían acceso a los rituales más secretos, que incluían nuevamente el uso de sustancias psicotrópicas y otorgaban al que participaba en el ritual un dominio sobrenatural sobre su propio destino.

Las religiones mistéricas tuvieron una influencia directa sobre **el cristianismo**, que en sus primeros tiempos definió sus propios «misterios» en el sentido de rituales secretos solo aptos para iniciados. Se trata de **los siete sacramentos**: bautismo, eucaristía, confirmación, penitencia, matrimonio, ordenación sacerdotal y unción de enfermos, que en la Iglesia primitiva y aún hoy en las iglesias orientales se conocen como «misterios». El origen de este nombre se debe a que el conocimiento de los sacramentos estaba reservado a los bautizados para evitar que los paganos los ridiculizaran, imitaran o profanaran de algún modo. Con el tiempo, el contenido de los sacramentos fue haciéndose público, pero la Iglesia católica todavía conserva el término misterio para referirse a ellos en varias partes del ritual eucarístico.

Aunque no se trate propiamente de un sacramento, el **ritual más secreto de la Iglesia** es el exorcismo, que históricamente ha estado rodeado de elementos supersticiosos. Desde un punto de vista antropológico, se trata de la manifestación más antigua y extendida del llamado «efecto apotropaico», un fenómeno cultural que sirve como mecanismo de defensa mágico a través de determinados actos, rituales o frases formularias con el fin de alejar el mal o protegerse de él, de los malos espíritus o de una acción mágica maligna en particular. En todos los casos, un exorcismo pretende liberar a un ser humano de una entidad sobrenatural que lo ha invadido, pudiendo tratarse de un demonio, espíritu, deidad maligna, persona fallecida o incluso de un brujo que lo ha hechizado. En Egipto, en Mesopotamia y en la Grecia y Roma clásicas existían los exorcistas como tipos específicos de médicos que se ocupaban de expulsar a las entidades malignas que poseían a las personas. En Mesopotamia, los sacerdotes ašipu se encargaban de exorcizar los espíritus malignos que supuestamente causaban enfermedades y de los rituales de purificación. En Egipto, la estela Bentresch describe que un dios egipcio viaja a Bachatna para exorcizar a la princesa poseída por el demonio Bintrischji.

En el cristianismo, la práctica del exorcismo se retrotrae a los Evangelios, en los que Jesús aparece retratado expulsando demonios y animando a sus discípulos a hacer lo mismo. El rito católico para un exorcismo formal, llamado «**Exorcismo Mayor**», se encuentra en la Sección 11 del **Ritual Romano**, en el documento *De Exorcismis et supplicationibus quibusdam* (*De exorcismos y algunas súplicas*). El ritual enumera las directrices para llevar a cabo un exorcismo y para determinar cuándo se requiere uno. Los sacerdotes católicos tienen instrucciones de identificar cuidadosamente antes de proceder que la naturaleza de la condición no sea una enfermedad psicológica o física. En la práctica católica, la persona que realiza el exorcismo ha de ser siempre un sacerdote ordenado. El exorcista recita oraciones contenidas en el Ritual Romano y puede emplear materiales religiosos, como agua bendita, iconos y reliquias. El exorcista invoca a Dios (Padre, Hijo y Espíritu Santo), así como a varios santos y al arcángel san Miguel para que intervengan en el exorcismo. La Oración a San Miguel contra Satanás y los Ángeles Rebeldes, atribuida al papa León X (1475-1521), es considerada **la oración más potente de la Iglesia católica** contra los casos de posesión diabólica.

Hoy en día, además del exorcismo católico, este es frecuente esta práctica también en otras ramas del cristianismo, como la Iglesia ortodoxa, la luterana o la Iglesia de Jesucristo de los Santos de los Últimos Días. Asimismo, existe en otras religiones, como el islam o incluso el budismo. En **la tradición tibetana** se celebra los últimos días del año la fiesta de Gutor, o ritual del día del exorcismo de los fantasmas, con el objetivo de expulsar a los malos espíritus y las desgracias del año previo y comenzar el nuevo año de forma pacífica y auspiciosa. Los templos y monasterios de todo el Tíbet celebran grandes ceremonias de danza religiosa. Las familias limpian sus casas en este día, decoran las habitaciones y comen una sopa especial. Por la noche, los fieles salen a la calle con antorchas, pronunciando las palabras del exorcismo para ahuyentar a los malos espíritus.

Además de los misterios, la Iglesia primitiva adoptó gran parte de **supersticiones paganas**, manteniendo la forma, pero dotándola de un contenido cristiano. Muchas celebraciones paganas, como los **solsticios de verano e invierno**, la fiesta de la cosecha o los cultos a divinidades de la naturaleza, se mostraron muy difíciles de eliminar, por lo que se optó por sustituirlas por celebraciones como la Navidad, la Noche de San Juan o, en general, las procesiones, novenas y otras fiestas en honor de santos y advocaciones de la Virgen.

La Noche de San Juan se celebra en gran parte del mundo católico, en especial en España y América Latina, y consta de una serie de **rituales para ahuyentar la mala suerte**. La práctica más extendida consiste en encender hogueras sobre las que hay que saltar para asegurar la buena suerte, además de pisar las cenizas ardientes o bailar alrededor del fuego. En muchos lugares se queman también muñecos de trapo llamados «juanes» o alguna variante del mismo nombre. Existe la tradición de bañarse en la playa o por lo menos mojarse la cara, los ojos, los pies y las manos cuando dan las 12 de la noche, esperando levantarse más bellos al día siguiente. En ciertas localidades se encienden hogueras en la playa, se piden tres deseos que se escriben en papel y se arrojan al fuego y se tiran tres cosas negativas al mar para que la marea se las lleve.

En América Latina destaca el sincretismo entre tradiciones importadas por los europeos y creencias indígenas o incluso de origen africano, dando lugar a vistosos rituales. **En Argentina** se conserva el **ritual de las hogueras**, que incluye la costumbre de asar en ellas patatas y boniatos que después se comen para atraer la buena suerte. **En Bolivia** se encienden hogueras familiares en las que se queman muebles de madera y cosas viejas reunidas a lo largo del año anterior: este acto representa la idea de quemar, deshacerse de lo viejo para dar paso a lo nuevo. **En Chile**, los conquistadores reemplazaron las fiestas aimaras y mapuches del Machaq Mara y We Tripantu, que se celebraban durante el solsticio de verano, con la celebración de la Noche de San Juan, en la cual se conmemora el poder de Jesús y de sus santos para vencer al demonio. El folclore local asegura que en esta fecha la presencia demoníaca es más poderosa que en cualquier otro día del año, por lo que es especialmente **propicia para realizar actos de brujería**. En Paraguay, los vecinos se reúnen durante la víspera de San Juan para participar en juegos que a menudo tienen nombres tradicionales en guaraní. El más peligroso se denomina «pelota tata», y se trata de una pelota de trapo empapada en petróleo, que se enciende y se convierte en una bola de fuego que circula entre la muchedumbre. El «tatá ári jehasa» consiste en caminar descalzo sobre aproximadamente cinco metros de brasas y en el «toro candil» alguien se adorna con un casco en forma de cabeza de toro con cuernos en llamas y corre entre la multitud pretendiendo ser toro. En **Puerto Rico** existen numerosos rituales que se celebran durante la Noche de San Juan para **despojarse de la mala suerte**, como, por ejemplo, tirarse de espaldas en la playa siete veces a medianoche y bañarse de espaldas o con el cuerpo

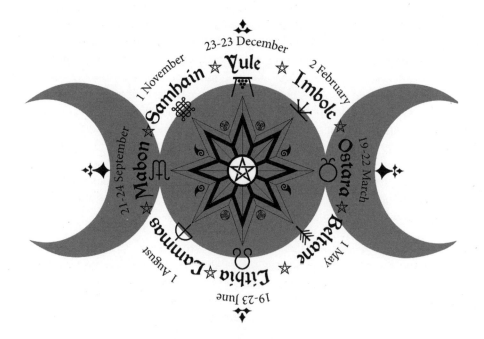

adornado con flores. Pese a sus diferentes ritos alrededor del mundo, el origen de la Noche de San Juan se remonta a la celebración del solsticio de verano, un fenómeno astronómico que se ha celebrado en múltiples culturas como momento de plenitud de la vida, en el que es posible purificarse, deshacerse de lo malo y atraer la buena suerte.

Las procesiones, el poder de la superstición pagana en el culto cristiano

Un tipo especial de ritual católico que a menudo ha devenido en superstición son las procesiones, en las que imágenes de Vírgenes y santos, cargadas por devotos, salen a recorrer las calles. Como ya se ha visto, las procesiones tienen **un origen casi tan remoto como la humanidad**. Antiguos egipcios, griegos y romanos ya sacaban en procesión distintos tipos de objetos sagrados para conseguir ahuyentar a la mala suerte, alcanzar la vida eterna o granjearse el favor de los dioses. **En el cristianismo**, las procesiones forman la parte más importante del **culto exterior**, que es el que se realiza fuera de las iglesias. Es difícil hacer un recorrido por la historia de las procesiones cristianas, aunque cabe pensar que en los primeros tiempos de persecución serían poco habituales, limitadas al interior de los lugares de culto. Existe constancia histórica de algunas procesiones en la Edad Media, pero el auténtico estallido se produce en los siglos XIV y XV, cuando el clero decide asimilar rituales de origen pagano para acercar la fe al pueblo.

Durante la procesión del **Domingo de Ramos**, cuando se celebra la entrada triunfante de Jesús en Jerusalén, los fieles portan palmas o ramos de romero, que son bendecidos por el sacerdote y después guardados en las casas durante todo el año como símbolo de protección frente a las fuerzas malignas. Las **procesiones marítimas** son habituales en localidades costeras y suelen estar dedicadas a la Virgen del Carmen: los pescadores llevan imágenes de la Virgen en una barca para pedir una buena faena durante el año, en clara reminiscencia de las procesiones paganas que se celebraban en la antigüedad para solicitar el favor de los dioses del mar. Las **procesiones rogativas** eran muy frecuentes en tiempos pasados para pedir por algo importante para la comunidad, como, por ejemplo, el fin de una sequía o de una epidemia.

Todavía existen en algunas localidades: la Virgen de Araceli de Lucena sale en procesión para pedir lluvia y la Virgen de la Fuensanta salió varias veces en procesión en Cartagena muy recientemente para rogar por el fin de la pandemia de COVID-19. La procesión más conocida de todas, sin embargo, es la de **Viernes Santo**, que conmemora la pasión y muerte de Jesús. Más allá del componente religioso, existen numerosas supersticiones que rodean estos actos populares.

Es frecuente que los fieles que desean ver cumplido algún deseo se ofrezcan para llevar la imagen de algún santo o que también lo haga el que desea verse perdonado de algún pecado que le parece especialmente grave. Existen otras **supersticiones más localistas**, como la que asegura que no hay que bañarse en Viernes Santo, que los hombres deben quitarse las medallas de San Juan so pena de quedar solteros o el tabú de no vestir prendas de color rojo como señal de respeto.

Las novenas, el ritual de la repetición que implora una gracia

Otro de los ritos de observancia cristianos muy extendidos en Occidente son las novenas, una costumbre católica que consiste en **rezar durante nueve días** consecutivos a la Virgen María o a un santo para pedir un fin concreto. El origen de la novena parece remontarse a las fiestas parentales de los romanos, que eran un ritual de nueve días que se celebraba entre el 13 y el 21 de febrero en honor a los muertos de una familia o de una comunidad. Las primeras novenas cristianas también se realizaban en honor de los difuntos, pero con el tiempo fueron evolucionando para versar sobre cualquier cuestión. Su gran extensión se produjo a lo largo de la Edad Media, aunque no fue hasta la llegada del papa Pío IX (1792-1878) cuando fueron oficialmente reconocidas por la Iglesia.

Existen **novenas para fines muy diversos**. En todos los casos, se trata de rezar devotamente una serie de oraciones a un santo o a la Virgen, pidiendo que interceda ante Dios por una determinada causa. En ocasiones existen oraciones *ad hoc* compuestas para pedir por temas más o menos concretos. La novena se considera más efectiva si se realiza en el templo o capilla en que se venera la imagen del santo en cuestión, y si el fiel ha de esforzarse caminando hasta llegar allí, su valor aumenta todavía más.

Una de las más conocidas es la que se realiza a san Judas Tadeo, patrón de los casos imposibles, al cual se acostumbra pedir ayuda para **problemas de muy difícil solución**. A san José Obrero, esposo de la Virgen María, se le consagra la novena para **pedir trabajo** y a san Antonio de Padua para **encontrar pareja** o para rogarle que la persona de la que se está enamorado termine por corresponder el sentimiento. Para **pedir salud** hay varias novenas posibles: a san Roque se acude para enfermedades infecciosas y a san Josemaría Escrivá de Balaguer para pedir la **curación de enfermos**, aunque la más frecuente es la novena a la Virgen María en su admonición de Nuestra Señora de la Salud. **Para tener un hijo** suele rezarse Nuestra Señora de la Dulce Espera o a santa Ana, madre de la Virgen María. Sin embargo, aún hoy la más frecuente es la **novena de difuntos**, que se dirige directamente a Dios en honor de los seres queridos que han fallecido, o bien «por

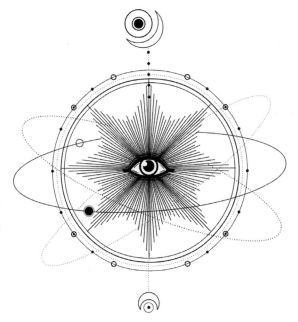

las benditas almas del purgatorio». Esta última creencia parte de la idea supersticiosa de que las almas que están sufriendo en el purgatorio podrían ser conducidas al paraíso por efecto de esta novena y que estas almas, en señal de agradecimiento, velarán por el bienestar de la persona que ha culminado la novena, así como de sus familiares y seres queridos.

Una **ceremonia ritual** a medio camino entre la novena y la procesión, muy popular en la región española de Asturias, es el llamado *ramu*. El ramo es una ofrenda de origen remoto, cuyos primeros ejemplos serían ramas de árbol o arbustos. Su presencia está ligada a la Iglesia, presentándose como una ofrenda a la imagen del santo y Virgen en cuyo honor se realiza la fiesta. Además de los elementos vegetales, como flores y hojas, el *ramu* incluye **una serie de ofrendas**, entre las cuales destacan las hogazas de pan, así como velas, manteca y otros derivados del cerdo, hortalizas, etc. Estas ofrendas han de ir colocadas sobre un soporte de madera de forma piramidal que consta de unas andas y que tiene que ser llevada, al menos, por cuatro personas. Como toque decorativo final, el *ramu* suele estar adorando con cintas de tela y lazos que después se emplearán para bailar a su alrededor. El *ramu* se saca en procesión por las calles del pueblo y al fin se presenta en la iglesia o ermita ante la imagen del santo patrón o de la Virgen. La procesión suele ir acompañada por la tradicional música de gaitas y tambores. También hay personas que cantan provistas de panderetas. Participar en la procesión del *ramu* ataviado con el traje regional se considera un símbolo de buena suerte y muchas personas lo hacen pidiendo **por algún fin concreto**, como encontrar pareja, tener hijos o superar alguna enfermedad. Tras el ofrecimiento y la bendición del ramo por parte del sacerdote, tiene lugar la subasta de los panes del ramo. Este es sin duda el elemento más supersticioso de todo el rito, ya que estos panes se consideran auténticos talismanes capaces de alejar males y enfermedades y de atraer la buena suerte para el que los adquiera y conserve en su casa. En algunos pueblos de Asturias se han llegado a pagar auténticas fortunas por uno de estos panes, que además se convierten en un símbolo de éxito y notoriedad social.

A lo largo de las páginas de este libro ya ha quedado de manifiesto que la propia doctrina eclesiástica es consciente de la fina frontera que separa la religión de la superstición. Según el catecismo católico, la superstición es una deformación del culto religioso, que consiste en ofrecer «culto divino a quien no se debe o a quien se debe, pero de un modo impropio». A partir de este criterio, **la Iglesia diferencia dos conceptos: el culto vano o superfluo y la vana observancia**. El culto superfluo consiste, siempre según el catecismo, en la «adulteración del verdadero culto por introducción de elementos extraños, realizándose ceremonias absurdas, extrañas o ridículas que desdicen del decoro y dignidad del culto a Dios». En esta categoría se incluirían, desde el punto de vista católico, las devociones dirigidas a Dios, a la Virgen y a los santos que incluyen elementos de carácter supersticioso. La vana observancia, por otro lado, no está dirigida ni a Dios ni a los santos, sino que pretende obtener ciertos efectos beneficiosos a través de medios como fuerzas misteriosas, palabras sin sentido aparente o la repetición mecánica de actos rituales. Muchos de ellos tienen cabida en el siguiente capítulo, referido a las supersticiones del día a día.

SUPERSTICIONES DEL DÍA A DÍA

La vida contemporánea parece que transcurre entre una constante sensación de cambio, de aceleración del tiempo histórico que no permite conservar muchas de las tradiciones, supersticiones o creencias que antes estaban más ligadas a la vida rural y a pequeñas poblaciones. Pero la superstición es un fenómeno que todavía hoy el ser humano necesita para intentar ejercer una sensación de control sobre hechos que escapan a su capacidad o reforzar las probabilidades de que una acción tenga un resultado positivo. Si bien muchas supersticiones tradicionales, algunas de las que aparecen reflejadas en los capítulos anteriores, han ido perdiendo adeptos y cayendo en desuso, otras han conseguido transformarse para continuar con plena vigencia en la vida moderna.

La superstición también ha formado parte de un fenómeno de globalización internacional del pensamiento, las tradiciones y las culturas, ya sea por el altísimo nivel de turistas que viajan de una parte a otra del planeta como por las tecnologías audiovisuales y de la comunicación que han creado un mundo interconectado en el que se exportan las supersticiones y tradiciones culturales de un rincón del globo y personas de otro punto del planeta las importan y adoptan.

Tras la selección de categorías realizadas en los anteriores capítulos este último tiene la intención de **recopilar un gran número de supersticiones actuales, tanto globales como locales** y de una determinada cultura, que no tenían cabida en las anteriores categorías, así como compartir con el lector la gran cantidad de supersticiones que todo el mundo mantiene presentes en su día a día todavía hoy.

Las supersticiones del hogar, el inicio y el fin de la rutina diaria

El hogar es uno de los lugares en los que las personas pasan más tiempo de sus vidas. Ahí descansan, se sienten seguras y son ellas mismas entre su familia, mascotas y pertenencias. También en el hogar es donde se realizan una serie de acciones que conforman la rutina diaria de las personas y en las que la superstición está muy presente.

La rotura de un espejo es una de las supersticiones más conocidas de manera global. Este hecho trae al que lo haya roto siete años de mala suerte, y si fue el objeto el que se rompió solo la superstición indica que se trata de una señal de que algo malo va a ocurrir. El origen de esta superstición tiene que ver con la propia naturaleza del objeto, ya que se pensaba que, al reflejar a las personas, estas exponían su alma para mirarse cara a cara. La duración de la maldición por un tiempo de siete años tiene que ver con las creencias paganas de que el tiempo y los cambios más importantes que ocurrían en una vida tenían lugar en fracciones de siete años. Con la llegada del cristianismo esta versión fue adaptada al tiempo que utilizó Dios para llevar a cabo la creación. Una vez que tiene lugar la ruptura del espejo, la superstición indica dos remedios que se pueden llevar a cabo para terminar con la mala racha anunciada: el primero es tirar las piezas del espejo a un río cuya agua tenga buena corriente y el segundo es enterrarlo en tierra sagrada.

Otra conocida superstición negativa es la que tiene que ver con **los paraguas.** Desde el siglo XVIII se tiene el convencimiento de que abrir un paraguas dentro del hogar atraerá la mala suerte y puede ser señal de que una desgracia está a punto de ocurrir. Esta creencia se basa en la teoría de no modificar el uso natural de los objetos y las energías. Lo que deba

ser utilizado fuera tiene que permanecer fuera, al igual
que los malos espíritus deben permanecer en el inframundo
y no dar pie a que accedan al lugar de los vivos.

Las tijeras son de por sí un objeto de gran utilidad pero
potencialmente peligroso que se encuentra en todos los hogares
en muy diferentes formatos. Esta doble característica también
tiene su traslación desde un punto de vista supersticioso.
Las tijeras son, por una parte, un potente amuleto, ya que
son un objeto cortante y se encuentran hechas de metal, y se
pueden utilizar para ahuyentar a los malos espíritus situándolas
abiertas, en forma de cruz, debajo del colchón. Pero, por otra
parte, pueden atraer con mucha facilidad la mala suerte.
Cuando una tijera se cae, no puede recogerla la misma persona
a la que le ocurrió el descuido, sino que tiene que ser otra que
habite en la casa la que la recoja del suelo. Si no hubiera nadie
que pudiera ayudar en esta tarea, entonces se debe realizar un
pequeño ritual para evadir la mala suerte: primero debe pisarse,
después recogerse y antes de volver a utilizarla se debe calentar
entre las dos manos durante un tiempo.

Las velas son otro de los objetos
domésticos utilizados, en sus
diferentes variantes, desde el
comienzo de la historia. Siempre
han estado relacionadas con
la mística, lo esotérico, y
tradicionalmente el poder
hipnótico de su llama ha
ejercido una fuerte atracción
en el ser humano. Los egipcios
las utilizaban para que los
sacerdotes tuvieran visiones
que ayudaran a conocer los
deseos divinos. Desde la
Edad Media también se han
empleado dispuestas en el

suelo en diferentes formas, principalmente en círculo, como un símbolo de **protección contra las brujas y los espíritus malignos**. Hoy en día todavía se mantienen varias supersticiones sobre las velas. Por ejemplo, si la llama se torna azul es que un espíritu, no necesariamente maligno, está pasando cerca de ella. También se cree que nunca se debe dejar que una vela se consuma del todo y que se apague sola porque es signo de muerte y mala suerte. Las velas no deben quedar encendidas solas en una habitación: además de por el evidente riesgo de incendio, es señal de mala suerte. Como se indicó en el capítulo referido al calendario y otras fechas especiales, solo el día de Navidad se puede dejar una vela encendida durante toda la noche para atraer la buena suerte durante el siguiente año. La vela de Navidad no debe consumirse en el proceso, sino permanecer encendida al menos hasta el amanecer. Esta superstición hoy se lleva a la práctica de manera más segura dejando encendidas las luces del árbol de Navidad, el belén u otra decoración festiva.

Las escaleras portátiles de madera y metal son otro objeto común en los hogares, puesto que facilitan la limpieza de algunos lugares altos y la realización de otras tareas domésticas o arreglos. Pero se ha de tener cuidado de no cruzar por debajo de ellas una vez abiertas y dispuestas en vertical. La superstición indica que resulta de muy mala suerte, puesto que rompe el triángulo entre la escalera y el suelo que simboliza a la Santísima Trinidad.

Los relojes tienen una variada superstición alrededor del mundo. Han sido un regalo muy apreciado y símbolo de buena suerte para una amistad duradera en Occidente, pero la superstición advierte de que, cuando se estropean o se detienen por falta batería, han de ser puestos en marcha a la mayor brevedad para evitar que la relación entre quien lo compró y quien lo recibió quede en suspenso. En China es un símbolo de mala suerte regalar a alguien un reloj porque esta acción, aunque con diferentes caracteres escritos, tiene la misma pronunciación que «acudir a un funeral», por lo que simboliza la muerte de la persona que recibe el regalo. La superstición también asegura que cuando un reloj suena de manera espontánea es señal de una muerte inminente en la familia.

Las brujas de la cocina son un objeto indispensable en muchos hogares de Inglaterra, Alemania y el norte de Europa. Se trata de unas pequeñas muñecas que representan a viejas brujas con algunos objetos domésticos y que se esconden en los cajones de la cocina para atraer la salud, la buena suerte y el éxito a la hora de preparar unas exquisitas comidas. Hoy en día algunas de ellas se venden como saleros o especieros, pero la tradición insiste en que deben estar dentro de cajones, alhacenas o muebles de la cocina.

En la mesa de un hogar ocurren algunos de los más importantes momentos del día: la familia se reúne para compartir los alimentos y sus experiencias y también, en otras ocasiones, se invita a otras personas a las que se tiene estima para llevar a cabo una celebración. Además de la etiqueta propia de cada evento, las costumbres culturales y familiares, existen una serie de supersticiones que hay que tener en cuenta a la hora de organizar o participar en una comida. La superstición cree que **la disposición de los comensales** en la mesa la debe hacer una persona que ya esté casada, o que no desee estarlo, porque aquellos que tienen esta tarea no se desposarán. También se debe tener cuidado de no situar a las personas casaderas en las esquinas de las mesas, porque tendrán la mala suerte de no encontrar pareja. Si un niño o un adulto pasa por debajo de la mesa es símbolo de que una persona fallecerá durante el siguiente año, pero para que este hecho no le afecte debe volver a realizar la misma acción, pero en la dirección contraria a la original. Si **al levantarse** una persona de la mesa su silla se cae es símbolo de que no ha sido honesta durante la conversación y de que ha estado mintiendo al resto de los comensales. Si un comensal al terminar la comida dobla la servilleta varias veces es señal de que no volverá a la casa. **Durante la comida** no se debe brindar con agua porque es símbolo de mala suerte. Esta superstición tiene su origen en la mitología griega, cuando los muertos que se encontraban sedientos en el inframundo debían viajar hasta el río Lete para poder saciar su sed. Por esta razón los familiares del fallecido brindaban con agua para intentar mejorar su vida en el más allá, y en la actualidad se cree que es señal de que alguno de los comensales puede fallecer pronto. Otra superstición relacionada con los brindis indica que si al realizar el choque entre las copas o vasos alguno de estos se rompe es señal de muy buena suerte para todos los presentes. La forma de situar el pan en la mesa también tiene su propia superstición debido a la reverencia que los cristianos prestan al pan durante la eucaristía y que simboliza el propio cuerpo de Jesús. El pan debe colocarse según haya sido cocinado y no al revés, que es señal de rechazar a Dios.

En ocasiones los invitados pueden presentarse por sorpresa en una casa. Según **la superstición inglesa**, si alguien estando solo en su casa deja caer un cuchillo es que un hombre va a presentarse en la casa. Si el cubierto es un tenedor, la invitada sorpresa será una mujer y si se trata de una cuchara, es que será un niño. En Sudamérica esta superstición presenta algunas variaciones y, así, en países como Perú o Colombia se dice que si el cubierto que cae es un cuchillo significa que llega una pelea, si es un tenedor, se trata de la visita de un hombre y si es una cuchara, la visita la realizará una mujer.

Algunas **supersticiones propias de Asia** en la mesa ya son tenidas en cuenta y practicadas en el resto del mundo. Los palillos con los que se come no pueden situarse de manera vertical porque se asemejan a los inciensos que se queman en los funerales y es señal de mala suerte. El té es la bebida asiática por excelencia y si al servirlo se deja la tetera abierta es señal de que se acercan malas noticias para quien lo estaba preparando. Si la bebida se derramara, la superstición cree que un secreto de la persona que lo estaba sirviendo se revelará pronto.

La ropa y los complementos, una convención social y un acto de superstición

La elección de la ropa ha ido transformándose a lo largo de la historia en una de las maneras más directas que tiene el ser humano para transmitir información de índole personal y de socialización. **La vestimenta puede hoy tener importantes significados** culturales, de índole económica, afectiva o laboral. Pero también la ropa tiene algunos significados relacionados con muchas de las supersticiones asociadas a ella alrededor del mundo.

En Oriente es una costumbre habitual descalzarse antes de entrar en casa. Hoy en día ese gesto ha fusionado cortesía, higiene y superstición tradicional. En Occidente **los zapatos** no deben dejarse nunca encima de una mesa o cruzados a los pies de la cama porque atraen a la mala suerte. También es una señal muy negativa el calzarse los zapatos cambiados. Esta tradición tuvo su origen en la época imperial romana cuando Octavio Augusto escapó por los pelos de ser asesinado debido a que se había puesto los zapatos en el pie incorrecto. Si los zapatos se dejan encima de la cama es señal de una muerte inminente en la familia. Por el contrario, si los zapatos se desatan de manera constante es que una buena noticia está a punto de llegar. La superstición anglosajona cree que si se atan unos zapatos a los pies de la cama quien duerma allí no tendrá pesadillas, porque el hada maligna de los sueños se entretendría en deshacer los nudos de los cordones y no tendría tiempo para subirse al pecho de la persona dormida y transmitirle las pesadillas. Hoy en día todavía es muy popular la superstición que indica que el zapato derecho es el primero que debe ser vestido cada mañana; de esta manera se intenta atraer a la buena suerte durante el resto de la jornada. Si durante el día un zapato se sale de su lugar o se le rompe un tacón es señal de que la mala suerte va a estar presente en la vida de la persona durante las próximas horas. El día del estreno de unos zapatos tiene también algunas importantes supersticiones: si llueve, cada día que se vuelvan a utilizar esos zapatos lloverá. No se deben estrenar zapatos por la noche porque trae mala suerte, y si se compraran para utilizarlos a esa hora del día es mejor vestirlos por primera vez dentro de casa durante un tiempo antes de que caiga el sol.

Los guantes son una prenda que no es fácil de conjugar con la amistad. La superstición indica que quien los recibe como presente debe pagar una simbólica cantidad a la persona que le hizo el regalo, ya sea en dinero o con una invitación, para evitar que la mala suerte caiga sobre su amistad y estropee la relación. Cuando a una persona se le cae un guante, no debe ser ella misma quien lo recoja del suelo, sino que debe ser un amigo el que haga este gesto, y el propietario de los guantes no debe decir «gracias»; si no, también puede atraer la mala suerte y las rencillas entre ambos.

El sombrero es un complemento vistoso, una prenda muy necesaria en climas fríos y lluviosos o ambas cosas a la vez. Pero hay que tener cuidado dónde se deja tras su uso, puesto que apoyarlo en algunos lugares sería símbolo de mala suerte y muerte. Cuando un sombrero se deposita en la mesa de una casa que no es la propia se considera que la amistad con el propietario del hogar va a sufrir un revés. Pero resulta peor cuando se deja el sombrero sobre una cama, propia o ajena, puesto que es una señal de que la muerte se acerca.

Esta superstición tiene su origen a finales del siglo xix y principios del siglo xx, cuando se llamaba a un doctor porque había algún enfermo grave en la casa. El médico llegaba con toda prisa y se dirigía a la habitación del paciente, sobre la que depositaba inconscientemente el sombrero para atender de manera inmediata al enfermo.

La ropa interior también tiene su propia superstición, en este caso positiva, que indica que cuando una persona está teniendo un mal día y quiere cambiar su suerte de un plumazo debe dar la vuelta de su ropa interior y continuar vistiéndola hasta la noche de esta manera.

Las profesiones, los rituales para ahuyentar la mala suerte y atraer el éxito

Cada profesión, como otros ámbitos de la vida, tiene multitud de supersticiones desarrolladas a lo largo de la historia que ya han pasado a ser norma de etiqueta, o de usos y costumbres, entre todas las personas que trabajan en ese ámbito. Las profesiones orientadas al ocio, el arte y los deportes son las que acumulan mayor número de supersticiones debido a su carácter eminentemente social y la faceta pública de quienes las ejercen.

Los actores tienen un gran número de supersticiones sobre su éxito laboral. En España si cuando el actor se descalza tras la función el zapato cae al suelo de manera natural es señal de que la obra de teatro o aquello que esté rodando será un éxito. Muchas de las supersticiones de los actores están relacionadas con repetir la misma rutina de comportamiento que tuvieron el día de uno de sus mayores éxitos para así continuar disfrutando de la misma suerte. En los camerinos no se debe silbar. Si alguien lo hace es señal de mala suerte, y si esto ocurre deberá dejar la sala tras dar tres vueltas sobre sí mismo y escupir al suelo o decir una palabrota, porque si no cumple con el ritual no podrá volver a entrar a ese camerino. Los actores y productores también tienen en cuenta que en un camerino nunca debe haber arreglos decorativos que incluyan plumas de pavo real, ni flores con color verde en el mundo anglosajón o amarillo en la tradición mediterránea y latina. Tampoco deben colocarse en el camerino velas en grupos de tres. Y bajo ningún concepto se debe entregar a la puerta de un teatro o en un estreno cinematográfico ningún tipo de regalo o flores a los actores antes de que comience la función.

La mayoría de los actores quieren atraer la mayor suerte posible para su trabajo, y mucha gente quieres desearles esa misma buena suerte, pero la manera de transmitir este educado y amable sentimiento tiene sus propias **formas supersticiosas en la gente del mundo artístico. En España** y otros países latinos se desea a los actores «mucha mierda», cuyo origen tiene que ver con la gran cantidad de heces equinas que se acumulaban a la puerta de los teatros durante los siglos XVIII y XIX tras una noche de éxito: el coche de caballos era el principal medio de transporte de los espectadores de las clases altas, y que hubiera muchas heces significaba que había acudido mucho público y se tendría un buen resultado económico. **En Italia** se utiliza la expresión *In bocca al lupo* (literalmente, «En la boca del lobo») entre los artistas dedicados a la ópera. **En Alemania** y los países con lenguas germánicas se utiliza la expresión *Hals und beinbruch!*, que se puede traducir por «¡Rómpete el cuello y una pierna!». **En Inglaterra** y los países anglófonos, la manera adecuada de desear buena suerte a un actor es gritarle *Break a leg!*, que quiere decir «Rómpete la pierna» y que tiene su origen en la creencia de que si la obra de teatro que iba a representar era un éxito tendría que salir a saludar al público y hacer la reverencia con manos y piernas en un gran número de ocasiones, con lo que sus miembros inferiores sufrirían de cansancio, aunque con gran éxito. Las supersticiones de los actores también afectan a sus ensayos y al día del estreno. Si quieren atraer el éxito a su función, ningún actor dirá las últimas líneas del guion antes de la noche del estreno. Si tiene problemas aprendiendo el texto de la obra, debe dormir toda una noche con el libreto debajo de su almohada. Y llegados al día del estreno este nunca debe desarrollarse en viernes.

El mundo taurino, muy relacionado con España, México, Colombia, Perú, Portugal o el sur de Francia, es otro ámbito del espectáculo que posee un variado número de supersticiones. Los toreros evitan a toda costa vestir de amarillo, y nadie de su cuadrilla puede utilizar tampoco este color, que está relacionado con la mala suerte y la fatalidad. La imaginería religiosa está también muy presente en este mundo, y aunque el torero no sea creyente, siempre pasa por la capilla para santiguarse. Los que profesan el catolicismo suelen viajar con altares portátiles, del tamaño de maletas, que son instalados en el hotel en el que se visten de faena y luego transportados a la plaza. Cada torero tiene una **gran cantidad de amuletos**, casi siempre religiosos, que a su entender les proporcionan protección. La entrada al ruedo también es un ritual que cada torero ha adaptado a su idiosincrasia por su pensamiento supersticioso. Unos maestros prefieren acceder con el pie derecho, otros con el izquierdo, algunos dibujan con el pie una cruz a modo de protección y algunos más dan grandes zancadas para no pisar las líneas blancas del ruedo. Una superstición común a toda la profesión tiene lugar cuando el torero brinda un toro con su montera y entonces la lanza al aire para culminar el ritual. Si la montera cae boca abajo, es señal de buena suerte; si cae bocarriba, puede ser indicativo de una mala faena o, incluso, una desgracia.

Los nudos son una de las defensas de la superstición contra las maldiciones, la mala suerte y los seres del inframundo. Entre **los cocineros** existe la superstición que asegura que cuando se les desata el delantal es que alguien que los envidia está pensando en ellos en una forma nada amigable. Por eso muchos cocineros hacen varios nudos a su delantal cada día al entrar en la cocina.

En el mundo de **la aviación** comercial existe un incontable número de supersticiones y pequeños rituales entre los miembros de la tripulación y los pasajeros. Muchas personas viajan con sus amuletos personales y cuando ocurre un accidente dejan de hacerlo durante un tiempo porque la superstición dice que estos vienen en grupos de tres. Las tripulaciones de ciertas compañías occidentales creen que atrae la mala suerte el uso de flores naturales y, por el contrario, en algunas líneas orientales se considera un ritual de buena suerte presentar flores frescas a sus pasajeros. Una superstición común en la mayor parte de compañías es la de cruzar todos los cinturones de seguridad de un avión antes del cierre de puertas para que los asientos vacíos parezcan ocupados y no inviten a ningún espíritu a viajar en el avión.

La navegación y los marineros tienen también un gran número de supersticiones que se han ido sumando y transformando a lo largo de los siglos. En la actualidad los barcos son botados en una ceremonia en la que se lanza una botella de champán contra la proa de la nave. Si esta se rompe es símbolo de buena suerte, pero si no llega a estallar con el primer golpe es señal de que el barco puede tener problemas en el futuro. Esta ceremonia tiene su origen en los sacrificios humanos y de animales que realizaban algunas tribus del norte de Europa para pintar con la sangre obtenida parte de la madera del barco y atraer la buena suerte.

Griegos y romanos adoptaron también esta costumbre, pero utilizaron vino tinto en lugar de sangre. Otra superstición que proviene de estos pueblos marineros del Mediterráneo es la de denominar a las embarcaciones con nombres femeninos para que los dioses del mar, Neptuno y Poseidón, las consideraran sus esposas y las cuidaran. Durante siglos las embarcaciones mantuvieron esta superstición de utilizar nombres femeninos y en la actualidad, aunque los nombres sean neutros, siguen llevando los pronombres femeninos. Los marineros tienen también varias supersticiones relacionadas con su vida a bordo. Uno de sus **amuletos preferidos** son las conchas. Las portan ensartadas a modo de colgante o colocadas en la pared de su camarote. Para los marineros las gaviotas son un animal símbolo de mala suerte. La superstición indica que cuando vuelan alrededor de una embarcación en realidad son los espíritus de otros marineros que fallecieron ahogados que vienen a buscar nuevas víctimas para que los acompañen en su penar. Por el contrario, si el avistamiento de la gaviota tiene lugar cuando vuela sobre el agua es señal de que la travesía transcurrirá sin ningún problema.

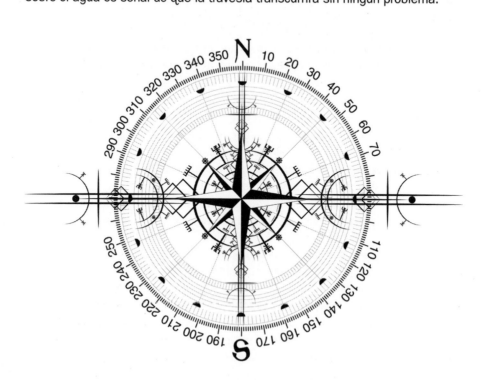

El deporte, los rituales de la victoria

Los deportistas son uno de los gremios más supersticiosos del mundo. Cada deporte y la mayor parte de los que se dedican profesionalmente a él tienen una serie de rituales que llevan a cabo ante cada nueva competición.

Los boxeadores no llevan nunca zapatillas nuevas a un partido, tratan de subir los últimos al ring y escupen sus guantes antes de iniciar la pelea. Asimismo, suelen llevar bordados en su ropa amuletos como una herradura o una pata de conejo para atraer la victoria.

El golf es un deporte en solitario en el que el jugador debe ser capaz de controlar todos los elementos físicos, atmosféricos y ambientales que hacen que el golpe a la bola tenga el resultado esperado en su cabeza. Por esta razón es muy frecuente que los golfistas desarrollen ritos supersticiosos con los que piensan que atraerán la suerte y podrán hacer un buen juego, desde cómo colocar los palos dentro de la bolsa a qué tipo de bolas y de qué colores utilizan para cada día de juego. El famoso golfista español **Severiano Ballesteros** (1957-2011) nunca utilizaba bolas marcadas con el número 3, mientras que otros jugadores solo usan bolas marcadas con un determinado número o tienen un número preferido para cada día de la semana en la que se celebre el torneo. El laureado golfista **Tiger Woods** (1975) juega siempre su última ronda vestido de rojo. Por el contrario, otros jugadores utilizan un único color en toda su carrera. Entre las supersticiones más comunes está la de no jugar con *tee* de color amarillo. También la de hacer una apresurada cuenta en la que se suman el par del campo a la edad del jugador y el resultado se divide por la fecha en la que comienza el torneo; si el número resultante es par, el jugador tendrá buena suerte, pero si es impar, deberá trabajar muy duro para vencer la mala suerte. Muchos jugadores también tratan de dar el mismo número de pasos dentro de un mismo hoyo para llegar hasta la bola. Por eso en ocasiones puede apreciarse que dan grandes zancadas, mientras que otras se mueven con infinitos pequeños pasos.

El béisbol es el deporte por excelencia del continente americano. Durante décadas de competición ha ido desarrollando unas complejas supersticiones y rituales. Entre las más comunes destaca la que dice que el jugador que sea capaz de distinguir a una persona pelirroja entre la multitud de espectadores tendrá un día de buena suerte en el campo. Por el contrario, si lo que se divisa es a una persona que tenga problemas de visión es señal de mala suerte. Algunos jugadores mastican chicle durante el entrenamiento y una vez que van a entrar al campo de juego lo pegan en sus gorras para atraer la buena suerte. Los jugadores portan en el campo de juego **pequeños amuletos**, algunos de carácter religioso, que han de besar cada vez que realizan una carrera completa. Cuando el partido se está desarrollando favorablemente, no se debe hacer ningún comentario sobre la posible victoria ni pensar en ella, porque atraerá la mala suerte y con ella, la derrota. Gran número de jugadores, tras realizar un partido excepcional, deciden no lavar su ropa, o al menos sus calcetines, y seguir jugando con ellos en las siguientes rondas para evitar eliminar su buena suerte de aquel día. Entre los jugadores es muy extraño que presten su bate a otras personas, puesto que creen que les pueden robar la buena suerte y terminar con la especial relación establecida con su herramienta de trabajo.

El fútbol es el deporte rey en varios continentes, tiene millones de seguidores y se ha convertido en una gran industria que mueve miles de millones de euros cada año. En sus más de 150 años de historia se han sucedido un **incontable** número de supersticiones tanto de jugadores como de equipos dentro y fuera del campo. De manera común los jugadores creen que si se encuentran de camino al estadio con una boda es señal de buena suerte. Por el contrario, si el autobús que traslada al equipo pasa cerca de un cementerio o se encuentra con un funeral es señal de mala suerte. Los cuidadores de algunos campos de fútbol de Italia rocían las esquinas del campo de juego con sal antes de cada partido para alejar los malos espíritus. Durante el entrenamiento muchos jugadores no lanzan ningún tiro hacia la portería porque creen que si marcaran un gol durante este entrenamiento podrían estar malgastando las posibilidades de anotarlo cuando la competición estuviera en marcha. El momento de saltar al campo es cuando los futbolistas tocan sus amuletos y si son religiosos dicen sus plegarias y realizan pequeños gestos, como la señal de la cruz, propios de cada religión. Si se trata de la final de una importante competición y la copa que se disputa se encuentra en el campo de juego, esta no se debe tocar hasta el final del partido, porque la superstición indica que aquel que la toque antes no la ganará. Si entre los jugadores hay una persona calva, es habitual que el resto de los compañeros le toquen o besen la calva como ritual de buena suerte. Otros jugadores se protegen de las lesiones colocándose **vendajes de la suerte** sobre partes del cuerpo sanas. Algunas figuras internacionales, como el portero español **Pepe Reina** (1982), tienen el ritual supersticioso de que cuando su equipo juega en el estadio de su ciudad acuden antes a llenar el depósito de gasolina y aparcan siempre en la misma plaza de aparcamiento.

El mítico entrenador italiano **Giovanni Trapattoni** (1939) portaba en cada partido un pequeño frasco con agua bendita. Si pasado un tiempo prudencial sus jugadores no habían marcado ningún gol, el técnico comenzaba a asperjar el césped del estadio con el líquido religioso hasta conseguir su objetivo. El delantero portugués **Cristiano Ronaldo** (1985) tienen la superstición de salir en último lugar al campo de juego y entrar a este con el pie derecho y dando un pequeño salto. El capitán de la selección argentina de fútbol en el Mundial de Catar 2022, **Leo Messi** (1987), tiene la superstición de que la mesa del desayuno debe quedar preparada la noche antes, y las personas que vayan a participar en él siempre han de ocupar la misma posición con respecto a las otras. En algunas ocasiones, **los rituales son del club**, que los termina institucionalizando por encima de sus propios jugadores a lo largo de los años. Durante el Mundial de Fútbol celebrado en España en el año 1982 las selecciones de Perú y de varios países africanos reconocieron haber recurrido a brujos para que realizaran una serie de rituales que les permitieran vencer a sus rivales. El equipo del **Liverpool** posee un cartel en el pasillo que lleva de los vestuarios al campo de juego que indica: *This is Anfield*, el nombre de su mítico estadio, y todos los jugadores lo tocan con sus manos dando un pequeño salto antes de comenzar el partido.

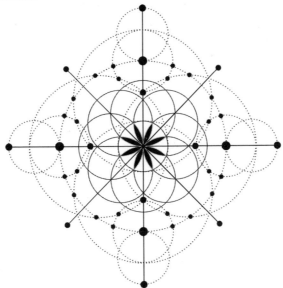

Loterías, juegos de azar y apuestas, la suerte que vale millones de euros

Las personas que participan en juegos de ocio y azar, en sorteos de lotería y apuestas de todo tipo son el grupo social que más se identifica públicamente como supersticioso y que declara conocer, y poner en práctica, un mayor número de rituales encaminados a ganar su juego, sorteo o apuesta.

En España el sorteo extraordinario de la **Lotería de Navidad** tuvo lugar por primera vez en el año 1892, aunque desde 1812 se venía celebrando un sorteo en esa fecha. Al cabo de las décadas participar en el sorteo de Navidad se ha convertido en una costumbre que practica la mayor parte de la población española y que aúna tradición, suerte, esperanza y superstición. En el sorteo se participa comprando billetes, o participaciones de estos, con números del 00 000 al 99 999. En el año 2022 el primer premio, llamado «el gordo», agració a cada boleto ganador con 400 000 euros y el sorteo entregó, en total, más de 2520 millones de euros. Estas cifras lo convierten en uno de los premios de lotería anual más importantes del mundo y la cantidad de supersticiones y ritos que tienen lugar a su alrededor están a la altura de su importancia. **La principal superstición**, y que ya se ha convertido en una cuestión de etiqueta en España, es que las participaciones no pueden regalarse, siempre han de ser compradas o, en todo caso, intercambiadas. Es habitual que muchas personas decidan comprar participaciones cuyo número coincida con fechas importantes, como la de su cumpleaños o la del de un familiar, la del nacimiento de un hijo, un aniversario de boda o la del fallecimiento de un ser querido. En cuanto a **las fechas asociadas a un número**, también existe la superstición de que traerá buena suerte comprar boletos cuyo número coincida con la fecha de alguna gran desgracia ocurrida durante el año, como un desastre natural, un gran accidente, el inicio de una guerra…, porque se cree que un hecho tan negativo tiene que atraer energías positivas como compensación, y así ser agraciado como ganador. Hay personas que prefieren cambiar de números cada año para así buscar la suerte cada vez en una cifra, pero otras compran durante décadas, incluso como tradición familiar que pasa de padres a hijos, el mismo número con la superstición de que en algún momento les tocará. Hay **cifras que se agotan rápidamente** por el sentido supersticioso de sus números: así, los boletos terminados en 7, el número de la prosperidad, en 22 o en 15 suelen ser los primeros en ser vendidos y los que terminan en 13, los menos demandados. También existen **supersticiones sobre qué hacer al llegar a la administración de lotería**, el lugar físico en el que se venden los billetes para el sorteo. La superstición dice que hay que entrar con el pie izquierdo al local, también indica que la cola de personas que esperan para poder entrar ha de estar situada a la derecha los días pares y a la izquierda los impares. Una vez adquirido el billete, hay varias supersticiones acerca de qué hacer con él. Las más populares son pasarlo sobre el vientre de una embarazada o frotarlo en la cabeza de una persona calva. También es muy popular pasarlo sobre el lomo de un gato negro. Algunos locales de venta de lotería tienen colgado en su puerta amuletos, como una herradura, la imagen de un gato negro, un duende o la imagen de una Virgen o un santo local, para que todo el que compre lotería en esa administración puedan cumplir el ritual de pasar el boleto por ellos. La superstición también indica que los billetes tienen que estar, hasta que termine el sorteo, bajo una figura de san Pancracio, bajo una llave antigua o bajo una moneda de oro o, en su defecto, billetes de curso legal. Con las participaciones no premiadas se practica el ritual de quemarlas con una vela naranja para atraer la suerte al año siguiente.

En **los juegos de azar** que se realizan en los casinos y bingos y en los juegos de cartas y de entretenimiento familiar la suerte es el principal factor a la hora de ganar o perder una partida. En los juegos de azar en los que existe un premio económico **la más extendida superstición** consiste en contar con un amuleto propio, que se debe llevar en el bolsillo mientras se juega. Los amuletos más populares para estas ocasiones suelen consistir en pequeñas estampas de santos y Vírgenes, herraduras labradas, un verdadero trébol de cuatro hojas o representaciones de este y fichas de apuestas o cartas con las que en anteriores ocasiones se hubiera obtenido una buena jugada o premio. En las mesas de juegos de los casinos no es correcto silbar, cantar o realizar sonidos extraños porque se cree que ahuyentan a la buena fortuna. En estos lugares, cuando se está jugando en **una mesa de cartas**, la superstición indica que no se deben tener las piernas cruzadas, pues es señal de mala suerte. En las mesas de otros juegos de azar, como **la ruleta**, los jugadores cruzan los dedos mientras la bola rueda como rito supersticioso para atraer la buena suerte. Si el juego implica **dados**, el jugador puede pedir a alguien que los sople mientras los mantiene en la mano para pasar la buena suerte de esa persona a la mesa. En todos estos juegos muchos participantes tienen **el ritual de colocar las fichas** o el dinero con que participan de una manera exacta en todas las ocasiones, porque así creen que atraerán la buena suerte. Por el contrario, existe la superstición general que indica que contar las ganancias que se van obteniendo encima de la mesa romperá la racha de buena suerte. **En Asia** los casinos de juego suelen tener el color rojo como fuente principal de decoración. Está aplicado a paredes, objetos decorativos, moquetas..., e incluso los jugadores llevan ropa y complementos de este color debido a que es el que simboliza la abundancia y la prosperidad en aquellos países.

El bingo es otro de los más populares juegos de azar que tiene lugar con apuestas reales en los lugares oficiales designados al efecto o como mero entretenimiento entre familiares y amigos. **La superstición más extendida** entre los jugadores en salas profesionales es la de contar con una mesa y una silla habitual en el local al que acuden con regularidad. También es muy común contar con un amuleto, entre los que se encuentran pequeños troles de la suerte, que se lleva en el bolsillo. Cuando se acude a estas salas, no se debe dejar el bolso o la cartera en el suelo, puesto que la superstición indica que con este gesto la fortuna y el dinero se van. Los jugadores habituales de bingo también comparten la superstición de no acudir a la sala determinados **días de la semana** que consideran de mala suerte. Los que son jugadores ocasionales suelen participar en este juego en fechas señaladas, en especial en su cumpleaños, porque consideran que es su día de suerte. Durante el juego la elección de los cartones con los que se participa es fundamental para la superstición. Antes de elegir uno concreto se debe tener en cuenta si tiene números que el jugador considera de mala suerte, como el 13 a nivel general u otros que se rechazan de manera particular. También se suele mirar si el cartón tiene **números que son positivos** para el participante, por ejemplo, uno en concreto con el que haya ganado en otras ocasiones. Mientras se participa, más de un tercio de los jugadores cambian de rotulador para señalar los números, porque consideran que les da mala suerte. Muchos de ellos prefieren disponer de uno propio que han llevado a la sala y con el que han ganado varios juegos anteriormente.

Entre los juegos de naipes **el póquer** es el que más seguidores tiene alrededor del mundo. En la actualidad se ha extendido tanto que las partidas más famosas se retransmiten en directo, y los jugadores más importantes tienen legiones de admiradores que copian su estilo y también sus supersticiones. Todo jugador de póquer puede contar con alguno de los amuletos de los que se ha hablado anteriormente, pero en este juego es muy común que **el objeto de la suerte** esté relacionado con la primera gran partida que se ganó. Puede tratarse de un billete del premio que se obtuvo, la última de las fichas apostadas en aquella ocasión o una carta firmada por los contrincantes a los que el jugador se enfrentó en aquella partida. Muchos de ellos también incluyen entre sus supersticiones la de llevar siempre algo de ropa roja, aunque se trate de la ropa interior, y la de repetir siempre una prenda o accesorio que consideren que les da buena suerte en todas sus partidas. Es común también que cada jugador coloque sus fichas de apuestas de una determinada manera única y que durante la partida mantenga en la mano una serie de fichas con las que realiza un movimiento que considera que atrae la buena suerte. En cuanto a las propias cartas, hay **una mano que es considerada de extrema mala suerte**: se la denomina «mano del hombre muerto» y tiene su origen en el año 1876, cuando *Wild Bill* Hickok (1837-1876) fue asesinado en un salón de Deadwood (Estados Unidos) por un contrincante al que la noche antes había «desplumado» en la mesa de juego. En el momento del disparo Hickok sostenía en su mano dos ases negros y dos ochos negros. Desde aquel momento esta mano es considerada nefasta en el juego. Los jugadores creen que también es de mala suerte cuando en **la primera mano** reciben el cuatro de tréboles o el nueve de diamantes. Pero la superstición es más amplia y se cree que el recibir dos jotas negras en la primera mano es sinónimo de pobreza e infelicidad o que si lo que se reciben son dos jotas rojas es señal de que uno de los jugadores de esa partida es enemigo no declarado del portador de la mano. Cuando una **racha de mala suerte** se ha demorado más de lo deseable, los jugadores de póquer tienen una serie de rituales supersticiosos encaminados a cambiar la fortuna del juego. Entre los más habituales está soplar la baraja mientras se sostiene con la mano; también levantarse y caminar en círculo por la habitación para volver a sentarse e incluso entregar un alfiler a un conocido o espectador como señal de que se deshace uno de la mala suerte.

Regalar, una buena acción repleta de supersticiones

Regalar es una acción muy cotidiana en la sociedad actual. Se trata de dar un presente a otra persona por su cumpleaños, aniversario o cualquier otra fiesta señalada. Acudir como invitado a una fiesta o simplemente para demostrar cariño y amistad en un día sin aparente significado son hoy motivos más que suficientes para entregar un regalo. Y al igual que en el resto de aspectos de la vida cotidiana, las supersticiones también han arraigado alrededor de esta acción y tratan sobre temas tan diferentes como **el tipo de regalos, a quién entregarlos o la manera de hacerlos llegar**.

A lo largo de las páginas anteriores ya se ha indicado que algunos objetos, como las tijeras, tienen una serie de supersticiones con respecto a la amistad. En general, los objetos afilados, como cuchillos, son regalos sobre los que, atendiendo a la superstición, hay que tomar unas medidas de precaución para evitar la mala suerte y otras calamidades. Cuando se regala un **objeto afilado**, la persona que lo recibe tiene que entregar a cambio un pequeño detalle como pago, algo simbólico que sea señal de que el objeto no ha sido regalado, sino pagado, aunque sea a un módico precio de amigo. Esta acción impide que la tradicional maldición que hay sobre este tipo de objetos recaiga sobre la mutua amistad. Otros regalos que no son beneficiosos para la amistad según la superstición son los jabones, los paraguas y, como ya se indicó con anterioridad, los relojes.

Las flores son siempre una excelente elección a la hora de hacer un regalo, pero han de conocerse las particularidades culturales, religiosas y las filias y fobias de quien va a recibir el regalo. En la mayor parte del mundo existe la superstición por la que **no se debe regalar nunca un ramo que contenga solo flores rojas y blancas**. La tradición se remonta a la era victoriana y explica que ambos colores representan la sangre y el color de las vendas de los enfermos, respectivamente, por lo que con el regalo en realidad se está transmitiendo mala suerte para quien lo recibe.

Para evitar este efecto negativo basta incluir en el ramo algún otro color, por pequeñas que sean sus flores. Aun así, la superstición anglosajona no ve con buenos ojos los ramos de flores compuestos en su mayor parte por flores rojas y blancas para ser entregados a un enfermo o en hospital.

En la mayor parte de las culturas **las joyas y las piedras preciosas** son siempre un buen regalo que muestra un extraordinario afecto y generosidad. Pero al igual que las flores, las joyas tienen un incontable número de significados, supersticiones y simbología que varían en gran medida de una cultura a otra. Entre las piedras que concitan un mayor aprecio por asociarse con la salud y la curación está el ámbar. Regalar un objeto realizado con cuentas de ámbar indica un deseo de bienestar para quien lo recibe. Según la superstición, esta persona podrá utilizar el regalo para evitar enfermedades relacionadas con el aparato respiratorio.

Un mismo planeta, incontables supersticiones únicas

Muchas pequeñas supersticiones del día a día tienen **algún significado solo en un determinado lugar del mundo** mientras que en otras regiones serían pasadas por alto al carecer de significado o de tradición cultural.

En **China** es común no alabar en público a los bebés, pues se cree que resaltando sus cualidades se les señala como objetivos predilectos de los malos espíritus. En **Nigeria**, cuando una persona se tropieza por la calle, debe dar la vuelta a su rumbo y volver a casa o al lugar desde el que hubiera salido, puesto que se considera que ha sido un aviso de la muerte que le esperaría si prosiguiera su camino. En **la India** es común que el comprador redondee *motu proprio* el importe total y pague una cantidad superior a la exigida, pero que acabe con el número 1 debido a que en este país se considera que los números impares, y en especial el 1, atraen la buena suerte. En este país también existe una superstición por la cual al entrar a vivir a un nuevo hogar o tras una racha de mala suerte en la familia se puede atraer la fortuna fregando el suelo con excrementos de vaca. Esta tradición tiene su origen en el carácter sagrado que estos animales poseen en el país del Ganges. En **Tailandia** la superstición indica que cuando una persona sueña con una serpiente que le rodea y aprieta es señal de que pronto encontrará a su alma gemela. La superstición de este país incluso es capaz de indicar las características de esa otra persona basándose en la apariencia de la serpiente. En **Italia** desde hace siglos se extendió la superstición por la que al cruzarse en el camino de una monja por la calle había que tocar madera o metal para evitar la mala suerte. Esta superstición tenía su origen en que hasta mediados del siglo xx las monjas eran prácticamente las únicas personas que trabajaban en los hospitales como enfermeras. En **Alemania** existen un gran número de supersticiones antiguas que son negativas si ocurren con una mujer mayor y positivas si el mismo hecho acaeciera con una mujer joven. Por ejemplo, si la primera persona que uno encuentra al salir de casa es una mujer mayor es sinónimo de un día de mala suerte; si fuera joven, la suerte sería la contraria. Este tipo de supersticiones viene de la época medieval y del señalamiento que en los bosques bávaros se realizaba de las brujas. En **Portugal** es señal de muy mala suerte desear a alguien un feliz cumpleaños antes de la fecha real, al igual que existe la superstición de no celebrarlo nunca antes del día en el que se cumple el aniversario. En **Hungría**, si una persona tiene que volver a casa porque olvidó llevarse algo, ha de volver a recogerlo por el mismo camino que transitó y al llegar a casa y tomar el objeto debe mirarse en un espejo antes de volver a iniciar el camino. En **Rusia** se considera de buena suerte sentarse entre dos personas que se llamen igual. La superstición de tocar madera también existe en este país, pero su particularidad reside en que debe hacerse a escondidas, sin decir ninguna frase en alto y fingiendo que se escupe tres veces sobre el hombro izquierdo. Si alguien pisa por equivocación el pie de otra persona, esta debe pisar al primero para dejar en paz la disputa y así no invocar a futuras peleas. En este país también hay una tradición para atraer la buena suerte anual que consiste en bañarse en las aguas heladas de los ríos durante la jornada de Año Nuevo.

En América existen un gran número de culturas y pueblos tanto nativos como migrantes que han desarrollado un enorme número de supersticiones. **Los inuit** consideran que, después de haber utilizado un arma para cazar a un animal terrestre, esta tiene que ser purificada con humo procedente de quemar algas secas para que pueda ser utilizada en la caza de animales marinos. Esta separación entre tipos de animales también la practican como superstición alimenticia, ya que en un mismo día no pueden comer carne de ambos tipos de animales. En **Estados Unidos** existe una superstición propia que lleva a desconfiar de aquellas personas que tenga la barba, el bigote y el pelo de diferente color, puesto que se cree que han sido utilizadas por varios espíritus. En **México** es habitual colocar un vaso con agua corriente encima del frigorífico o detrás de una puerta para absorber las malas energías. Otra superstición indica que si una tortilla de maíz se cae al suelo es señal de que una visita inesperada llegará al hogar. Los mexicanos se cuidan mucho de no mirar a los perros mientras alivian sus necesidades porque la superstición local indica que a quien lo haga le saldrá una espinilla en el ojo. A diferencia de lo que ocurre en China, en México es común acercarse a los bebés para decirles a ellos y sus padres cosas agradables. Pero la superstición dice que al sonreír a un bebé siempre se le debe tocar con una pequeña caricia; de lo contrario, el pequeño enfermará. Otra superstición sobre los bebés indica que, si se les cortan las uñas durante el primer año de vida, el pequeño crecerá con algún problema de visión. En el **Perú** se cree que la infertilidad le llega a todo aquel que duerma con un perro o con un gato en su cama. Asimismo, en este país andino la superstición indica que los bebés deben llevar una pulsera o un colgante de azabache para evitar el mal de ojo. También en Sudamérica se cree que, si se corta el pelo a un bebé antes de que empiece a andar, sus primeros pasos se retrasarán.

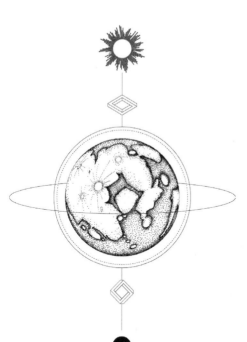

Asimismo, en esta región la superstición prohíbe decorar con conchas las casas, puesto que detrás de cada una se puede esconder un espíritu maligno. Otra manera de ahuyentar a los espíritus malignos es pegar un pedazo de pan en el techo o sobre una puerta. Si lo que se pretende es atraer la buena suerte y el dinero cuando se estrena un nuevo hogar, se deben colocar unas pequeñas monedas debajo de la alfombra. En **Filipinas** existe la superstición que asegura que cuando una persona se encuentra perdida en medio de la noche lo que tiene que hacer es dar la vuelta a la ropa que lleve en la parte superior del cuerpo y comenzar a andar hacia donde la intuición le indique, que será la dirección correcta. En este país, cuando un niño pierde un diente de leche, los padres deben lanzarlo al tejado de la casa para que el siguiente diente crezca de forma inmediata.